司馬光全集

稽古録

（宋）司馬光——撰

王瑞來——點校

王水照——主編

上海人民出版社

國家古籍整理出版專項經費資助項目
上海市文教結合「高校服務國家重大戰略出版工程」項目

整理前言

《稽古録》爲宋代司馬光所撰，這是治史者人盡皆知的常識。然而，常識之外，其實人們對這部份量不大的史書所知並不多。這並不是因爲《稽古録》稀覯，至少在二十世紀八十年代，就曾有過兩種整理本問世[一]。所知甚少的原因，似乎可以歸結爲司馬光的巨著《資治通鑑》的光芒幾乎完全遮蔽了《稽古録》，使人們往往對其視而不見。回顧學術史，儘管對《稽古録》也有一些研究[二]，總覺得還是過於薄弱，有些問題尚未廓清，有些認識還有待提升。因此，以應約整理

[一] 王亦令《稽古録點校本》，中國友誼出版公司一九八七年版；吉書時《稽古録》（點校本），北京師範大學出版社一九八八年版。

[二] 關於《稽古録》一書的研究，雖然不是很多，但也有了一定的積累。專論主要有王敬之《〈稽古録〉淺探》（《中華文史論叢》一九八〇年第二期）、吉書時《〈稽古録〉的内容和編撰特點》（《史學史研究》一九八三年第二期）、李俊清《關於司馬光〈歷年圖〉的幾個問題》（《山西大學學報》一九八八年第二期）、李俊清《〈稽古録點校本前言〉質疑》（《山西大學學報》一九八九年第五期）、李俊清《司馬光〈百官公卿表〉辨析》（《文獻》二〇〇二年第一期）、蔡瑞霞《從〈稽古録〉看司馬光的帝王論》（《浙江學刊》二〇〇〇年第六期）、蔡瑞霞《〈稽古録〉的歷代興亡論》（《史學史研究》二〇〇一年第三期）、王海利《〈稽古録〉探析》（福建師範大學二〇一一年碩士學位論文）等。除技術性探討之外，上述論文在論述《稽古録》的價值時，大多强調的是以史爲鑑的一面。

《稽古録》爲契機，對《稽古録》一書作簡略而廣角式的探索，以期引起治史者的重視。

一、立功與立言

「兒童誦君實，走卒知司馬」，正如蘇軾《司馬君實獨樂園》[一]一詩所描述的那樣，出生在今天山西夏縣的司馬光在北宋很有名。司馬光首先是作爲政治家而聞名的。北宋中期王安石變法，在推行了十多年後，儘管成效很大，但由於理論設計與實際實施之間的落差，也顯現不少弊端。出於治國理念相左，以及對改革弊端的執著，讓司馬光成爲王安石變法反對派的代表人物。儘管司馬光在元祐元年（一〇八六）擔任宰相不到九個月便去世了[二]，但沿著他的政治路線，形成了被後世宋代君臣所憧憬的元祐之治。歷史的偶然因素使北宋在鼎盛時期被女真人金國突襲滅亡。思索亡國之痛，讓南宋初年的君臣把亡國的原因歸咎於王安石變法，這更爲提升了作爲反對派的司馬光的政治形象。南宋王朝在立足未穩的建炎元年（一一二七），司馬光

[一]〔宋〕蘇軾《東坡全集》卷八，景印文淵閣《四庫全書》本，上海古籍出版社一九八九年版。
[二]〔元〕脱脱《宋史》卷二一二《宰輔表》三，點校本，中華書局一九八五年版。

作爲配享功臣就被放在了哲宗的廟廷，達到了傳統社會人臣的至極榮耀[一]。

回顧十一世紀的政治，儘管今天的歷史學家評價褒貶不一，但作爲政治家，司馬光在宋代的確是作爲王安石變法反對派而聞名的。然而，政治是灰色的，文化之樹長青。「竹帛煙消帝業虛」，當政治色彩被歷史的流水沖刷黯淡之後，司馬光另一面形象的光輝則幾乎完全遮蔽了他作爲政治家的亮點。一部《資治通鑑》，足以媲美被譽爲「史家之絶唱，無韻之離騷」[二]的《史記》，而司馬光也與司馬遷比肩，並世兩司馬，成爲中國歷史上最偉大的史家之一。

作爲史家的司馬光，其流傳到今天的史學著作，除了《資治通鑑》，還有《涑水記聞》和這部《稽古録》。《涑水記聞》是司馬光爲了日後編纂當代史而記録的傳聞逸事，屬於筆記小説類。《稽古録》則與《資治通鑑》關係密切，是一部編年體史書。因此二者當可略作比較觀。《資治通鑑》是司馬光主持下的集體寫作，《稽古録》則純屬司馬光的個人創作。《資治通鑑》爲長篇鉅製，長達二百九十四卷，《稽古録》則篇幅甚少，僅有二十卷。二者同爲編年史，篇幅短小的《稽古録》，紀事年代在首尾卻超過了《資治通鑑》。

[一] 參見王瑞來《配享功臣：蓋棺未必論定——略説宋朝官方的歷史人物評價操作》，《史学集刊》二〇一一年第五期。

[二] 魯迅《漢文學史綱要》。

二、《稽古録》的問世

其實，從内容構成與成書過程來看，《稽古録》與《資治通鑑》並無互爲因襲的關係，而是成書頗有曲折的另一種史籍。觀察二十卷的《稽古録》，構成凡三。其中的兩部分作爲獨立的史籍曾經進御上呈。這就是進御於治平元年（一〇六四）的《歷年圖》和進御於元豐四年（一〇八一）的《國朝百官公卿表大事記》。梳理《稽古録》的成書過程，有必要先將這兩部書的來龍去脈略加回顧。

顧名思義，《歷年圖》原本爲圖表，後來則僅以文字的形式流傳開來。關於這部《歷年圖》的成書，司馬光自己如是説：「頃歲讀史，患其文繁事廣，不能得其綱要。又諸國分列歲時，先後參差不齊。乃上采共和以來，下訖五代，略記國家興衰大迹，集爲五圖。每圖爲五重，每重爲六十行，每行紀一年之事。其年取一國爲主，而以朱書佗國。元年綴於其下，蓋欲指其元年以推二三四五則從可知矣。凡一千八百年，命曰《歷年圖》。」

這段「夫子自道」透露給我們如下信息。《歷年圖》把將近兩千年的歷史以圖表的形式，撮要囊括其中。這種形式本是司馬光在讀史時痛感「文繁事廣」和年代「參差不齊」而逼出的巧思。「其書雜亂無法，聊以私便於討論，不敢廣布於佗人也」。從司馬光的這句表述看，這部《歷年圖》原本僅是備以自用，壓根没有打算進御或刊行。不過，一目瞭然的便覽形式，居然讓《歷年圖》不久便有了盜版。這件事也是出自司馬光的自述：「不意趙君摹刻於板傳之，蜀人梁山令孟君得其一通以相示。始光率意爲此書，苟天下非一統，則漫以一國主其年，固不能辨其正閏。而趙君乃易其名曰《帝統》，非光志也。趙君頗有所增損，仍變其卷帙，又所爲多脱誤。」盜版刊刻中的一部又回傳到了原作者司馬光的手上。看到自己的這部本爲自用的《歷年圖》被易名增損、改變卷帙，又多有脱誤，且不去想像司馬光的反應，因爲我們看到了反應之後的行動：「今此淺陋之書既不可掩，因刊正使復其舊而歸之。」〔二〕既然已經被公開了，並且存在許多問題，所以司馬光決定校訂修改爲定本。於是，便有了修訂之後治平元年《歷年圖》的進御。成爲定本的《歷年圖》基本形式並未改變，但在紀年上有所縮短。司馬光在元祐元年所上《乞令校定資治通鑑所寫稽古録劄子》中講到了修訂後的《歷年圖》：「臣先於英宗皇帝時，嘗采獵經史，上自周威烈王二十三年，下盡周世宗顯德六年，略舉每年大事，編次爲圖。年爲一行，六十行爲一重，五重爲一卷，凡一千三百六十二年，共成五卷，謂之《歷年圖》。上之以省煩文，便觀覽。」〔三〕

〔二〕〔宋〕司馬光《傳家集》卷七一《記歷年圖後》，景印文淵閣《四庫全書》本，上海古籍出版社一九八九年版。
〔三〕《傳家集》卷五二。

「上自周威烈王二十三年，下盡周世宗顯德六年」，這個時間起迄與《資治通鑑》一致。因爲作爲《稽古録》主幹的《歷年圖》在時間起迄上與《資治通鑑》的一致，便讓未遑深考的人産生了誤解，認爲《稽古録》是在《資治通鑑》成書後編撰的一部簡本[一]。其實，且不説有上述司馬光的自述，進呈時間也早於《資治通鑑》。《歷年圖》在編入《稽古録》後，位於卷十一至卷十五，正爲五卷。《歷年圖》的史料來源基本上是來自「大路貨」的正史，即從司馬遷的《史記》到距離司馬光的時代最近的歐陽脩《新五代史》。

《國朝百官公卿表大事記》，由「國朝」所示可知，是司馬光對宋朝歷史的編年記事。時間起迄上接《歷年圖》，從太祖開國的建隆元年（九六〇）至英宗治平四年（一〇六七），凡一百零七年，占了北宋歷史的三分之二時光。名爲「百官公卿表」，從現存本《稽古録》看，並不是像《宋史·宰輔表》那樣專記大臣任免，倒是「大事記」三字名符其實。

其實，《國朝百官公卿表》和《國朝百官公卿表大事記》是同出於司馬光之手的互有關聯而詳略不同之兩部史籍。司馬光在《百官表總序》叙述該書體例説：「自建隆以來，文官知雜御史以上，武官閤門使以上，内臣押班以上，遷除黜免，删其煩冗，存其要實，以倫類相從，以先後相

[一]　《學津討原》本《稽古録》清人張海鵬跋語。

次，爲《百官公卿表》云。」[二]李燾在《續百官公卿表》自序中也有具體翔實的考證，其云：「司馬光以熙寧二年建議請撰宋興以來百官公卿表，元豐四年表成，凡十卷，詔送編修院，世莫知其書何如也。按光集有《百官公卿表總序》，文官知雜御史以上，武臣閤門使以上，内臣押班以上，其遷出咸表見之。初不紀其卷第。某家藏舊書有所謂《百官公卿表》者七卷，宰相參知政事樞密使副爲一卷，三師三公左右僕射東宫三師三少賓客爲一卷，使相宣徽節度留後觀察爲一卷，尚書丞郎給諫常侍爲一卷，知開封府三司使學士舍人御史中丞爲一卷，觀文資政端明樞密侍講讀學士爲一卷，十二衛上將軍六軍統軍爲一卷。他官皆止天禧，惟宰相執政盡熙寧，疑此表則光等所修也。然卷第此實録所載尚缺其三，倫類往往顛倒紛錯，而總序所稱閤門使及押班以上，皆絶不見。豈三卷所缺即此表者，而傳寫偶失之歟？若然，則他官除拜，俱當以元豐爲限矣，不應自天禧以來遽絶筆，但詳於宰相執政也。且當時修此表歷十二年乃成，其久如是，其疏略顧如是，是必不然，當某家舊藏不得其純全耳。」相對於上述長達十卷以上記載詳密的《國朝百官公卿表》，《國朝百官公卿表大事記》不過是將《國朝百官公卿表》原來「各記大事於上方」的部分抽出，獨立成篇，接續在《歷年圖》之後。《國朝百官公卿表》是應司馬光的請求而撰寫的奉詔

[二]《傳家集》卷六八。

之作，而《國朝百官公卿表大事記》則是司馬光自作主張，對同爲編年體例的《歷年圖》之接續。《國朝百官公卿表大事記》實爲「國朝百官公卿表之大事記」。稱作「大事記」，就是明確標識與原來的《國朝百官公卿表》不同。在前引《乞令校定資治通鑑所寫稽古録劄子》中，司馬光自己清楚地講道：「臣又於神宗皇帝時受詔修《國朝百官公卿表》，臣依司馬遷法，自建隆元年至治平四年，各記大事於上方。書成上之。」《國朝百官公卿表大事記》收録於《稽古録》中，位於最後的卷十七至二十。

《歷年圖》和《資治通鑑》，都是司馬光對宋朝以前歷史的精力之作。其實，司馬光更爲重視的是當代史。他的《涑水記聞》，就是他留心記下的本朝掌故傳聞。這在當時是有名的，時人因有「今事勿語君實」之言[一]，是説司馬光把所有聽到的都記録了下來。其實，倘假以天年，「續資治通鑑」極有可能出於其手。收録於《稽古録》中的《國朝百官公卿表大事記》，就是一部北宋五朝編年簡史，與同爲北宋人曾鞏所編的紀傳體《五朝隆平集》的記載時代相同，正可合而觀之[二]。

[一]　〔宋〕周必大《文忠集》卷十五《題東坡元祐手録》：「前輩云，故事勿語子容，今事勿語君實。蓋二公有所聞，必書之册也。」景印文淵閣《四庫全書》本，上海古籍出版社一九八九年版。

[二]　《隆平集》本名《五朝隆平集》，通行名乃約定俗成之略稱。詳見王瑞來《〈隆平集〉釋疑》，載臺灣《輔仁歷史學報》第二十八期，二〇一二年三月。

修訂了《歷年圖》，又後續了《國朝百官公卿表大事記》，司馬光決定向上追溯，從三皇五帝開始，與《歷年圖》的紀年對接。於是，司馬光又補撰了十卷。這十卷之中，除了第十卷是原本從《歷年圖》裁掉的自共和元年開始的編年體記事，以上卷一至卷九由於多爲傳説，事實難徵，只能以《史記》本紀爲主，雜採《左傳》、《國語》乃至《尚書》、《周易》等文獻，「略序大要」，以紀傳體簡略記之。

司馬光在《乞令校定資治通鑑所寫稽古録劄子》中寫道：「臣今更討論經史，上自伏羲，下至周威烈王二十二年，略序大要，以補二書之闕，合爲二十卷，名曰《稽古録》。」元祐元年（一〇八六），合三爲一，首尾記事長於《資治通鑑》的數千年編年史遂成全璧，《稽古録》問世。

三、《稽古録》的性質

性質決定了價值。這就是我要討論《稽古録》性質的目的。對於《稽古録》一書的性質，問題意識産生於前人關於《稽古録》書中避諱混亂的聚訟。

校勘《稽古録》，陸續遇到一些撰者司馬光以及刊刻者的臨文避諱。以下僅舉一例，略爲縷析，以明是書之性質。

卷十一於周赧王三十六年載：

秦王、趙王會於澠。

這一史實的故事其實人們耳熟能詳，即强秦與弱趙的兩王相會，秦王羞辱趙王，令其鼓瑟，而趙臣藺相如不畏强暴，又逼迫秦王擊缶。《資治通鑑》卷四於同一年詳載此事：

三十六年，秦白起伐楚，取鄢、鄧、西陵。秦王使使者告趙王，願爲好會於河外澠池。趙王欲毋行，廉頗、藺相如計曰：「王不行，示趙弱且怯也。」趙王遂行，相如從。廉頗送至境，與王訣曰：「王行，度道里會遇之禮畢還，不過三十日。三十日不還，則請立太子，以絶秦望。」王許之。會於澠池。王與趙王飲，酒酣，秦王請趙王鼓瑟，趙王鼓之。藺相如復請秦王擊缶，秦王不肯。相如曰：「五步之内，臣請得以頸血濺大王矣。」左右欲刃相如，相如張目叱之，左右皆靡。王不懌，爲一擊缶。罷酒，秦終不能有加於趙。趙人亦盛爲之備，秦不敢動。趙王歸國，以藺相如爲上卿。

《資治通鑑》這段記載出自《史記·廉頗藺相如列傳》[一]，而秦、趙二王會於澠池之事亦見於

[一]〔漢〕司馬遷《史記》卷八一，點校本，中華書局一九五九年版。

《戰國策·趙策》〔二〕。那麼,《稽古録》於志地之時爲何只記了一個「澠」字呢?是出於傳抄刊刻之際的脱漏嗎?並非如此。原因是司馬光的父親名叫司馬池,所以司馬光在記録這段史事時,臨文避諱,在不妨礙史實表達的前提下,省略了「池」字,以此來體現他的尊禮和孝思。或許有人會問,在《資治通鑑》中,爲何没有避諱省略呢?

在回答這個問題之前,我們不妨先看一下前人的聚訟。清人錢大昕在詳細考察了《稽古録》的幾種避宋朝國諱狀況後指出:

温公是書,於古人姓名犯國諱者,往往易以它字,如「王匡」作「王輔」、「石朗」作「石明」、「敬翔」作「恭翔」之類是也。或二名減一,如「尹玄慶」作「尹慶」、「張玄遇」作「張遇」、「崔玄暐」作「崔暐」、「張敬達」作「張達」、「錢宏佐」作「錢佐」、「劉彦貞」作「劉彦」是也。或以字易名,如「秦朗」作「秦元明」、「謝玄」作「謝幼度」、「王殷」作「王允中」之類是也。然其中如劉宏、桓玄、徐圓朗、許敬宗、敬暉、馬殷、朱守殷、李匡威、樂彦貞之類,又直書不避。而「李敬玄」作「李敬貞」,於聖祖諱一避一否,尤不可曉。殆編纂怱遽,或點竄未

〔二〕〔漢〕劉向集録《戰國策》卷十九,點校本,上海古籍出版社一九八五年版。

至耶？〔一〕

錢大昕所舉的例子没有涉及家諱，在上述《稽古録》記「澠」避「池」之後，清刊江蘇書局本記有一大段校勘記，概述了自《史記》開始的行文避諱狀況，指出《稽古録》在避諱上「體例殊淆亂」。不過，江蘇書局的校勘者又爲司馬光回護説：「温公既以此書進呈，則於家諱尤不應避。考《通鑑》於此類皆未嘗闕，而此書獨紛紜如此，殆由傳刻之舛，非温公本然也。」

錢大昕説「尤不可曉」，認爲可能是司馬光「編纂怱遽，或點竄未至」，即編纂過於匆忙而漏改。江蘇書局的校勘者則以《資治通鑑》避諱嚴格爲反證，認爲是出自後來的「傳刻之舛」，不是司馬光的責任，「非温公本然也」。

其實，大可不必爲司馬光諱。對於《稽古録》避國諱不嚴謹反倒避家諱的問題，很好解釋。簡言之，《資治通鑑》屬於集體編纂，司馬光自然不便迴避家諱。但《稽古録》主要構成部分的《歷年圖》原本是司馬光未打算公開的自用讀史綱要，他臨文避家諱的意識强烈是很自然的。以《稽古録》記「澠」避「池」來證明司馬光避家諱，還需要補充一些説明纔能使論證成立。

〔一〕〔清〕錢大昕《十駕齋養新録》卷十三。陳文和點校本，江蘇古籍出版社一九九七年版。

這就是，在《稽古録》中，除了記「滙」避「池」以外，居然還可以拈出幾處完全没有迴避的例證，必須對這幾例没有避諱的「池」字作出令人信服的解釋。這幾例是，卷十一周敬王三十八年所載「夏，吴子、晉侯會於黄池爭長」；卷十四南朝宋文帝元嘉十九年「梁秦刺史劉真道破楊難當仇池」和元嘉二十年「魏人救仇池」；卷十五唐僖宗光啓元年「田令孜與王重榮爭鹽池」；卷十七宋太祖乾德元年「鑿講武池」和開寶七年閏九月「丙辰拔池州」以及太宗至道二年「九月己卯，王超、范廷召奏敗繼遷於烏白池」，凡六處。如何看待這不避家諱的六處？以數量對比來看，六處不避遠遠超過一處避諱之「滙池」，避家諱説似乎難以成立。不過，我認爲六處不避也許難以問責司馬光，或是後世刊刻者爲了文意明確，將原本避諱之「池」字補入，而「滙池」一處則是出於漏補。正是這一處漏補之「滙」，爲我們留下了司馬光原本避家諱的蛛絲馬跡。而這一蛛絲馬跡讓我們確認了《稽古録》的私家撰述性質。後世的刊刻往往讓原著者蒙冤受累，我曾考證過，宋人曾鞏就差點因此而失去《隆平集》一書的著作權〔二〕。

從避家諱的角度觀察到的《稽古録》的私家撰述性質，對於我們瞭解《稽古録》的價值也很有意義。將《稽古録》中的《歷年圖》部分與《資治通鑑》相比較，發現並不僅僅是簡與繁的單純

〔二〕詳見王瑞來《〈隆平集〉釋疑》。

對應。同一事件的繫年或有不同，同一人物的行事或有不同，還有見於《稽古録》而不見於《資治通鑑》的事項。凡此種種的異同，有人推測，或是依據的材料不同，或是司馬光本人在不同時期認識有所改變。當然，這些因素也不能完全排除。但在我看來，《稽古録》一書的私家撰述性質正是解開謎團的關鍵。

我曾跟我的研究生們一起閱讀註釋過《通鑑問疑》一書〔二〕。這是《資治通鑑》編纂者之一劉恕的兒子劉羲仲記録的當年編纂者們對《資治通鑑》編纂事例的討論。從中可見，《資治通鑑》的史料採擇、書寫方式以及正朔立場都經過了編纂者的認真討論。由此我們可以想像，司馬光雖然身爲主編，但也不能完全取決於自己的意志。而作爲私家撰述性質的《稽古録》則讓司馬光没有各種束縛，他可以完全按照自己的好惡和認識來取捨史料，選擇敘事角度。這就是《稽古録》與《資治通鑑》在記人敘事出現異同的根本原因之所在，也可以説是《稽古録》折射的司馬光獨家「史才、史學、史識」之價值所在。這使《稽古録》不僅具有《資治通鑑》所不可替代的史料價值，還因爲《稽古録》比《資治通鑑》更有司馬光的影子在，是研究司馬光史學思想的更爲直接和寶貴的「化石」。

〔二〕景印文淵閣《四庫全書》本，上海古籍出版社一九八九年版。

說到司馬光的史學思想，人們或許會想到《資治通鑑》中司馬光那直抒胸臆的「臣光曰」。的確，這是司馬光的歷史認識與史學思想最爲直接的表述。司馬光一反以「微言大義」表明編纂者立場的傳統《春秋》筆法，而是直截了當地進行評説。《資治通鑑》主要是寫給皇帝和官僚們的歷史教科書，過於婉曲的表述，可能還擔心接受效果，所以要直白地「臣光曰」。司馬光創造的「臣光曰」筆法，直接遺傳給了南宋的史學家和書坊出版者。《建炎以來繫年要録》、《皇宋中興兩朝聖政》、《續宋中興編年資治通鑑》等史書間雜插入的《中興大事記》等，與「臣光曰」有著同樣的功用。《稽古録》中《歷年圖》部分也載有「臣光曰」。然而，卻與《資治通鑑》不同。比較之下，《資治通鑑》中的「臣光曰」，針對具體的人或事而發，《稽古録》中的「臣光曰」則是王朝論，是在國亡之時綜述一段評論。

據宋人陳振孫所見的較早的《稽古録》版本中，「臣光曰」的史評都「聚見第十六卷」，後來，或許是受到了行世的《資治通鑑》的影響，方將「臣光曰」這樣的「諸論各繫於國亡之時」，所以以後的「第十六卷惟存總論」[一]。今天所能見到的所有《稽古録》版本，皆如《直齋書録解題》所云。

[一] 〔宋〕陳振孫《直齋書録解題》卷四，徐小蠻、顧美華點校本，上海古籍出版社一九九〇年版。

四、歷來的評價

《稽古録》首先爲當世所重。《續資治通鑑長編》、《九朝編年備要》、《類編皇朝大事記講義》、《通鑑地理通釋》、《太平治迹統類》、《羣書考索》、《玉海》等文獻均有對《稽古録》的引述。宋世對《稽古録》的引述，是既重所載史實，亦重所述史論。而後世評價《稽古録》，則多看重此書的「通鑑」價值。明人刊刻的《稽古録》敘云：「凡君臣之邪正，政事之是非得失，論斷精切，監戒昭然，如龜之於卜，蓍之於筮，歷萬世而不可易者也。」[一]與《通鑑》同旨，爲了「資治」，這自然不錯。不過「歷萬世而不可易者」云云，其實是在《資治通鑑》成爲史學豐碑之後，《稽古録》沾光而形成的「水漲船高」。四庫館臣在評價時也如出一轍：「今觀其諸論，於歷代興衰治亂之故，反覆開陳，靡不洞中得失，洵有國有家之炯鑑，有裨於治道者甚深。」[三]上述對《稽古録》的評價都集中在司馬光的史論上。其實，史論占《稽古録》全書的比重很小。當然司馬光的史論的確是閃耀光輝之所在。作爲鏡鑑，在傳統社會是對史籍的最高期許與評價。從今人對《稽古

〔一〕明正德二年刊本《稽古録》敘。
〔三〕〔清〕永瑢等《四庫全書總目提要》卷四七。

録》一書的評價看，無疑是浸透了太多的傳統評價。我們今天評價《稽古録》，應當有所超越，全面審視全書的所有文字。從中既要發掘司馬光的史學思想，更應注重此書的史料價值。

其實，對於《稽古録》，集道學之大成者朱熹倒是有另闢蹊徑的不俗評價。在《朱子語類》中，朱熹幾次提及《稽古録》。其一云：「温公之言如桑麻穀粟。且如《稽古録》極好看，常思量教太子諸王，恐《通鑑》難看，且看一部《稽古録》。人家子弟若先看得此，便是一部古今在肚裏了。」其二云：「《稽古録》一書，可備講筵官僚進讀。小兒讀六經了，令接續讀去亦好。末後一表，其言如蓍龜，一一皆驗，宋莒公《歷年通譜》與此書相似，但不如温公之有法也。」其三云：「《康衡傳》、司馬公史論、《稽古録》、范《唐鑑》，不可不讀。」觀朱熹所言，主要從《稽古録》的可讀性著眼。可讀性，是一切著述的生命力所在。即使論之彌高，卻令人不可卒讀，則無異於「死書」。朱夫子看得準。

並且，朱熹没有像後世那樣神話司馬光及其《稽古録》，他甚至批評説：「《稽古録》有不備者，當以《通鑑》補之。温公作此書，想在忙裡做成，元無義例。」〔一〕的確，《稽古録》中的《歷年圖》是在被盗版之後的匆忙加工修訂，前十卷又是補苴之作，後面的《國朝百官公卿表大事記》

〔一〕 朱熹的《稽古録》評論集中見於《朱子語類》卷一三四。王星賢點校本，中華書局一九八六年版。

雖説也是編年，體例也與前面略異。

除了像朱熹這樣的正面評價之外，宋人著述對《稽古録》的大量而頻繁的引用，也間接地訴説著《稽古録》的價值。這裡僅舉李燾《續資治通鑑長編》一例加以説明。《續資治通鑑長編》於卷六一景德二年十月載：「先是，詔權三司使丁謂，取户税條目及臣民所陳農田利害，編爲書。謂乃與户部副使崔端，鹽鐵判官張若谷，度支判官崔曙、樂黄目，户部判官王曾，參議删定，成《景德農田敕》五卷。庚辰，上之，令雕印頒行，民間咸以爲便。」在此條之下，李燾施注云：「行農田敕，民間便之，據《稽古録》，當考其詳。崔曙，未見。」據此可知，李燾在編纂《續資治通鑑長編》之際，充分參考了《稽古録》的記事。

説到李燾的《續資治通鑑長編》，其編纂也有《稽古録》的影響存在。關於這一點，李燾的同時代人周必大在《敷文閣學士李文簡公燾神道碑》中有所披露：「日繙史册，彙次國朝事實。謂司馬光脩史先爲《百官公卿表》十五卷，後頗散逸，乃遍求正史實録，旁採家集野史，增廣門數，起建隆迄靖康，合新舊官制，成一百四十二卷。其重編光者，僅七之一。《長編》之書，蓋始於此。」〔二〕周必大這裡講的「起建隆迄靖康，合新舊官制，成一百四十二卷」，是指李燾

〔二〕　周必大《文忠集》卷六五。

所作的《續百官公卿表》。在這部《續百官公卿表》中，有將近七分之一的内容是根據司馬光的《百官公卿表》重編的，即太祖建隆到英宗治平這五朝司馬光原已編寫的部分。都是在南宋紹興年間開始編纂的《續資治通鑑長編》和《續百官公卿表》，儘管體裁不同，但在同一時代記載的内容上應當是互爲取捨的關係。從這個意義上説，司馬光《稽古録》中《國朝百官公卿表大事記》的内容，至少是間接地影響了李燾的北宋史鉅製《續資治通鑑長編》的編纂。《續資治通鑑長編》對《稽古録》的頻繁徵引，原因也正在於此。如前所述，李燾在《續資治通鑑長編》注文中對徵引《稽古録》都有説明。這也表明李燾對司馬光之敬佩，對《稽古録》信實可徵之肯定。影響了《續資治通鑑長編》的編纂，也可以視爲《稽古録》的一個重要價值所在。而將《稽古録》與《續資治通鑑長編》相比勘，其間的記事異同取捨，也是一項很有意義的工作。

五、《宋史》本紀與《稽古録》比較觀

南宋人林岊《九朝編年備要序》中指出：「司馬温公雖未爲本朝《通鑑》，先爲《稽古録》，祖

《春秋》意，亦本朝史籍之綱也。」[二]此言爲《稽古録》中位於最後的第十七、十八、十九、二十這四卷《國朝百官公卿表大事記》所記載的宋朝史做了定位，認爲這是司馬光模仿孔子删訂《春秋》而編纂的本朝史綱。此語可謂深通温公之心。司馬光重視歷史的借鑒意義，不僅主編了宋朝以前的編年體通史《資治通鑑》，更一直有心編纂一部本朝史。他收集記録本朝掌故逸事《涑水記聞》的目的十分明確，就是爲將來編纂本朝史進行資料準備。而《稽古録》最後四卷，則是他編纂本朝史的第一個嘗試。作爲成書的史籍，《稽古録》中的《國朝百官公卿表大事記》，也是司馬光所撰寫的唯一的一部當代史。

記載北宋的史書存世不少。除了與《稽古録》同樣記載北宋前五朝的曾鞏《隆平集》之外，尚有南宋人王稱的紀傳體之作《東都事略》。編年體則有李燾的《續資治通鑑長編》、李埴的《皇宋十朝綱要》、陳均的《九朝編年備要》。源自宋朝國史的《宋史》本紀，也是堪稱權威的完整的宋代編年史。那麽，《稽古録》的《國朝百官公卿表大事記》部分對北宋五朝史的記述，價值何在呢？

首先，擁有獨家史料。上述諸種記載北宋的史籍，多爲援據宋朝國史，因此，在記事項目

[二] 載《皇朝編年綱目備要》卷首，許沛藻等點校本，中華書局二〇〇六年版。

上，與來自國史本紀的《宋史》本紀出入不大，差異多在詳略之間。而司馬光在撰述《國朝百官公卿表大事記》時，由於國史成書狀況不同，或早或晚，有可資援據者，有無法援據者。因此對有些時代的事項記述，司馬光只能别據他書，或是依據自己蒐集的資料。

因此，《稽古録》中這四卷題爲《國朝百官公卿表大事記》的北宋五朝編年史，儘管簡略，但史料來源複雜，不盡出於當時修纂的國史，當是司馬光綜合篩選各種史料之後歸納而成者。這一點，將《稽古録》與源自宋朝國史的現存幾部史書加以比較，即可清楚看出。

以下，便以源自宋朝國史本紀的《宋史》本紀與《稽古録》略加比較，展示《稽古録》獨家所有的價值，以期引起研究者對此書的重視。同時也例舉出一些在相形之下發現的《稽古録》訛誤，使研究者在重視之際也保持一定的警覺，在利用時不至於沿襲其誤。兩者相較，我歸納出五類狀況：《稽古録》有而《宋史》本紀無者；《稽古録》詳而《宋史》本紀略者；《稽古録》與《宋史》本紀記事互異者；《稽古録》是而《宋史》本紀誤者；《稽古録》誤而《宋史》本紀是者。儘管四卷文字份量不多，上述四類狀況倘若一一列舉，亦會不勝其繁冗。此處僅擇其犖犖要者，加以例示。

（一）《稽古録》有而《宋史》本紀無之例

比勘《稽古録》和《宋史》本紀的記事項目，多有本紀所無而《稽古録》獨存。《稽古録》獨存，儘管有司馬光别具隻眼對入書事項的精加取捨的情況，但不管怎麽説，僅見於《稽古録》的事項，是最具史料價值的部分。此類狀況最多，不勝枚舉。僅於各卷擇示數例。

卷十七建隆二年十月：

詔竊盜贜錢滿三千者死。

同卷乾德元年三月：

置義倉，每税一石，别輸一斗。

同卷乾德二年：

八月，詔於京師及緣江冬置榷貨務，令商旅入金帛於京師，執引詣緣江給茶。

同卷乾德三年：

正月，劉光義等拔夔州，殺其節度使高彦儔。

同卷乾德四年：

是歲，初用和峴議，以景表尺造律，下王朴樂一律。

同卷乾德五年六月：

丙子，詔諸州通判、鈐轄、都監等毋得受節度使添給。

同卷開寶元年：

三月甲辰，鎮州奏破河東馬鞍山寨。

同卷開寶二年五月：

戊子，初令獄官於盛暑清滌杻械，貧者給食。

同卷開寶六年：

四月癸丑，初選令録簿尉爲堂後官。

同卷開寶七年十一月：

契丹來請和，命知雄州孫全興以書答之。

同卷太平興國七年：

十月，夏州奏擊李繼遷破之。

同卷端拱元年：

四月癸巳，詔緣邊戍兵無得輒恣侵掠，務令安靜。

同卷淳化四年：

三月壬子，發河北諸州戍兵萬八千人，開河北緣邊塘泊種稻田，命屯田使何承矩領之。

同卷淳化五年：

八月，初行《淳化編敕》。

同卷至道三年：

是歲，分天下爲十五路，其後又增三路。

卷十八真宗咸平元年：

十二月丁酉，初令大辟疑者具獄以聞。行新編敕。

同卷咸平四年九月：

庚寅，詔陝西家出一丁充保毅、保捷。辛卯，曹璨敗趙保吉於柳撥川。

同卷咸平五年：

四月庚午，初令軍職有闕，即時遷補，不俟三年。

同卷咸平六年：

四月，夔州路轉運使丁謂奏生蠻入寇，高州蠻田承進等擊破之。趙保吉寇洪德，蕃將慶香等擊破之。

同卷景德元年：

四月，閻承翰奏自嘉山引徐河入沙河，種稻於水北。

同卷景德三年：

（二月）京兆民李琰謀反，并其黨族誅。

上以年豐事簡，九月庚戌，詔羣臣不妨公務，勿禁遊從。

卷十九仁宗天聖元年：

三月甲申，減諸宫觀清衛卒，分隸諸軍。

同卷景祐二年八月：

戊辰，罷塞横隴決河，自是河東北行，不復歸故道。

同卷景祐三年：

二月，三司吏數百擁杜衍宅，投瓦礫，肆醜言。乙卯，流後行二人於沙門島，二十餘人於遠州。

同卷景祐四年：

是歲，天下户一千六十餘萬，口二千三百二十餘萬。

同卷寶元元年：

九月己酉，鄜延路奏趙元昊叔父山遇等請以河南地内屬，具言元昊反狀，郭勸執還之。

同卷康定元年：

五月，有輦官千餘人應戍邊，遮兩府馬，諠呼不遜，張士遜馬驚墜地。詔斬二人，流二十餘人。

卷二十慶曆元年：

正月壬戌，遣使十五路。安撫范仲淹言，乞留鄜延一路毋出兵，以招元昊。夏竦言，如此則涇原兵難以獨出。議未决。

同卷慶曆三年：

七月甲戌，初聽羣臣遭父母喪，不以文武品秩高下，並解官持服。

同卷慶曆四年：

十一月甲子，監進奏院蘇舜欽等坐宴會除名，館閣連坐者甚衆。

同卷皇祐元年：

十二月壬戌，詔陝西保捷年五十以上及短弱者，皆聽還農。是歲，簡汰天下羸兵無慮八萬人。

同卷皇祐二年：

春，男子冷青詐稱皇子，伏誅。

同卷嘉祐二年：

八月丁巳，詔自今登制科者，毋得引舊例超擢。

同卷嘉祐四年：

是歲，初以諸坊監及諸軍牧馬所用餘田，賦貧民耕種。

同卷嘉祐六年五月：

庚戌，詔禁契丹於界河内捕魚。

以上，之所以不厭其煩地摘引《宋史》本紀不載之《稽古録》記事，是因爲這部分史料，有一些就連號稱博洽的李燾《續資治通鑑長編》都没有記載，屬於獨家報料，研究價值最爲寶貴，治宋史者應當予以極大的關注。

《宋史》本紀所無，證明司馬光於編纂之際所採史料並非出於國史。司馬光的獨自採擇，内心中無疑是有一定考量與標準的。上述所引，從内政到外交，從國計到民生，從大事到小情，儘管包羅很廣，也並非有史即入，而是做了認真的挑選。而這種挑選，又可以説是司馬光秉持之以史爲鑑和《春秋》筆法的歷史觀的折射。除此之外，可能還有司馬光走入仕途後親聞親歷並受到很大刺激的事件，比如，三司胥吏圍攻杜衍府邸，張士遜因輦官攔路驚嚇墜馬，蘇舜欽等坐宴會除名、館閣連坐者甚衆等等。將《稽古録》與《宋史》本紀二者相形比較，自然也是探索司馬光史學思想的一個很好的切入點。

（二）《稽古録》詳而《宋史》本紀略之例

即使是《宋史》本紀載録的事項，《稽古録》亦有較其詳者，更有記述各異者。同一事項的不同史籍的分别記載，其間之詳略異同，皆可成爲考史覈實之資，猶如校勘學上的他校，多多益善。比較之下，《稽古録》詳而《宋史》本紀略者亦爲數甚多，以下僅於各卷略舉一例示之。

淳化元年紀事：

《宋史》卷五《太宗紀》：

（五月）辛卯，置詳覆推勘官。

《稽古録》卷十七：

五月辛卯，置刑部詳覆官六員、御史臺推勘官二十員。

咸平二年紀事：

《宋史》卷六《真宗紀》：

（七月甲申，）給外任官職田。

《稽古録》卷十八：

七月甲申，詔外任官各給職田，蠲其税。

明道元年紀事：

《宋史》卷十《仁宗紀》：

（八月）壬戌，大内火。

《稽古録》卷十九：

八月壬戌，夜禁中火，焚崇德等八殿。

嘉祐元年紀事：

《宋史》卷十二《仁宗紀》：

夏四月壬子朔，六塔河復決。

《稽古録》卷二十：

四月壬子朔，李仲昌等塞商胡河北流，使悉東入六塔。是夕復決如故。自是朝廷但治西堤，以衛北京及契丹國信路，不復治東堤。

對於同一事項的記載，《稽古録》詳而《宋史》本紀略，同樣也可以證明《稽古録》編纂之際所採史料並非盡出於國史，否則司馬光不可能無中生有。記載同一事項之不同史源的史料，可以使治史者對於歷史影像復原得更爲具體而豐滿。

（三）《稽古録》與《宋史》本紀記事互異之例

記事互異與此詳彼略的狀況類似，對比《稽古録》與《宋史》本紀，亦歷歷而在。

乾德元年紀事：

《宋史》卷一《太祖紀》：

八月辛巳，行新定《刑統》。

《稽古録》卷十七：

（七月）己卯，班重定《刑統》等書。

乾德二年紀事：

《宋史》卷一《太祖紀》：

二月戊申朔，北漢遼州刺史杜延韜以城來降。

《稽古録》卷十七：

二月，李繼勳等攻河東遼州，敗河東將郝貴超於城下，遼州降。

咸平三年紀事：

《宋史》卷六《真宗紀》：

丁卯，益州王均開城僞遁，雷有終等入城，爲所敗，退保漢州，李惠死之。

《稽古録》卷十八：

（二月）乙丑，均僞遁，雷有終入益州，爲均所敗。

按，檢《續資治通鑑長編》卷四六，亦記在「丁卯」，後乙丑二日。疑司馬光所據非國史資料。

天聖三年紀事：

《宋史》卷九《仁宗紀》：

十一月己卯朔，罷貼射茶法。

《稽古録》卷十九：

十一月庚辰，初令商旅入河北芻糧者，給香茶錢三物於榷貨務，謂之三稅，罷貼射法。

嘉祐五年紀事：

《宋史》卷十二《仁宗紀》：

（八月）庚辰，置陝西估馬司。

《稽古録》卷二十：

八月甲申，初置陝西鹽馬司。

按，《續資治通鑑長編》卷一九二、《九朝編年備要》卷十六均作「陝西估馬司」，然《玉海》卷一四九則作「陝西鹽馬司」。《玉海》多引《稽古録》，可知作「陝西鹽馬司」乃原貌，非出後來訛誤。

以上幾例二書互異，有日期異者，有人名異者，有官署名異者。同事而互異，則給研究者展開了比勘考證探索真相的空間，無疑是十分寶貴的。

（四）《稽古録》是而《宋史》本紀誤者

《稽古録》可證《宋史》本紀誤者，於辨析史實以及校勘《宋史》均屬重要，因舉數例，稍詳述之。

開寶二年紀事：

《宋史》卷二《太祖紀》：

（二月乙卯）命彰德軍節度使韓仲贇爲北面都部署。……五月癸未，韓仲贇敗契丹於定州北。

《稽古録》卷十七載：「五月癸未，韓重贇奏敗契丹於定州北。」同卷又於乾德四年載：「八月，河決靈武，遣韓重贇等發夫卒數萬人塞決河。」按，作「韓重贇」是。韓重贇於《宋史》卷二五〇有傳，且詳記韓重贇奏敗契丹於定州之事。《宋史》本紀蓋爲音近而誤。

開寶二年紀事：

《宋史》卷二《太祖紀》：

（三月）辛亥，遣海州刺史孫方率兵圍汾州。

《稽古録》卷十七載：「四月辛亥，遣海州刺史孫方進圍汾州。」按，檢之朔閏，三月戊寅朔，無辛亥，四月戊申朔，辛亥爲四日。《宋史》本紀日是而月誤。

太平興國七年紀事：

《宋史》卷四《太宗紀》：

五月辛丑，崔彦進敗契丹于唐興。

《稽古録》卷十七載：「五月辛丑，高陽關奏破契丹於唐興口。」檢《續資治通鑑長編》卷二載：「高陽關崔彦進擊破之唐興口，斬首二千級，獲兵器羊馬數萬。」李燾注：「辛丑，高陽關奏到。」《玉海》卷一九三於《太平興國親征契丹》載：「七年五月辛丑，高陽關敗敵衆數萬於唐興口。」所記均作「唐興口」，而非「唐興」。按，宋無唐興地名。《大清一統志》卷十五於趙北口載：「趙北口，在任邱縣北五十里。又唐興口，亦曰趙堡口，白洋諸淀之水所匯，舊有堤長七里，有橋七，通南北孔道。」本紀此誤由《宋史》本傳亦可證。卷二五九《崔彦進傳》載：「五年車駕北巡，以彦進爲關南都部署，敗契丹於唐興口。」卷二七五《傅思讓傳》載：「累遷至平州刺史，奉詔破契丹兵於唐興口。」卷四六六《張繼能傳》載：「太平興國初爲内品，從征河東，命主城南洞屋，以勞遷高品。契丹入寇，命爲高陽鎮定路先鋒都監，從崔彦進戰長城口，多所俘馘。明年，又與彦進敗契丹于唐興口。」《宋史》本紀此誤，或爲誤書，或爲版本抄録刊刻之際脱誤。

太平興國七年紀事：

《宋史》卷四《太宗紀》：

閏月戊子朔，豐州與契丹戰，破之，獲其天德軍節度使蕭太。

《稽古録》卷十七載：「閏月庚寅，豐州奏契丹錫里等十一族七萬餘帳内附，王承美擊契丹破之，禽其節度使葦太。」按，作「葦太」是。《續資治通鑑長編》卷二三載：「閏十二月庚寅，豐州刺史王承美言契丹錫利裕嚕密日威約克等十一族七萬餘帳内附。又與契丹戰，破其萬餘衆，斬首二千級，獲天德節度使韋太及羊馬兵器萬數，遣其弟承義來獻俘。賜承義錦袍金帶絹百疋。」

同一事實，由《宋史》列傳亦可證本紀之誤。卷二五三《王承美傳》載：「太平興國七年，與契丹戰，斬獲以萬計，禽其天德軍節度使韋太以獻。」按，四庫本《稽古録》由四庫館臣將人名改爲「謌德」。從「謌德」與「蕭太」和「葦太」的對音來看，亦與「葦太」音近，此亦可爲一旁證。

咸平五年紀事：

《宋史》卷六《真宗紀》：

三月丁酉，李繼遷陷靈州。

《稽古録》卷十八載：「三月己酉，西邊奏趙保吉陷靈州。」按，關於被宋朝賜名趙保吉的李繼遷攻陷靈州之日期，如《九朝編年備要》卷六、《東都事略》卷四、《大事記講義》卷七、《宋史全文》卷五、《通鑑續編》卷五等史籍均僅記在三月，不詳日期。檢《續資治通鑑長編》卷五一，記此事於甲辰條之後、己酉條之前。核之朔閏，丁酉乃是年三月朔日，己酉爲十二日。《續資治通鑑長編》自三月丁酉記事之後，尚於己亥、癸卯條分別有其他記事。由此可見，《宋史》本紀記作「丁酉」或係「己酉」之訛誤，《稽古録》所記日期當爲近實。

皇祐元年紀事：

《宋史》卷十一《仁宗紀》：

皇祐元年春正月甲戌朔，日有食之。

《稽古録》卷十七載：「正月甲午朔，日食。」按，《宋史》本紀於前一月之慶曆八年十二月記爲「乙丑朔」，以此計之，甲戌方爲十二月十日，顯誤。此誤由《宋史》卷五二《天文志》亦可證：「皇祐元年正月甲午朔，日有食之。」《續資治通鑑長編》卷一六六亦記「皇祐元年春正月甲午朔，日有食之」。這一天象變化，北方遼朝之國史亦有記録可證。《遼史》卷二十《興宗紀》於重熙十八年，即宋皇祐元年，亦記「春正月甲午朔，日有食之」。

列舉以上數例之後，還想單獨展開一例，以凸顯《稽古録》之另一種價值。這就是依據《稽古録》可以勘誤他史，是正史實。此爲《稽古録》之於其他史籍的校勘價值。這類校勘自然是關涉史實的事實證誤。

《宋史》卷一《太祖紀》建隆元年六月載：

辛未，拔澤州，筠赴火死。

《稽古録》卷十七則於同年同月載此事：「辛巳，克之，筠自焚死。」檢建隆元年六月己巳朔，辛未爲三日，辛巳爲十三日。由於月内「辛未」、「辛巳」皆有，難以用長曆推算正誤，而《宋史》雖於卷四八四專爲李筠立傳，然亦未詳死日。因此，須借助其他史料佐證，並通過其他方式證誤。

具體記載李筠死日的宋代史籍不多。檢《續資治通鑑長編》卷一，於是年同月載：「辛巳，克其城，李筠赴火死。」源自《續資治通鑑長編》的彭百川的《太平治迹統類》於卷一《太祖平澤潞》所記全同。王稱《東都事略》卷二亦於是年載：「六月辛巳，皇帝命衛士攻拔澤州，李筠伏誅。」

上述史籍均以干支紀日，與《稽古録》所記相同。然而，關於史事時間記載的歧異，數量對比，只能是一種佐證，少數服從多數的原則並不足以定讞，還須運用其他方式加以確證。

存世宋代史籍中，在紀日方式上，除了干支紀日的以外，還有以數字紀日的史籍。《宋會要》即是之一。檢《宋會要輯稿》，《兵》七之一於同年同月載：「十三日，帝率衛兵急攻賊壘。巳時(援)[拔]之，獲僞宰相衛融，詔釋其罪。筠赴火而死。」前面已經推算，十三日，正爲六月辛巳。《宋會要》的數字紀日與《稽古録》等史籍的干支紀日相合，已足證《宋史》本紀記載之誤。

其實《宋史》此處記載之誤，從《宋史》本身前後文的記載中亦可看出影蹤。《宋史》本紀建隆元年六月記事如下：

六月癸酉，有星赤色出心。辛未，拔澤州，筠赴火死，命埋胔骼。釋河東相衛融，禁剽掠。甲申，免澤州今年租。有星赤色出太微垣，歷上相。乙酉，伐上黨。丁亥，筠子守節以城降，赦之。上如潞。辛卯，大赦，減死罪，免附潞三十里今年租，録陣殁將校子孫，丁夫給復三年。甲午，永安軍節度使折德扆破北漢沙谷砦。

紀傳體史書的本紀爲編年體。年月之下的紀日，均按日期順序排列記載。上引《宋史》建隆元年六月記事，凡七天：癸酉、辛未、甲申、乙酉、丁亥、辛卯、甲午。如果不熟悉干支排序、將這七天的干支換算爲數字，即可一目瞭然：五日（癸酉）、三日（辛未）、十六日（甲申）、十七日（乙酉）、十九日（丁亥）、二十三日（辛卯）、二十六日（甲午）。由這一換算可知，是月記事，皆按日期順序載録，唯有三日之辛未，卻記到五日癸酉之後。倘若李筠死事發生於辛未，史臣載筆斷不會發生如此時序舛誤。此誤只能出現於後世傳寫刊刻之際。

確認《宋史》本紀這一史事記載之誤，儘管有上述多種史料可證，但《稽古録》作爲年代較早的史書，其權威性則顯得很有分量。

治史求真，於史籍文字，無論是原著記載之誤，還是後世傳抄刊刻之誤，均當仔細辨析，方能避免以訛傳訛，避免結論錯誤，保證研究質量。倘若訛誤發生於傳抄刊刻之際，這種辨析還會成爲重要的校勘根據，掃清史籍中的訛誤，可以説至爲重要。

（五）《稽古録》誤而《宋史》本紀是之例

朱熹對《稽古録》一書備加讚許，不過他同時也指出：「温公作此書，想在忙裡做成，元無義例。」其實，不僅在義例方面有問題，在記述史實方面也存在許多訛誤。對此，我們必須直視，不能虛美隱惡。因此以下也略舉數例，加以辨析。

開寶八年紀事：

《稽古録》卷十七載：

（正月）丁丑，知晉州武守琦奏，破河東兵於洪洞。

此事《宋史》卷三《太祖紀》於開寶七年十二月載：「庚午，北漢寇晉州，守臣武守琦敗之於洪洞。」按，《宋史》所記早於本書八天。《續資治通鑑長編》卷十五所記同《宋史》本紀。且於此條之下注云：「明年正月初四日奏到。」正月初四日正爲丁丑，可知本紀所記準確，司馬光所據史料記載之日期則爲地方報告奏到之日，而非事件發生之時。此類情形在《稽古録》中很多，其與《宋史》本紀及《續資治通鑑長編》記載事件日期之異，均出於事件發生與報告奏遞之時間差。

太平興國元年紀事：

《稽古録》卷十七載：

三月辛卯，羣臣三上表請加尊號，太祖以燕晉未平，不允。丁巳，作禮賢宅以待吴越王俶。己未，俶入朝。辛未，辭歸。太祖將幸西京，壬申，先饗太廟。丙子，發東京。庚辰，謁安陵。辛巳，至西京。

按，太平興國元年即開寶九年，三月壬戌朔，月内無本書所記「辛卯」、「丁巳」、「己未」諸日，《宋史》卷三《太祖紀》記羣臣請加尊號在二月癸卯，《續資治通鑑長編》卷十七記在二月己亥。分别爲二月八日和十二日。《宋史》本紀記幸禮賢宅在二月丁巳，爲二十六日；記吴越王俶入朝在二月己未，爲二十八日。本書所記吴越王俶辭歸之「辛未」，方爲三月之事，爲十二日，壬申饗太廟爲三月十三日，丙子發東京爲十七日，庚辰謁安陵爲二十一日，辛巳至西京爲二十二日。本書將是年二月紀事多誤植於三月。

太平興國七年紀事：

《稽古録》卷十七載：

七月，河決濟口。

《宋史》卷四《太宗紀》載：「是月河決范濟口。」《續資治通鑑長編》卷二三載：「秋七月辛卯，大名府言河決范濟口。」《九朝編年備要》卷三亦載：「六月，河決臨濟。尋又決范濟口，又決武德。」。檢《文獻通考》卷二九六《物異考》於此事亦有記録：「七月，大名府御河漲，壞范濟口。」按，大名確有范濟口。《續資治通鑑長編》卷二六四熙寧八年五月丁卯條載：「大名府文彦博言，昨以范濟口分減御河水勢，歲有勞費，故改作石堰，欲經久堅完。而用工累年，數月輒壞。

其被賞官吏，望賜追奪。從之。」據上述引述史籍可知，本書於「濟口」之上奪一「范」字。

淳化三年十月紀事：

《稽古録》卷十七載：

己丑，葬太宗於永熙陵。

《宋史》卷六《真宗紀》載：「己酉，葬太宗於永熙陵。」按，是年十月無己丑，己酉爲十八日。《續資治通鑑長編》卷四二所記同《宋史》本紀。

慶曆二年三月紀事：

《稽古録》卷二十載：

乙巳，契丹遣其臣蕭特、劉六符來求關南地。

按，《宋史》卷十一《仁宗紀》將此事記在「己巳」。《續資治通鑑長編》卷一三五所記同《宋史》本紀。檢是年三月甲辰朔，乙巳爲二日，己巳爲二十六日。月内兩日均有，如何判斷？審視《稽古録》本月於此條記事之前尚有如下記事：「三月乙卯，選河東鄉弓手保捷凡一百八十五指揮。」「乙卯」爲十二日，倘若此條記事確爲「乙巳」，則不當在「乙卯」之後。再審視《宋史》本紀於此事之前，尚記有「三月甲辰朔，詔殿前指揮使、兩省都知舉武臣才堪爲將者。丁巳，杜衍宣撫河東。辛酉，晁宗慤罷」等事。除了朔日，丁巳爲十四日，辛酉爲十八日。以上均證本書記在二日「乙巳」爲誤。

由於《稽古録》「在忙裡做成」，未遑仔細考核史料，甚至都没有來得及推算朔閏日期，同時又不像《資治通鑑》那樣經過衆手衆眼審核校閲，因此，在地名、人名、日期等關涉史實之處存有訛誤，自然在所難免。然而，對於這類著者原誤，不能放置，必須加以辨正，方不致沿誤，準確利用《稽古録》的史料。

六、紛而不雜的版本

除了司馬光自述的《歷年圖》有過易名爲《帝統》的盜版之外，《稽古録》經司馬光整理編纂成書之後，當有宋之時，便已經有了不同的版本行世。陳振孫《直齋書録解題》卷四《稽古録二十卷》云：

此書始刻於越，其後再刻於潭。越本《歷年圖》諸論，聚見第十六卷，蓋因圖之舊也。

潭本諸論，各繫於國亡之時。故第十六卷，惟存總論。

陳振孫的這段簡短的《稽古録》題解，承載著不少信息。在《稽古録》經過司馬光最終編竣成書之後，首先出現了越州刊本。這個越州刊本的《歷年圖》部分，還保持著圖表的形式，因此，作爲「臣光曰」的歷代王朝論均集中於《歷年圖》後面的第十六卷。而到了潭州刊本問世之時，《歷年圖》部分的圖表形式已經消失無存，因而刊刻者便將「臣光曰」的歷代王朝論「各繫於國亡之時」。這一狀況也表明，當潭本問世之時，越本已經亡佚。潭本出而越本亡，或許還與朱熹對潭本的揄揚有關。「（朱）熹鄉在長沙，嘗得温公《稽古録》正本，别爲刊刻，殊勝今越中本。」〔二〕清人錢泰吉指出：「朱子在長沙所刻《稽古録》，自謂勝越中本，當即陳直齋所稱潭本也。」〔三〕

不過，現存《稽古録》版本則並非直接源自潭州刊本。朱熹主持刊刻之後，《稽古録》在南宋至少還有一次刊刻，可以從文獻記載中窺見。現存《稽古録》諸本均附載有朱熹《與鄭知院書》，此通書信又見《晦庵别集》卷三，題作《鄭尚書惠叔（僑）》，知此鄭知院名僑，字惠叔。元人鄭杓《衍極》卷二記此人事蹟曰：「回溪，姓鄭名僑，字惠叔，宋興化人……肯亭名寅，字子敬，公之子

〔二〕　見北京大學圖書館所藏明刊本題識。

〔三〕　清江蘇書局本《稽古録》卷首敘文。

也……校司馬公《稽古録》，刊於興化學官。」可知鄭僑之子鄭寅曾刻《稽古録》。關於此事，陳宓《龍圖陳公文集》卷十《跋稽古録》記載更爲詳細：「文公朱先生刻於長沙，屢欲奏御，裨經筵講讀之缺，而卒不果。其語見於甲寅冬去國時遺鄭公一書，甚拳拳也，豈欲以温公所以事列聖者事先帝乎？有志莫遂，識者恨之。……郡博士蘇君思恭，從鄭公之子外府丞寅得潭本，並摹其書，鍥之學官，用廣其傳，庶幾他日必有以是書酬先賢之志者。」可知《稽古録》乃鄭寅與蘇思恭同刻，付梓時曾將朱子致其父鄭僑書信刻於書後，傳之後世。現今傳世之本皆録有此通書信，則可知當同出於鄭氏興化重刻本。從此，《稽古録》便以鄭氏興化重刻本的形式，一脈相傳至今。

現存《稽古録》版本，雖説源自潭州刊本，但均爲明清所刊。最早的是明弘治十四年楊璋刊本。關於這個刊本的由來，卷首所載黄珣序云：「弘治庚申，孝感侍御史楊公廷宜，出按河東，得是録。」從楊璋刊本的形式與《直齋書録解題》所記相合來看，楊璋刊本來源於潭州刊本無疑。此後，明弘治楊璋刊本又成爲明清各種《稽古録》版本的新源頭。在楊璋刊本之後的主要版本如下。明正德二年陳晦依照楊璋刊本的重刻本；明天一閣刊本；清吕留良天蓋樓刊本；清張海鵬《學津討原》刊本；清觀妙齋刊本；清同治十一年湖北崇文書局刊本；清光緒五年江蘇書局刊本等。二十世紀前期，涵芬樓曾據天一閣刊本影印，收入到《四部叢刊初編》之中，頗易檢視。

考察上述現存主要《稽古録》版本，最早的是明弘治十四年楊璋刊本還保存著尊宋帝的格式，可見源出宋刻。不過此本錯訛頗多，刻印粗劣。天一閣刊本在時代上儘管晚於楊璋刊本，但比較其間異同，楊璋刊本於卷十一秦始皇二十五年之下所記「丹以尺八匕首欲卻秦王以安社稷，不亦戲乎？遂使召伯之廟不祀忽諸」這二十八字之處，天一閣刊本則記有如下二百二十七字：「燕丹不勝一朝之忿，以犯虎狼之秦，輕慮淺謀，挑怨速禍，使召公之廟不祀忽諸，罪孰大焉？而論者或謂之賢，豈不過哉？夫爲國家者，任官以才，立政以禮，懷民以仁，交鄰以信。是以官得其人，政得其節，百姓懷其德，四鄰親其義。夫如是，則國家安如磐石，熾如焱火。觸之者碎，犯之者焦。雖有彊暴之國，尚何足畏哉？丹釋此不爲，顧以萬乘之國，決匹夫之怒，逞盜賊之謀，功隳身僇，社稷爲墟，不亦悲哉！夫其膝行蒲伏，非恭也；復言重諾，非信也；糜金散玉，非惠也；刎頸決腹，非勇也。要之，謀不遠而動不義，其楚白公勝之流乎？荊軻懷其豢養之私，不顧七族，欲以尺八匕首彊燕而弱秦，不亦愚乎？」差距如此之大，頗疑二本非係傳承關係，而别有所自。

清代的版本，尤其是以崇文、江蘇兩書局刊本爲代表，校勘較勤，然多以《資治通鑑》改易《稽古録》文字，讓《稽古録》喪失原貌，則犯校勘學之大忌，爲識者所非。

七、《稽古録》的整理與校勘

在二十世紀八十年代，冷落已久的《稽古録》終於出現了兩種整理本。一是王亦令的《稽古録點校本》，一九八七年由北京中國友誼出版公司出版；一是吉書時的《稽古録》點校本，一九八八年由北京師範大學出版社出版。兩種整理本開闢草萊，功不可没。從整理來看，兩部整理本各有短長。簡言之，王本失之冗，吉本失之略，不僅存在一些明顯的訛誤，從技術角度看，亦略乏規範。前修未密，後出力爭轉精，略上層樓，此爲已有兩種整理本的狀況下再度整理之初衷。

此次整理，以涵芬樓影印之天一閣初刊本爲整理底本，與現存最早之明楊璋刊本以及主要版本之清江蘇書局本、《四庫全書》本、《學津討原》本等相校勘。版本校，原則上校正不校誤，底本不誤者，不出校，然重要版本異同則酌出校誌之。《稽古録》之主幹部分《歷年圖》與《資治通鑑》相始終，自明以來，多數校本皆曾與《通鑑》相核，此次整理，擬酌以吸收此類校勘成果；而所記北宋五朝事之《國朝百官公卿表大事記》，則擬核以《宋史》本紀、《續資治通鑑長編》和《隆平集》、《宋會要輯稿》等史籍。因清人以《通鑑》改動《稽古録》已遭詬病，此次他校則僅對明顯訛誤出異同校，不予改動原文。

《稽古録》所有版本均以大字爲綱，夾注敘事。在格式上，考慮到便於閲覽，此次整理，對體類紀傳之卷一至卷九，維持原貌。卷十以降之編年部分，諸本均王名或年號之始另起，此後編年則均以數字表示，且不分段，眉目不清。此次整理，擬將數字之後加一［年］字，每年分段另起，並於每年之下以括號識以公元紀年。諸本於同年之下所述事項之間以圓圈隔離區别。此次整理，將圓圈之下文字另起分段，並仿《通鑑》整理本，標以順序數字。

王瑞來

稽古録目録

稽古録卷十一

稽古録卷十四

稽古録卷十五

稽古録卷十六

稽古録卷十七

進稽古録表

臣光言：竊以九州四海，一日萬幾，將察知民物之性情，蓋布在文武之方策。雖歷年多而舉其大要，則用力少而見夫全功。恭以皇帝陛下富有春秋〔一〕，敉寧方夏，念終始典於學，於緝熙單厥心。延登老成，親近觀講〔二〕。發《論語》章句，採經藝之同歸；誦寶訓丁寧，憲祖宗之不易。其有本如是〔三〕，實惟濫觴。惟稽古堯舜之舊章，惟信史《春秋》之成法。高山可仰，覆轍在前。興亡在知人，其成敗在立政。或當艱難之運而不能師用賢智，或有惻隱之意而無以照知忠邪。載籍之編，患乎太漫。鑒觀之主，力不暇遑。敢用芟夷，略存體要。由三晉開國，迄于顯德之末造，臣既具之于《歷年圖》。自六合爲宋，接乎熙寧之始元，臣又著之于《百官表》。乃若威烈丁丑而上，伏羲書契以來，對越神人，可用龜鏡，悉從論纂，皆有憑依。總而成書，名爲《稽古録》二

〔一〕「以」，江蘇書局本作「惟」。
〔二〕「觀」，各本均如此，然黄庭堅《山谷集》卷二〇《代司馬相公進稽古録表》作「勸」，當是。
〔三〕「有本」，《山谷集》作「本有」。

十卷〔二〕，因仍書局繕寫奏篇，兹冒昧以上陳，助聰明之遠覽。臣光中謝。恭惟太皇太后陛下定九鼎以守天下之重器，乘六龍以御古今之正權。思齊之功，啓佑聖學。過物之濟，燕及宗祧。至於法弊於涼而改爲，官非其人而變置。御戎之策上下，措國之勢安危，據舊以鑒新，去彼而取此，陶成萬化，簡在兩宫。七廟乘無疆之休，微臣與不朽之業。干冒宸扆，無任。

正議大夫、守尚書左僕射兼門下侍郎、上柱國、河内郡開國公、食邑四千一百户、食實封一千五百户臣司馬光上進。

〔二〕「名」，《山谷集》無此字。

朱文公與鄭知院書

熹鄉在長沙，嘗得温公《稽古録》正本，别爲刊刻，殊勝今越中本。欲待成書奏御〔二〕，未竟。而來又欲面奏行下取索，則又未及而去。每念此書，温公所以願忠君父之志，更歷三朝，然後成就。其論人君之德有三而才有五者，尤爲懇切，不可不使聖主聞之。不知可以一言及之，行下本縣取索投進否〔三〕？然不必及熹姓名，恐罪累之跡，延及先賢，反致忠言不得聞達也。聞中司已兼讀官，幸更與議之，同君舉、子壽諸公共白之也。

〔二〕「待」，朱熹《晦庵集》别集卷二《鄭尚書惠叔》作「俟」。
〔三〕「縣」，《晦庵集》作「州」。

朱文公語録中語

温公之言，如桑麻穀粟。且如《稽古録》，極好看。又曰：《稽古録》一書，可備講筵官僚進讀。小兒讀六經了，令接續讀去亦好。

稽古録卷一

伏羲氏

太昊，伏羲氏，太昊，有天下之號。伏羲氏，其所以有天下之號也。惟天生民有欲，無主乃亂，必立聰明之君長以司牧之。何謂司牧？蓋民不足於衣食，則能養之。衣食足矣，或不知禮義，相侵漁〔一〕，則能教之。教之備矣，或頑嚚不從，則能威之。由是民愛之如父母，仰之如日月，信之如四時，畏之如雷霆，莫不悦服，推而尊之。聰明之小者所服寡，聰明之大者所服衆。所服寡者，爲聚邑之長，爲士、大夫、卿。所服衆者，爲一國之君。君一國者，是爲諸侯。天下萬國〔二〕，位均力敵，或相侵陵吞噬，莫能相治，必待天生聖人，出乎其類，拔乎其萃，聰明照萬事，威令行四海，天下無不歸往而率服，然後爲天子。夫天地者，萬物父母。諸侯者，一國父母。天子者，萬國父母。人之至尊，無與爲比。惟父事天，母事地，故曰天子。伏羲之前爲天子者，其有無不可知也。如天皇、地皇、人皇、有巢、燧人之類，雖於傳記有之，語多迂怪，事不經見，臣不敢引。獨據《周易》自伏羲以來敘之。風

〔一〕「漁」，楊璋本、江蘇書局本作「暴」。
〔二〕「萬」，原作「爲」，今據楊璋本、江蘇書局本改。

姓。姓者，人之所自生也。以木德繼天，而王都宛丘。今陳州是也。仰則觀象於天，俯則觀法於地，於是始作八卦，太昊之時，有龍負圖出於河。太昊法而象之，始畫八卦，曰乾、坤、震、巽、坎、離、艮、兑。以通神明之德，神明，謂造化也。乾爲天，坤爲地，震爲雷，巽爲風，坎爲水，離爲火，艮爲山，兑爲澤。造化萬物，皆由此八者而生成。通，導也。作八卦以通導造物之德〔二〕，使人知之也。以順萬物之情。乾健也，坤順也，震動也，巽入也，坎陷也，離麗也，艮止也，兑説也。萬物之情，無出此八者。作結繩而爲罔罟，以佃以漁。佃音田。佃，獵取禽獸也。漁，取魚也。上古之民，處於草野，未知農桑，但逐捕禽獸，食其肉，衣其皮。禽獸飛走，非人所及，制之甚難。無以禦饑寒，故太昊教之爲罟罔，以羅禽獸，漉水物。又教民豢養六畜馬、牛、羊、豕、犬、鷄，無逐捕之勞，可以充庖，且以爲犧牲，享神祇，故號伏羲氏，亦號庖犧氏。

神農氏

炎帝，神農氏，姜姓。繼伏羲，以火德王天下。是時民益多，禽獸益少，炎帝乃教民播種百

〔二〕「物」，楊璋本、江蘇書局本作「化」。

穀。斲木爲耜，揉木爲耒。春耕夏耘，秋穫冬藏，民食以充，故號曰神農氏。炎帝以一人所爲不足以自養，必通功易事，貿遷有無，乃教民日中爲市，致天下之民，聚天下之貨，交易而退，各得其所。

有熊氏

黄帝，有熊氏，姬姓，曰軒轅，有熊國君少典之子。生而神靈，弱而能言，幼而狥齊，狥，疾；齊，速也。長而敦敏，成而聰明。炎帝既没，子孫德衰，蚩尤始作亂，延及于平民。罔不寇賊姦宄，奪攘矯虔。羣行攻劫曰寇，殺人不忌曰賊。在外曰姦，在内曰宄，自來而取曰攘。矯，詐；虔，殺也。黄帝乃治五兵以征之，與蚩尤戰于涿鹿之野，禽而殺之。涿鹿，涿州。諸侯皆去神農氏，歸黄帝。黄帝與炎帝子孫戰于阪泉之野，三戰然後得其志。諸侯咸尊黄帝爲天子，代神農氏。黄帝以民生有欲，衣食雖備，苟無禮義，則强陵弱，衆暴寡，智欺愚，勇苦怯，於是始制軒冕，垂衣裳，貴有常尊，賤有等威，使上下有序，各安其分，而天下大治。作舟楫，以濟不通。服牛乘馬，引重致遠，正名百物。天下有不順者征之，平者去之。邑于涿鹿之阿，遷徙往來，未嘗寧居。在位百年而崩，年百一十歲。有二十五子，其得姓者十四人，爲十二姓：姬、酉、祁、己、滕、箴、任、荀、僖、姞、儇、依。姞，其訖切。儇，呼緣切。

金天氏

少昊，金天氏，己姓，曰摯，亦曰青陽，黄帝之子。繼黄帝以金德王天下，故號金天氏。都曲阜。今兖州。

高陽氏

顓頊，高陽氏，黄帝之孫也。父曰昌意。高陽氏以水德王天下，都濮陽。靜淵而有謀，疏通而知事〔二〕，養財以任地，履時以象天。北至幽陵，南暨交趾，西蹈流沙，東極蟠木，動靜之物，小大之神，主山川神。日月所照，莫不平服。先是，帝王皆以天瑞爲官師之名。至高陽氏，始爲民

〔二〕「事」，楊璋本作「遠」。

師，而命以民事。在位七十八年，壽九十一歲[一]。

高辛氏

帝嚳，高辛氏，黄帝之曾孫，玄囂之孫，蟜極之子也。都亳。今穀熟號南亳。普施利物，不於其身[二]。聰以知遠[三]，明以察微。順天之義，知民之急。仁而威，惠而信，脩身而天下服。其色郁郁，其德嶷嶷。其動也時，其服也衷，執中而偏天下。日月所照，風雨所至，莫不從化。在位七十年，壽百有五歲。

[一]「一」，楊璋本、江蘇書局本作「八」。
[二]「於」，《學津討原》本作「私」。
[三]「知」，《四庫》本作「致」。

稽古録卷二

陶唐氏

帝堯，祁姓，曰放勳，帝嚳之子。初封於陶，後改封唐，故曰陶唐氏。年十六，以唐侯升爲天子，都平陽。今晉州。堯欽明文思，威儀表備謂之欽，照臨四方謂之明，經緯天地謂之文，道德純備謂之思。允恭克讓，光被四表，格于上下。允，信；克，能；光，充；格，至也。既有四德，又信恭能讓，故其名聞，充溢四外，至于天地也。克明駿德，以親九族。駿，大也。言堯能俻明其大德，以睦上自高祖，下至玄孫等列旁支之親。《大學》所謂身修然後家齊也。九族既睦，平章百姓。百姓，國人也，言九族之外臣民之異姓者也。皆化九族，而平和章明，所謂家齊然後國治也。百姓昭明，協和萬邦，黎民於變時雍。昭，亦明也。協，合；黎，衆；時，是；雍，和也。言天下衆民皆變化化上，是以風俗大和，所謂國治然後天下平。堯德廣運，乃聖乃神，乃武乃文。廣，謂所覆者大；運，謂所及者遠。聖無不通，神妙無方。文經天地，武定禍亂。稽于衆，捨己從人。稽，考也。雖聰明，不獨斷自用，必考察從謀〔二〕，捨己所有，從人所長，所以爲聖。其仁如天，其智如神。就之如日，温燠。望之如雲。能庇廕人下。惟天爲大，惟堯則之。則，法也。法天行化。蕩蕩乎，民無能名焉。蕩蕩，廣遠之稱。言其布德廣遠，民無能識其名。巍巍乎，其有成功。功成化隆，高大巍巍。焕乎，其有文章。焕，明也。其立文垂制又著明。命羲、和曆象日月星辰，敬授人時。重黎之後，羲氏、和氏世掌天地四時之官。星，五星；辰，日月所會十二次。曆象其分節，謹記天時，以授人也。允釐百工，庶績咸熙。釐，治；工，官；庶，衆；績，功；咸，皆；熙，廣也。言定四時，成歲曆，以告時授事，則能信治百官，衆功皆廣。時洪水爲災，堯咨四岳，唐虞建百官，内有百揆、四岳，如今之宰輔。百揆掌揆度百事，四岳分掌四時及四岳諸侯之政。舉能者使治之，四岳舉鯀。古本切。堯知鯀頑嚚傲狠不可用，心不則德義之經爲頑，口不道忠信之言爲嚚。四岳固請試之，堯屈己從之。所謂捨己從人。鯀治水九年，功用弗成。堯老，有子丹朱不肖，欲遜位于四岳，四岳辭以不德。堯使明舉有明德之人，搜揚在側陋者。衆乃曰：「有鰥在下，曰虞舜。」舜年三十未娶，故曰鰥。虞，今河中府虞鄉縣嬀水之汭，舜所居也。帝曰：「俞，予聞，如何？」俞，然也。然其所舉。堯聞舜而不用，亦任天下之耳目，不自任也。岳曰：「瞽子。父頑，母嚚，象傲，舜父有目不能分别善惡，故時人謂之瞽瞍。象，舜弟之字，傲慢不友，言皆惡。克諧以孝，烝烝乂，不格姦。」諧，和；烝，進也。言能以

〔二〕「從」，楊璋本、江蘇書局本作「衆」。

至孝和諧頑嚚昏傲，使進進於善道，以至自治，不至陷入於姦惡。盛德之至，無惡不化。帝曰：「朕其試哉。」舜至德升聞，堯獨試之者〔一〕，將授以大任，不得不重慎。女于時，觀厥刑于二女。女，妻；刑，法也。堯於是以二女妻舜，觀其法度接二女，以治家觀治國。釐降二女于嬀汭，嬪于虞。降，下；嬪，婦也。舜爲匹夫，能以義理下帝女之心，使行婦道于虞氏。帝曰：「欽哉！」歎舜能脩己行敬，以化帝女，則其所能者大矣。於是登舜於朝，歷試諸難。試以治民之難事。既有大功，遂使攝行天子事。堯在位一百一年，壽百一十七歲而崩。百姓哀慕，如喪考妣。舜封堯後於唐，爲虞賓。

〔一〕「獨」，《四庫》本作「猶」，義勝。

稽古録卷三

有虞氏上

帝舜有虞氏，姚姓，曰重華。其先出於高陽氏。祖曰牛，父曰瞽瞍。舜濬哲文明，温恭允塞。濬，深；哲，智也。其德信充塞上下。父母弟頑嚚不友，日以殺舜爲事。舜耕于歷山，以失愛於父母，日號泣于旻天，不敢怨懟失子道，負罪引慝，以事祇見瞽瞍，夔夔齊栗。齊，側皆切。瞽亦信而順之，弟象亦化之，不至於大惡。至德升聞，堯既妻以女，試之，乃命以位。舜舉伯奮、仲堪、叔獻、季仲、伯虎、仲熊、叔豹、季貍「八元」，元，善也。使布五教于四方。五教：父義，母慈，兄友，弟恭，子孝。亦曰五典。典，常也。五典克從，内平外成。舉蒼舒、隤敳、隤，徒回切。敳，五開切。檮音桃。戭、音演。大臨、尨降、庭堅、仲容、叔達「八愷」，愷，和也。使揆百事。百揆時序，地平天成。流共工、驩兜、都侯切。三苗、鯀「四凶」于四裔，而天下咸服，四門穆穆。穆穆，美也。諸侯來朝者，皆有美德，無凶人也。陰陽和順，烈風雷雨弗迷。堯知舜功德大成，欲使陟帝位。舜辭不受，乃使舜攝行天子事，代己巡守，朝四岳諸侯。舜察璿音旋。璣音機。玉衡，以齊日月五星之行度，以考正曆數。

二十有八載，堯乃殂落。舜服喪三年畢，始即天子位，都蒲阪。今河中府。明四目，達四聰。廣視聽於四方，使天下無壅塞。命禹宅百揆；宅，居也。居百揆之官。棄爲后稷，播時百穀；播，布也。布種百穀。契作司徒，敷五教；敷，亦布也。臯陶作士，典五刑，惟明克允，刑期于無刑；雖或以殺止殺，終無犯者，刑期於無所刑。垂共工，益作虞，掌山澤、草木、鳥獸；取之有時，用之有節。伯夷作秩宗，典三禮；夔典樂，教胄子，擊石拊石，百獸率舞，簫《韶》九成〔二〕，鳳皇來儀；《韶》，舜樂名。儀，有容儀。龍作納言，出納惟允。舜上循堯道，下任衆賢，恭己南面，無爲而治。舜好問，而好察邇言，淺近之言。隱惡而揚善。人言惡者隱而不彰，善者宣揚而行之。執其兩端，用其中於民。臨下以簡，御衆以寬。罰弗及嗣，賞延于世。延，及也。父子罪不相及而及其賞，道德之政〔三〕。宥過無大，刑故無小。過誤所犯，雖大必宥。不忌故犯，雖小必刑。罪疑惟輕，功疑惟重。刑疑附輕，賞疑從重，忠厚之至。與其殺不辜，寧失不經。經，常也。寧失不常之罪，不枉不辜之善，仁愛之道。君臣常相儆戒於朝。禹曰：「后克艱厥后，臣克艱厥臣，政乃乂。」乂，治也。能知爲君難，爲臣不易，則其政治。益曰：「任賢勿貳，去邪勿疑，一意任賢，果於去惡。罔違道以干百姓之譽，干，求也。失道求名，古人賤之。罔咈音

〔二〕「簫」，原作「蕭」，今據《尚書·益稷》改。
〔三〕「政」，原作「衆」，今據楊璋本、《四庫》本改。

佛。百姓以從己之欲。」咈，戾也。專欲難成，犯衆興禍，故戒之。臯陶曰：「在知人，在安民。」禹曰：「知人則哲，能官人，安民則惠，黎民懷之，此帝堯所難。」臯陶曰：「亦行有九德，亦言其人有德，乃言其行事以驗之，曰寬而栗，性寬大而能莊栗。柔而立，和柔而能立事。愿而恭，慤愿而恭恪。亂而敬，亂，治也。有治而能謹敬。擾而毅，擾，順也。致果爲毅。直而温，行正直，而氣温和。簡而廉，性簡大而有廉隅。剛而塞，剛斷而塞實。彊而義，無所屈撓，動必合義〔二〕。彰厥有常，吉哉！彰，明；吉，善也。其人行此德，有常不變，至於彰著，此真吉士，可用哉！三德有家，九德之中有其三，可以爲卿、大夫。六德有邦，可以爲諸侯。翕受敷施，九德咸事，俊乂在官。翕，合也。能合受三六之德而用之，以布施政教，使九德之人皆用事。謂天子如此，則俊德治能之士並在官。兢兢業業，一日二日萬幾。兢兢，戒慎；業業，危懼。幾者，動之微，吉凶之先見者也。王者戒懼於事微小之時，制治於未亂，保邦於未危，則易爲力。已亂已危，則難爲功。一日二日之間，幾微之事，至有萬端，不可不察。無曠庶官，天工人其代之。曠，空也。位非其人爲空官。言百官代天理物，不可以天官私非其才。天聰明自我民聰明，自，用也。言天因民而降之福。民所歸者，天命之。天視聽人君之行，用民爲聰明。天明畏自我民明畏。」天威可畏，亦用民成其威。民所叛者，天討之，是天明可畏之效。帝曰：「臣作朕股肱耳目，言大體若身。予違汝弼，汝無面從，退有後

〔二〕「必」，原作「兵」，今據《尚書·臯陶謨》傳改。

言。」我違道，汝當以義輔正我，無得面從我違，而退有言我不可弼。禹曰：「萬邦黎獻，共惟帝臣。惟帝時舉，敷納以言，明庶以功〔一〕，車服以庸。」獻，賢也。萬國衆賢，共爲帝臣。帝宜以時舉其秀者，先使布納其爲治之言，察其是非。能言者未必能行，故又宜試之以事〔二〕，以明辯衆言之虚實，必待其功效顯著，然後賜之車服爵命而用之〔三〕。

〔一〕「庶」，江蘇書局本作「試」。按：檢《尚書·舜典》作「試」，《益稷》作「庶」。審上下文，知所引爲後者，當作「庶」。
〔二〕「又」，原作「未」，今據楊璋本、《四庫》本、江蘇書局本改。
〔三〕「而」，原作「面」，今據楊璋本、《四庫》本、江蘇書局本改。

稽古録卷四

有虞氏下

帝作歌曰：「股肱喜哉，元首起哉，百工熙哉！」元首，君也。股肱之臣喜樂盡忠，君之治功乃起，百官之業乃廣。言君得良臣，乃能致治。皋陶賡之曰：「元首明哉，股肱良哉，庶事康哉！」賡，續也。言人君選任之明，則股肱大臣無不忠良。大臣忠良，則天下衆事無不安者。言治安之本在君明。又歌曰：「元首叢脞哉，股肱惰哉，萬事墮哉！」叢脞，細碎無大略。明主好要，闇主好詳。主好要則百事詳，主好詳則百事荒。君既不知治要，躬親細務，則大臣無所事事，皆解體不爲用。萬事非一人可治，故皆墮壞。舜老，有子商均，亦不肖，不足傳天下，乃命禹攝行天子事。舜命禹征有苗，三旬，苗民逆命。益贊于禹曰：「惟德動天，無遠弗届。贊，佐；届，至也。益以此義佐禹，欲其脩德致遠。滿招損，謙受益，時乃天道。自滿者，人損之。自謙者，人益之。是天之常道。至諴感神〔一〕，矧兹有苗？」諴，和也；矧，況也。

〔一〕「諴」，並此下注文，楊璋本均作「誠」。按：諴，音咸，《尚書・大禹謨》即作「諴」。

至和感神，況有苗乎？言易感。禹拜昌言曰：「俞！」班師振旅。昌，當也。以益言爲當，故拜受而然之，遂還師。兵入曰班，振言整衆。帝乃誕敷文德，遠人不服，大布文德以來之。舞干羽于兩階。干，楯；羽，翳也。皆舞者所執。脩闡文教，舞文舞于賓主階間〔一〕，抑武事。七旬，有苗格。討而不服，不討自來，明御之者必有道。舜生三十徵庸，始見試用。三十在位〔二〕，歷試二年，攝位二十八年。五十載而崩，舜服堯喪三年，其一在五十之數，故爲天子五十年。壽百一十二歲。禹封舜後於虞而客之。及周武王克商，封舜後胡公於陳，賜姓嬀氏。孔子曰：後世雖有作者，虞帝弗可及也已矣。

夏后氏上

夏后，姒姓，曰文命。高陽之孫，鯀之子也。堯命鯀治水，功不成，舜臣堯，殛鯀於羽山，舉禹使代父治水。廢父興子，堯舜之道。天乃錫禹《洪範》九疇。洪，大；範，法；疇，類也。洛出書，神龜負文而出，列于背，有數至于九。禹因而第之，以成九類：一、五行；二、五事；三、八政；四、五紀；五、皇

〔一〕「于」，原作「干」，今據《尚書·大禹謨》傳改。
〔二〕「三十」，原作「二十」，今據《尚書·舜典》及《四庫》本改。

極；六、三德；七、稽疑；八、庶徵；九、五福六極。禹治水，順五行之性，循天地之理〔二〕，不墮山，不崇藪，壅者決之，滯者導之，行水於其所無事，故功易成。禹治水勤勞，陸行乘車，水行乘舟，泥行乘橇，子絶切。形如箕擿，行泥上。山行乘楿。紀録切。以鐵如錐，頭長半寸，施之履下，以上山不蹉跌也。娶塗山氏女，歴辛、壬、癸、甲四日，復往治水，塗山氏女生子啓。禹過門，聞啓呱呱音孤。而泣，不入視之。時下民昏墊，丁念切。昏，瞀；墊，陷。言困水災。艱食。難得食。禹隨山刊木，隨行山林，斬木通道。與益得禽獸佐民食。決九川，距四海，濬畎澮距川。距，至也。決九州名川，通之至海。一畝之間，廣尺深尺曰畎。方百里之間，廣二尋深二仞曰澮。澮畎濬之至川，亦入海。平田無水，與稷教民播種百穀。濬川得魚鼈佐民食。濬深其流。烝民乃粒，萬邦作乂。米食曰粒，言天下由此爲治本。禹分天下爲冀、兖、青、徐、揚、荆、豫、梁、雍九州，任土作貢。任其土地所有，定其貢賦之差。九州攸同，四隩既宅。四方之宅已可居。九山刊旅，九川滌源，九澤既陂，九州名山，已槎木通道而旅祭矣。九州之川，已滌除泉源無壅塞矣。九州之澤，已陂障無決溢矣。四海會同。四海之内，會同京師。九州同風，萬國共貫。庶土交正，底慎財賦〔三〕。交，俱也。衆土俱得其正，謂壤墳壚。致所慎者，財貨貢賦。言取之有節，

〔二〕「循」，江蘇書局本作「因」。
〔三〕「底」，原作「底」，今據《尚書·禹貢》改。

用之有度。咸則三壤，成賦中邦。皆法壤田上中下，大較三品，成九州之賦，明水害又除。以天下近遠，分甸、侯、綏、要、荒五服，辯諸侯職守。東漸于海，西被于流沙，朔、南暨聲教，漸，入也；被，及也。此言五服之外，皆與王者聲教而朝見。訖于四海。堯乃錫禹玄圭，告厥成功。

稽古録卷五

夏后氏下

舜受禪，使禹宅百揆。舜老，以位傳禹，曰：「朕居帝位三十有三載，耄期，倦于勤。汝惟不怠，摠朕師。」師，衆也。八十、九十曰耄，百年曰期頤。言己耄老〔一〕，厭倦萬機，汝不懈怠于位，稱摠我衆，欲使攝。禹辭，帝曰：「克勤于邦，克儉于家，不自滿假，惟汝賢。滿謂盈實。假，大也。言禹惡衣菲食，卑其宫室，而盡力爲民，執心謙沖，不自盈大。汝惟不矜，天下莫與汝爭能。汝惟不伐，天下莫與汝爭功。自賢曰矜，自功曰伐。言禹推善讓人而不失其能，不有其勞而不失其功，所以能絶衆人。天之曆數在汝躬，汝終陟元后。陟，升也；元，大也。大君，天子。人心惟危，道心惟微。惟精惟一，允執厥中。危則難安，微則難明。精所以明其難明，一所以安其難安。然道之大要，莫若信執其中。無稽之言勿聽，非詢之謀勿庸。無考，無信驗；不詢，專獨，終必無成，故戒勿聽用。可愛非君，可畏非民。衆非元后何戴，后非

〔一〕「言」，原作「年」，今據江蘇書局本及《尚書・大禹謨》傳改。

衆罔與守邦。」民以君爲命，故可愛。君失道，民叛之，故可畏。言衆戴君以自存，君恃衆以守國，相須而立。禹拜，稽首固辭。帝曰：「毋，惟汝諧。」毋，禁止辭。惟汝能諧和元后之任。禹乃受命，攝行天子事，如舜之初。舜崩，禹三年喪畢，即天子位。會諸侯於塗山，執玉帛者萬國。又會諸侯於會稽，長狄防風氏後至，禹戮之。禹命遠方圖物，圖畫山川奇異之物而獻之。貢金九牧，使九州之牧貢金。鑄鼎象其州之物。象所圖物，著之於鼎。百物而爲之備，使民知神姦。圖鬼神百物之形，使人逆備之。故民入川澤山林，不逢不若〔一〕，若，順也。魑魅魍魎，魑，山神，獸形。魅，怪物。魍魎，水神。莫能逢之。禹崩，壽百年。孔子曰：「禹，吾無間然矣。」堯之崩也，天下諸侯不歸丹朱而歸舜。舜之崩也，天下諸侯不歸商均而歸禹。禹崩，子啓賢，天下諸侯皆曰：「吾君，帝禹之子也。」相帥歸之。

啓乃即天子位。有扈逆命，扈，今京兆鄠縣。啓征扈，滅之，享諸侯於鈞臺。陽翟縣南，有鈞臺陂。啓崩，子太康立。

王太康尸位，尸，主也。以逸豫滅厥德，黎民咸貳。乃盤遊無度，畋于有洛之表，十旬弗反。有窮后羿，窮國之君。因民弗忍王之惡，拒于河。王不得入國，遂廢之，立其弟仲康而相之，夏室微弱。

〔一〕「逢」，原作「逄」，今據《左傳·宣公三年》改。下句同。

王仲康崩，子相立。

王相之時，羿遂代夏政。相失國，依於同姓諸侯斟灌及斟鄩氏。羿恃其善射，不脩民事，而淫于原獸。好佃獵。棄武羅、伯因、髡熊、龍圉〔一〕，四子皆羿之賢臣。而用寒浞。寒浞，伯明氏之讒子弟也。伯明，寒君名。伯明后寒棄之，夷羿收之，夷，氏。信而使之，以爲己相。浞行媚于內，內，宮人。而施賂于外。愚弄其民，欺罔之。而娛羿于畋。樂之以游畋。樹之詐慝，以取其國家，樹，立也。外內咸服。信浞詐。羿猶不悛，悛，改也。將歸自畋，家衆殺而烹之以食。其子靡奔有鬲氏。靡，夏遺臣事羿者。有鬲，國名。浞因羿室，就國妃妾。生澆及豷。澆，五叫切。豷，許醫切。恃其讒慝詐僞，而不德于民。使澆用師，滅斟灌及斟鄩氏，殺夏后相。處澆于過，處豷于戈。后緡方娠，逃出自竇，后緡，相妻。娠，懷身也，音身。歸于有仍，后緡，有仍氏女。生少康焉，爲仍牧正。牧，官之長。澆使椒求之，椒，澆臣。逃奔有虞，爲之庖正。虞思於是妻之以二姚，思，有虞君也。虞思自以二女妻少康。而邑諸綸。綸，虞邑。有田一成，有衆一旅。方十里爲成，五百人爲旅。能布其德，而兆其謀，兆，始。以收夏衆，撫其官職。靡自有鬲氏收斟灌、斟鄩之遺民，以滅浞而立少康。祀夏配天，不失舊物。物，事也。

〔一〕「因」，原作「囚」，今據江蘇書局本及《春秋左傳注疏》卷二九改。

王少康立，夏道中興。少康崩，子杼立。

王杼崩，子槐立。

王槐崩，子芒立。

王芒崩，子泄立。

王泄崩，子不降立。

王不降崩，弟扃立。

王扃崩，子廑立。

王廑崩，不降之子孔甲立。

王孔甲之時，夏德衰，諸侯多叛之。孔甲崩，子皋立。

王皋崩，子發立。

王發崩，子癸立，是爲桀。

王桀都安邑，滅德作威，敷虐于萬方百姓。用兵伐有施，得其女末喜，嬖之，荒淫無度。有以危亡爲諫者，桀自恃天命，指日曰：「是日何時喪乎，予及汝偕亡。」關龍逢强諫，桀殺之。諸侯多叛桀歸商湯。桀囚湯於夏臺，欲殺之，既而釋之。湯乃與伊尹興師伐夏，與桀戰于鳴條，克之。桀奔南巢，夏后氏遂失天下。夏有王與無王，用歲四百三十二。

稽古録卷六

殷上亦號商，又封商〔一〕，湯居殷而受命，故二號。

殷湯，子姓，曰履。其先出於高辛氏。帝嚳生契。契爲舜司徒，封於商。商在大華之陽，今商州。契生昭明，昭明生相土，相土居商丘。今應天府。相土生昌若，昌若生曹圉，曹圉生冥，冥生振，振生微，微生報丁，報丁生報乙，報乙生報丙，報丙生主壬，主壬生主癸，主癸生天乙，世爲諸侯。天乙是爲成湯。自契至成湯八遷，湯始居亳，從帝嚳居。湯不邇聲色，不殖貨利，邇，近也。殖，生也。言清潔不貪。用人之言，若自己出。有過則改，無所吝惜。所以能成王業。德懋懋官，功懋懋賞。用人惟己，改過不吝。勉於德者，則勉之以官。勉於功者，則勉之以賞。事上竭誠。與人不求備，檢身若不及。使人必器之，常如不及，恐有過。居上克明，言理恕。爲下克忠。事上竭誠。爲夏方伯，葛伯不祀，奪餉者黍肉，湯始征之。歸市者不止，耕者不變，誅其君而恤其民。自是東征西夷怨，南征北狄

〔一〕「又」，江蘇書局本作「契」。

怨，西夷、北狄，舉遠以言，則近者著矣。曰：「奚獨後予？」攸徂之民，室家相慶，曰：「徯予后，后來其蘇。」湯所往之民皆喜曰：待我君來，其可蘇息。伊尹有元聖之德，耕於有莘之野，以樂堯、舜之道。湯使人以幣聘之，使三返，然後至。湯任之以政。伊尹以爲，桀雖無道，君也；湯雖有聖德，臣也。不可捨君而輔臣，乃去亳適夏。既而知桀不可輔，復歸于亳，乃與湯謀伐桀。勝之，放桀於南巢。諸共推湯爲天子〔一〕。湯以堯、舜皆以揖讓傳天下〔二〕，己獨以干戈得之，有慙德。仲虺乃爲之作誥，言天錫湯勇智，表正萬邦，夏桀昏德，民墜塗炭，若陷泥墜火，無救之者。非德言所能諫，德言，道德善言。不可不伐之意。湯改紀夏政，代虐以寬。又自誥諸侯曰：「爾有善，朕弗敢蔽。罪當朕躬，弗敢自赦，惟簡在上帝之心。所以不蔽善人，不赦己罪，以其簡在天心故。其爾萬方有罪，在予一人。自責化不至。予一人有罪，無以爾萬方。」無以爾萬方，言非所及。諸侯由是歸之。湯爲天子十三年而崩，太子太丁未立而卒，立太丁之子太甲〔三〕。

王太甲既立，不明，欲敗度，縱敗禮。伊尹屢諫不聽，恐王習不義，遂成性，欲困苦以革其

〔一〕「諸共」，《四庫》本作「諸侯」，江蘇書局本作「諸侯共」。
〔二〕「下」，原作「子」，今據《四庫》本、江蘇書局本改。
〔三〕「立太丁之子太甲」，《學津討原》本作「立太丁之弟外丙。王外丙崩，弟中壬立。王中壬崩，伊尹乃立太丁之子太甲」。對此，江蘇書局本有校勘記云：「恐温公之意，只宗《書序》，本無此二十二字也。」

心，乃放王于桐宫。伊尹攝行天子事。王於是悔過遷善。三年，伊尹復奉王歸于亳，復王位，還其政。太甲不怨而德之。伊尹申戒于王曰：「有言逆于汝心，必求諸道。人以言咈違汝心，必以道義求其意，勿拒逆之。有言遜于汝志，必求諸非道。」遜，順也。言順汝心，必以非道察之，勿以自臧。太甲由是能保惠于庶民，克終湯業，享國三十三年崩，號祖甲。子沃丁立。

王沃丁崩，弟太庚立。

王太庚崩，子小甲立。

王小甲崩，弟雍己立。

王雍己崩，弟太戊立。

王太戊時，伊尹之子陟爲相，巫咸佐之。亳有祥，桑穀共生于朝，一暮大拱。祥，妖怪也。兩手搤之曰拱。太戊懼，伊陟曰：妖不勝德。太戊從之，桑穀枯死。太戊治民祇懼，不敢荒寧，殷復興。享國七十五年崩，號中宗。子仲丁立。

王仲丁遷于囂。仲丁崩，弟外壬立。

王外壬崩，弟河亶甲立。

王河亶甲居相，殷復衰。河亶甲崩，子祖乙立。

王祖乙時，相爲水所毁，遷于耿。祖乙崩，子祖辛立。

王祖辛崩，弟沃甲立。

王沃甲崩，祖辛之子祖丁立。

王祖丁崩，沃甲之子南庚立。

王南庚崩，祖丁之子陽甲立。

王陽甲崩，弟盤庚立。

王盤庚時，復避水災，南涉河，遷于亳。從湯居，行湯政，殷復興。盤庚崩，弟小辛立。

王小辛時，殷復衰。小辛崩，弟小乙立。

王小乙崩，子武丁立。

稽古録卷七

殷下

王武丁思復興殷道，亮陰三年不言，羣臣咸諫。王曰：「予恭默思道，夢帝賚予良弼。」夢天與我良佐。乃以形求于天下。傅説築傅巖之野，惟肖。傅巖在今陜州平陸界。傅説賢而隱，代胥靡刑人築此道以供食。肖，似也。王召與語，果聖人也。爰立作相，置諸左右曰：「啓乃心，沃朕心，若藥弗瞑眩，厥疾弗瘳。開汝心，以沃我心，如服藥必瞑眩極，其病乃除。欲其出切言以自警。若跣弗視地，厥足用傷。」跣必視地，足乃無傷。言欲使爲己視聽。説曰：「天立后王君公，承以大夫師長。不惟逸豫，惟以亂民。」不使有位者逸豫民上，言立之王，使治民。又曰：「惟治亂在庶官。」言所官得人則治，失人則亂。又曰：「無恥過作非。」恥過誤而文之，遂成大非。又曰：「非知之艱，行之惟艱。」王曰：「若作酒醴，爾惟麴糵〔一〕。若作和羹，爾惟鹽梅。釀酒者，麴過太苦，糵過太甘。調羹者，鹽過太鹹，梅過太酸。必求和適爲

〔一〕「糵」，原作「蘗」，今據江蘇書局本改。下注文同。

難。良相治國，懲勸寬猛，凡區處施設，若大酋之釀酒、膳夫之調羹，曲盡其宜乃爲善。爾交修予，罔予棄，予惟克邁乃訓。」交，非一之義。邁，行也。言我能行政教。說曰：「王，人惟學于古訓乃有獲，有所得。道積于厥躬。」王曰：「股肱惟人，良臣惟聖。手足具，乃成人。有良人，乃成聖。惟后非賢不乂，惟賢非后不食。」言君須賢治，賢須君食。高宗祭成湯，有飛雉升鼎耳而雊。古后切，鳴也。祖己曰：「惟先格王，正厥事。」言至道之王遭變異，正事，而異自消。高宗從之，不敢荒寧。嘉靖殷邦，至于小大，無時或怨。善謀殷國，至于小大之政〔一〕，人無是有怨者。言無非。享國五十九年崩，號高宗。祖庚立〔二〕。

王祖庚崩，弟甲立。

王甲時，殷復衰。甲崩，子稟辛立。

王稟辛崩，弟庚丁立。

王庚丁崩，子武乙立。

王武乙復去亳，徙河北。王武乙崩，子太丁立。

王太丁崩，子乙立。

〔一〕「政」，原作「故」，今據《尚書・無逸》傳改。
〔二〕「祖庚立」，楊璋本於此上有「子」字。

王乙崩，子受德立。

受德一曰辛，是爲紂王。紂王都朝歌，資辯捷疾，聞見甚敏，材力過人。智足以距諫，言足以飾非，矜人以能，以爲皆出己下。播棄黎老，昵比罪人，布棄〔一〕，不禮敬。昵，近也。爲天下逋逃主萃淵藪。平居弗祀上帝、神祇、宗廟。恃其强大，喜用兵，百戰皆克。伐有蘇，得其女妲己，惟妲己之言是用，作奇技淫巧以悦之。淫酒肆虐，作炮烙之法，膏銅柱，下加之炭，令有罪者行焉，輒墮炭中，以取妲己笑。刳庫胡切。剔天易切。孕婦，斮側角切。朝涉之脛，冬月見朝涉水者，謂其脛耐寒，斬而視之。醢九侯，脯鄂侯。囚西伯於羑里，羑，音酉。久乃赦之。既而西伯戡黎，近王圻之諸侯。戡，勝也。祖伊恐，奔告于王。王曰：「嗚呼！我生不有命在天？」祖伊反曰：「嗚呼！乃罪多，參在上，乃能責命于天？」反，報紂也。言汝罪惡衆多，參列在上天，誅且至，乃恃命于天乎？紂終不悛。比干强諫，紂怒曰：「吾聞聖人之心有竅。」剖比干心。箕子懼，乃佯狂爲奴，紂又囚之。微子恐殷絶祀，遂奔周。紂專任嬖臣飛廉、惡來知政事。於是周武王伐紂，殷之士女皆篚其幣帛迎周師。紂率其衆如林，會戰于牧野。紂卒皆不戰，前徒倒戈攻于後，以北。紂走，登鹿臺，自焚死，周遂滅殷。自成湯受命，至是凡六百二十九年。

〔一〕「布棄」，《四庫》本同正文作「播棄」。江蘇書局本於此有校勘記云：「此注全用《書》傳文，原傳作『布』。」

稽古録卷八

周上

周文王，姬姓，曰昌。其先亦出於高辛氏。帝嚳生弃，佐禹播時百穀，堯封之部，地來切。舜命爲后稷。后稷薨，子不窋立。窋，竹律切〔一〕。夏后政衰，棄稷不務，不窋用失其官，自竄於戎狄之間。不窋生鞠，鞠生公劉，能脩后稷之業，務耕種，行地宜。行者有資，居者有積。民賴其慶，多徙而歸保焉。故詩人歌樂思其德。公劉生慶節，國於豳。豳與邠同，今邠州。慶節生皇僕，皇僕生差弗，差弗生毀隃〔二〕，音俞。毀隃生公非，公非生高圉〔三〕，高圉生亞圉，亞圉生公叔祖類〔四〕，公叔祖類生古公亶父。古公亶父是爲太王，復脩后稷、公劉之業，積德行義，國人皆戴之。狄人攻

〔一〕「竹」，原作「行」，今據江蘇書局本及《廣韻》、《集韻》改。
〔二〕「差」，原作「羌」，今據《四庫》本、江蘇書局本及《史記》卷四《周本紀》、《資治通鑑外紀》卷二改。
〔三〕「非」，原脱，今據《四庫》本、江蘇書局本補。
〔四〕「類」，原作「賴」，今據《四庫》本、江蘇書局本及《史記》、《資治通鑑外紀》改。下句同。

之，事之以皮幣、犬馬、珠玉，皆不得焉。乃屬其耆老而告之曰：「狄人之所欲者，吾土地也。吾聞有民立君，將以利之。君子不以其所養人者害人，民之在我，與其在彼，何異？民欲以我故，殺人父子而君之，吾不忍也，二三子何患乎無君？我將去之。」乃與私屬去邠，踰梁山，邑于岐山之下居焉，故號曰周。豳人曰：「仁君不可失也。」從之者如歸市，旁國民亦多歸之。古公乃貶戎狄之俗，營築城郭室屋，而邑別居之。分別而爲邑洛也〔一〕。民歌樂之，肇基王迹。古公長子太伯，次仲雍，次季歷，生昌。昌有聖德，在傅弗勤，處師弗煩。不聞亦式，不諫亦入。道義雖所未聞〔二〕，率意行之，冥合於法式。過失不待人諫，言已先入。皆言其生知。古公知其必興周家，欲立季歷以傳昌。太伯、仲雍知其指，自竄於句古侯切。吳，以讓季歷。太伯猶服端委，端委〔三〕，玄端，委貌，周之禮服。仲雍遂從夷俗，斷髮文身，以示不可用。古公薨，季歷立，是爲王季。王季篤於行義〔四〕，諸侯順之。王季薨，昌立，是爲文王。都豐。文王徽柔懿恭，懷保小民。以美道和民〔五〕，故民懷之。

〔一〕「洛」，原作「治」，今據楊璋本改。按，《史記集解》作「邑落」。
〔二〕「聞」，原作「樂」，今據江蘇書局本改。
〔三〕「端」，原作「玄」，今據江蘇書局本改。
〔四〕「季」，原脱，今據江蘇書局本補。
〔五〕「以美道和民」，原倒作「以美和民道」，今據《四庫》本、江蘇書局本乙正。

以美政恭民，故民安之。發政施仁，必以鰥寡孤獨爲先。老而無妻曰鰥，老而無夫曰寡，老而無子曰獨，幼而無父曰孤。此四者，天下之窮民而無告者。自朝至于日中昃，不遑暇食，用咸和萬民。從朝至日昳不暇食〔一〕，思慮政事，用皆和萬民。文王爲殷西伯。古之王者，擇諸侯之賢者，分掌天下諸侯。文王爲西伯，掌西方諸侯。于時西有昆夷之患，北有玁狁之難，玁，音險〔二〕。狁，音允。文王以天子之命，命將帥，遣戍役，以守衛中國。遠近之人，皆畏而愛之，則而象之。諸侯大邦畏其力，小邦懷其德。虞、芮之君相與爭田，久而不平，欲質於西伯，乃相與朝周。入其境，則耕者讓畔，行者讓路。入其朝，士讓爲大夫，大夫讓爲卿。二國之君慙而相謂曰：「我等小人，不可以履君子之庭。」乃相讓，以其所爭田爲閑田而退。天下聞之而歸周者四十餘國。時紂方無道，諸侯多去紂歸文王。紂怒，囚文王於羑里七年，諸侯皆從之囚，紂於是懼而歸之。文王乃整兵以誅諸侯之不道者，伐崇，伐密，伐邗〔三〕，伐共，伐黎，皆勝之。文王爲諸侯四十二年，更稱元年，三分天下有其二，以服事殷，九年崩，壽九十七。太子發立，是爲武王。

武王三年喪畢。十一年，觀兵孟津，諸侯不期而會者八百餘人，皆曰紂可伐。武王曰未可，

〔一〕「昳」，原作「映」，今據《四庫》本、江蘇書局本改。
〔二〕「險」，原作「儉」，今據《四庫》本、江蘇書局本改。
〔三〕「邗」，原作「阮」，今據《學津討原》本及《史記》改。

退而增德。及紂殺比干，囚箕子，十三年，武王帥諸侯復伐紂，與紂戰于牧野，克之，遂滅紂。一戎衣，天下大定，乃反商政，政由舊。用商先王善政。釋箕子囚，封比干墓，式商容閭，封，益其土。商容，賢人，紂所貶退，式其閭巷以禮賢。在車上憑軾小俛曰式。散鹿臺之財，發鉅橋之粟。紂所積之府倉，皆散發以賑貧民。大賚于四海，而萬姓悦服。施舍己責，救乏賙無，所謂周有大賚，天下皆悦仁服德。王還至豐，乃偃武脩文，載戢干戈，載櫜弓矢，戢，聚；櫜，韜也，音高。歸馬于華山之陽，放牛于桃林之野，示天下弗服。示天下不復乘用。興滅國，繼絶世，舉逸民，垂拱而天下治。徙都鎬，户老切。封紂子武庚禄父於殷，以守湯祀。命王弟管叔、霍叔、蔡叔監之。又封姬姓之國五十三。通道于九夷八蠻，西旅貢獒。西方遠國貢犬。犬高四尺曰獒，音敖。大保召公作書戒王以慎終曰：「明王慎德，四夷咸賓。皆賓服。不役耳目，百度惟貞。言不以聲色自役，則百度正。玩人喪德，玩物喪志。以人爲戲弄則喪其德，以器物爲戲弄則喪其志。不作無益害有益，功乃成；不貴異物賤用物，民乃足。遊觀爲無益，奇巧爲異物。言明王之道以德義爲益，器用爲貴，所以化俗生民。犬馬非其土性不畜，非此土所生不畜，以不習其用。珍禽奇獸不育于國。皆非所用，有損害故[一]。不寶遠物則遠人格，不侵奪其利，則來服矣。所寶惟賢則邇人安。」又曰：「爲山九仞，功虧一簣。」音匱。八尺曰仞，喻向成也，未成一

〔一〕「故」，《四庫》本、江蘇書局本作「政」。

簣，猶不爲山。是以聖人乾乾日昃，慎終如始。武王即位四年克商，克商七年而崩，壽九十三。成王誦立。

成王年十三，周公爲冢宰，攝行天子事。管叔、蔡叔、霍叔乃流言於國曰：「公將不利於孺子。」遂奉武庚禄父、淮夷作亂。周公帥師東征，居東二年，罪人斯得，殺武庚禄父及管叔，囚蔡叔于郭鄰，降霍叔于庶人，滅淮夷。三年而歸，卜宅洛邑爲王城，使四方入貢道里均。又作下都於瀍水東。瀍，澄延切。命曰〔二〕：「遷殷頑民，教治之。」然天子猶往來常居鎬京，曰「宗周」。夏德既衰，戎狄内侵，九州之地寖滅。周公復唐虞之舊域，斥大九州之境。王畿之外，分五服，爲侯、甸、男、采、衛、蠻、夷、鎮、藩九畿。周公攝政凡七年，制禮作樂致太平，乃復政成王而告老。王曰：「公無困我哉！」留周公爲太師，與召公共輔王室。周公作《無逸》以戒成王曰：「君子所其無逸，君子之道，所在念德，無有逸豫。先知稼穡之艱難，乃逸，則知小人之依。」稼穡，農夫之艱難事。先知之，乃謀逸豫，則知小人之所依怙。又作《立政》曰：「拜手稽首，告嗣天子王矣。言不可不慎。宅乃事，宅乃牧，宅乃準，兹惟后矣。宅，居也。居汝事，謂六卿掌事者。牧，牧民之官，謂九州之長。準，平法者，謂士。官皆得其人，則此惟居矣。言立政在官人。文王、武王克知三有宅心，灼見三有俊心。

〔二〕「命曰」，江蘇書局本於此下有「成周」二字。

文、武能知擇人居此事、牧、準三官之心，又能灼然見俊德之人可以任此三官者之心，所以能立政。灼，明見。左右攜僕，百司庶府。雖左右攜持器物之僕，及百官有司主券契藏吏，亦皆擇人。文王惟克厥宅心，乃克司牧人，以克俊有德。文王惟其能居心務大略細，守本遺末，乃能司牧人，用能俊有德者。文王罔攸兼于庶言、庶獄、庶慎，惟有司之牧夫。文王無所兼知，於毁譽衆言及衆刑獄，衆所當慎之事，惟慎擇有司牧夫而已。勞于求才，逸於任賢。是訓用違，庶獄庶慎，文王罔敢知于兹。」是萬民順法用違法、衆獄衆慎之事，文王一無敢自知於此，委任賢能而已。又作《周官》，命太宰、司徒、宗伯、司馬、司寇、司空六卿各帥其屬，分掌天下之務。成王即政三十年崩，子康王釗立。釗，之遥切。

康王脩文、武、成王之業，四海治安。成、康之世，刑措不用者四十餘年。康王崩，子昭王瑕立。

昭王時，王道微缺。昭王南征，濟漢，沉没不復。周人諱之，不赴告。子穆王滿立。

穆王將征犬戎，祭側介切。公謀父曰：「先王耀德，不觀兵。夫兵戢而時動，動則威，觀則玩，玩則無震。震，懼也。故先王有威讓之令，有文告之辭。布令陳辭，而又不至，則增脩於德，而無勤民於遠。」王不聽，得四白狼、四白鹿以歸。自是荒服者不至。穆王肆其心，肆，極也。周行天下，將皆必有車轍馬跡焉。祭公謀父作詩以止王心曰：「思我王度，式如玉，式如金。金玉，取其堅重。形民之力，而無醉飽之心。」言國之用民，當隨其力任，如金冶之器，隨器而制形，故言形民之力，去其醉飽過盈之心。王爲之少息。在位五十五年崩，子恭王繄扈立。

稽古録卷九

周下

恭王崩，子懿王囏立。囏，居閑切。

懿王崩，恭王弟孝王辟方立。

孝王崩，復立懿王太子夷王燮。

夷王時，王室卑，下堂而見諸侯。夷王崩，子厲王胡立。

厲王淫昏無道，召穆公作詩刺之，不敢斥言，借商紂以言之曰：「殷鑑不遠，在夏后之世。」榮夷公好專利，有寵於王。芮良夫諫曰：「夫利，百物之所生也，天地之所載也，而或專之，其害多矣。天地百物皆將取焉，所怒甚多，胡可專也？王人者，將以導利而布之上下者也。匹夫專利猶謂之盜，王而行之，其歸鮮矣。」王不聽。國人謗王，王怒，得衛巫，使監謗者，監，察也。王以爲巫有神靈，有謗必知之。以告則殺之。國人莫敢言，道路以目。王喜，告召公曰：「吾能弭謗矣。」召公曰：「防民之口，甚於防川。川雍而潰，傷人必多。」王不聽。後三年，民不堪命，作亂，流王于彘。太子靖匿於召公之家，召公以其子代之，乃得免。大臣共和行政。自是以後，年始可譜。

共和之初諸侯所自出

魯周公旦，姬姓，周文王之子，武王之弟。佐文、武克商，定天下。食采於周。武王崩，成王幼，周公攝行天子事七年，致太平，復政成王。成王命周公子伯禽就封於魯，都曲阜，留周公自輔，爲太師。周公薨於豐。魯公伯禽後七君，至慎公濞。

曲阜，今兖州。

齊太公望，姜姓。其先出於神農氏，堯時嘗爲四岳，封於吕。太公事周，爲文、武師。佐武王滅商，號尚父，封於齊，都營丘。太公留鎬京，與周公夾輔成王。後五世，至胡公靜，徙都薄姑。胡公弟獻公山徙都臨淄。獻公薨，子武公壽立。

營丘，在今青州界。薄姑，在棣州界。臨淄，在青州界。

晉康叔虞，姬姓。周武王之子，成王之弟。成王封叔虞於唐，在河、汾之東。叔虞子燮爲晉侯，又四世至靖侯宜臼。

秦仲，嬴姓。其先出於高陽氏，至伯益，佐禹治水，爲舜虞。其後裔有飛廉。飛廉生惡來革，皆以材力事紂，與紂俱死。飛廉玄孫曰造父，以御得幸於周穆王，封於趙城，爲趙氏。惡來革五世孫非子，爲周孝王主馬于汧、渭之間。馬大蕃息〔一〕，孝王邑之秦，曰秦嬴。秦嬴生公伯，公伯生秦仲，秦仲始大。

秦，今秦州。

楚芈姓。其先出於高陽氏，有子曰黎，爲高辛氏火正，有功德，號祝融。黎死，弟吴回代爲祝融。其後，子孫蕃衍爲八姓，夏商之際爲顯諸侯。己姓昆吾，董姓豢龍，彭姓彭祖、豕韋，秃姓舟人，妘姓鄔、鄶、偪陽，曹姓鄒、莒，斟姓無後。吴回之孫曰季連，爲芈姓，楚之祖也。世居蠻荆爲君長。其苗裔曰鬻熊，事周文王。鬻熊曾孫熊繹事成王，封爲楚子。熊繹後八君，至熊勇。

芈，音弭。

宋微子啓，殷帝乙之子，紂之庶兄。周公既誅武庚禄父，以微子代殷後，封於宋，世爲周客。微子薨，弟衍立，號微仲。微仲後六君，至僖公舉。

宋，今應天府。

衛康叔封，姬姓，周公之弟也。周公既伐管叔、蔡叔，以殷餘民封康叔於衛。康叔後八世，至僖侯。

衛，今衛州。

〔一〕「大」，原作「又」，今據楊璋本、《四庫》本、江蘇書局本改。

陳胡公滿，帝舜之後。周武王克殷，以元女大姬妻胡公，而封諸陳，賜姓嬀氏。後五世，至幽公寧。

陳，今陳州。

蔡叔度，周公之弟也。流言譏周公〔二〕，周公囚諸郭鄰。其子胡率德改行，周公復封諸蔡。蔡仲後五世至武〔三〕。

蔡，今蔡州。

曹叔振鐸，周文王之子，武王封於曹。後五世至夷伯喜。

曹，今曹州。

〔二〕「譏」，原作「諫」，今據楊璋本、《四庫》本、江蘇書局本改。

〔三〕「五」，原脱，今據江蘇書局本補。

稽古録卷十

庚申**共和元年**（前八四一）魯慎公濞七，齊武公壽十，晉靖侯宜臼十八年，秦仲、楚熊勇七，宋僖公舉十八，衛僖侯、陳幽公寧十四，蔡武侯二十三，曹夷伯喜二十四。

（一）共伯和行周政。厲王太子靖居于召公虎之家。

二年（前八四〇）晉僖侯司徒元。

三年（前八三九）

四年（前八三八）

（一）楚熊勇薨，弟熊嚴立。

甲子**五年**（前八三七）楚熊嚴、蔡夷侯元。

六年（前八三六）

七年（前八三五）

（一）曹夷伯薨，弟彊立。

八年（前八三四）曹幽伯彊元。

九年（前八三三）

十年（前八三二）

十一年（前八三一）陳僖公孝元。

十二年（前八三〇）宋惠公覸元。

十三年（前八二九）

十四年（前八二八）

（一）厲王死，周公、召公舉太子靖而立之，共和罷。先是，厲王無道，天下蕩蕩，無綱紀文章。百姓離散，四夷交侵。宣王即位，側身修行，勞來安集其民。至於鰥寡，靡不得所。錫命諸侯，會之蒐狩，天下喜於王化復行，詩人美之焉。

甲戌**宣王靖元年**（前八二七）楚熊霜元。

二年（前八二六）

（一）曹幽伯薨，弟蘇立[一]。

[一]「蘇」，原作「鮮」，今據江蘇書局本及《史記》卷三五《管蔡世家》、《竹書紀年》卷下、《資治通鑑外紀》卷三改。

三年（前八二五）曹戴伯蘇元〔一〕。

四年（前八二四）齊厲公無忌元。

五年（前八二三）

六年（前八二二）晉獻侯藉元。

（一） 荆子熊霜薨，三弟爭立。 仲雪死，叔熊逃難于濮，國人立季紃。

七年（前八二一）秦莊公、楚熊紃元。

（二） 西戎殺秦仲。 王召秦仲子莊公，資之兵，使伐西戎，破之，遂賜以大駱犬丘之田。

八年（前八二〇）

九年（前八一九）

十年（前八一八）

（一） 魯慎公薨，弟敖立。

甲申**十一年**（前八一七）魯武公敖元。

十二年（前八一六）

〔一〕 「蘇」，原作「解」，今據江蘇書局本及《史記·管蔡世家》、《竹書紀年》、《資治通鑑外紀》改。

（一）魯武公以子括與戲見王，王立戲爲太子。樊仲山甫諫曰：「不順必犯，犯必誅。是自誅王命也。誅亦失，不誅亦失。」王不聽。魯侯歸而薨，太子戲立。

（二）齊厲公暴虐，國人弑之。太子赤立，誅弑君者。

十三年（前八一五）魯懿公戲、齊文公赤元。

十四年（前八一四）

十五年（前八一三）

（一）衛僖侯薨，太子共伯早死，立其弟和，是爲武公。武公復修康叔之政，百姓和集，詩人美之。

十六年（前八一二）衛武公和元。

十七年（前八一一）晉穆侯蕢生元〔二〕。

十八年（前八一〇）

十九年（前八〇九）蔡信侯所事元〔三〕。

〔二〕「蕢」，楊璋本、《四庫》本作「費」，《史記》卷一四作「弗生」，卷三九作「費生」，疑作「費」是。

〔三〕「信」，《四庫》本、江蘇書局本作「僖」，《史記》卷三五《管蔡世家》、《竹書紀年》卷下、《資治通鑑外紀》卷三作「釐」。

二十年（前八〇八）

甲午**二十一年**（前八〇七）

二十二年（前八〇六）魯侯伯御、鄭桓公友元。

（一）王封弟友于鄭。魯人弑懿公，立括之子伯御。

二十三年（前八〇五）

二十四年（前八〇四）

二十五年（前八〇三）齊成公説元。

二十六年（前八〇二）

二十七年（前八〇一）

二十八年（前八〇〇）宋哀公元。

二十九年（前七九九）楚熊鄂、宋戴公立元。

三十年（前七九八）

甲辰**三十一年**（前七九七）

三十二年（前七九六）

（一）王伐魯，殺伯御，立懿公之弟稱。諸侯從是而不睦。

三十三年（前七九五）陳武公靈、曹惠伯雉、魯孝公稱元。

三十四年（前七九四）齊莊公購元。

三十五年（前七九三）

三十六年（前七九二）

三十七年（前七九一）

三十八年（前七九〇）楚若敖儀元。

三十九年（前七八九）

（二）戰於千畝，王師敗績于姜氏之戎。王乃料民于太原，樊穆仲諫曰：「古者不料民而知其多少。若立其官，使之時脩其職，則少多生死、出入往來皆可知也，又何料焉？」王不聽。

四十年（前七八八）

甲寅**四十一年**（前七八七）

四十二年（前七八六）

四十三年（前七八五）

四十四年（前七八四）晉殤叔元。

四十五年（前七八三）

四十六年（前七八二）

（一）王崩。王能慎徽接下，用賢使能。羣臣無不自盡以奉其上。内脩政事，外攘夷狄。命尹吉甫北伐玁狁，方叔南征蠻荆，復文武之境土，周室中興焉。

幽王宫涅**元年**〔一〕（前七八一）

（一）王沈湎淫泆，讒諂並進。賦役煩重，百姓愁怨。不以禮信待諸侯，賞罰不當，諸侯怨叛。

二年（前七八〇）晉文侯仇、陳夷公説元。

（一）涇、渭、洛竭，岐山崩，伯陽父知周將亡。

三年（前七七九）

（一）王娶申女以爲后，生太子宜臼。又得褒姒，嬖之，生子伯服。乃廢申后，放太子于申，以褒姒爲后，伯服爲太子。褒姒驕縱，王惑之。詩人知其必亡，刺之曰：「燎之方揚，寧或滅之。赫赫宗周，褒姒滅之。」

〔一〕「宫涅」，原作「官」，今據《四庫》本、江蘇書局本改。

四年（前七七八）

（一）陳夷公薨，弟燮立。

甲子**五年**（前七七七）秦襄公、陳平公燮元。

六年（前七七六）

七年（前七七五）

八年（前七七四）

（一）鄭桓公爲司徒，用史伯之言，知周將弊，寄帑於虢、鄶之間。

九年（前七七三）

（一）王室始騷。

十年（前七七二）

十一年（前七七一）

（一）申侯與西戎攻周[一]，殺幽王於驪山之下。申侯復立太子宜臼，是爲平王。平王東徙洛邑，以避狄難。自是周室微弱，政令不行。諸侯交爭，更相併吞，而齊、楚、秦、晉始大。

[一]「與」，原作「興」，今據《四庫》本、江蘇書局本改。

平王宜臼**元年**（前七七〇）鄭武公元。

（一）虢、鄶叛鄭，鄭武公擊之，取其十邑，因徙居之。

二年（前七六九）

三年（前七六八）魯惠公弗湟元。

甲戌**四年**（前七六七）

五年（前七六六）

六年（前七六五）秦文公、宋武公司空元。

七年（前七六四）

八年（前七六三）楚霄敖坎元。

九年（前七六二）

十年（前七六一）蔡共侯興元。

十一年（前七六〇）

（一）曹惠伯薨，子石甫立，弟武殺而代之。

十二年（前七五九）蔡戴公、曹穆公武元。

十三年（前七五八）

甲申**十四年**（前七五七）楚蚡冒眴、衛莊公楊元。

十五年（前七五六）曹桓公終生元。

十六年（前七五五）

十七年（前七五四）陳文公圉元。

十八年（前七五三）

十九年（前七五二）

二十年（前七五一）

二十一年（前七五〇）

（一）秦文公大敗戎師，收周餘民有之，北至岐。岐以東歸之王。

二十二年（前七四九）蔡宣侯偕論元〔一〕。

二十三年（前七四八）

甲午**二十四年**（前七四七）

〔一〕「偕論」，《四庫》本作「措父」。按，《春秋》隱公八年作「考父」，《史記》卷三五《管蔡世家》作「措父」。

二十五年（前七四六）宋宣公力元〔一〕。

二十六年（前七四五）晉昭侯伯、曲沃桓叔成師元。

（一）晉始亂，封文侯弟成師於曲沃。師服曰：「國家之立也，本大而末小，是以能固。今晉，甸侯也，而建國，本既弱矣，其能久乎？」於是沃盛强，昭侯微弱，國人將叛而歸沃。詩人爲之賦《揚之水》及《椒聊》。

二十七年（前七四四）陳桓公鮑元。

二十八年（前七四三）鄭莊公寤生元。

（一）鄭莊公之弟段有寵於母武姜，使居京。祭仲曰：「都城過百雉，國之害也。不如早爲之所，無使滋蔓。」公曰：「多行不義，必自斃。子姑待之。」段多材而好勇，不義而得衆。莊公不禁。詩人刺之。

二十九年（前七四二）

三十年（前七四一）

（一）荆子蚡冒薨，弟熊通殺蚡冒之子而自立。

〔一〕「宣」，原作「桓」，今據《四庫》本、江蘇書局本及《史記》卷三八《宋微子世家》改。

三十一年（前七四〇）楚武王通元。

三十二年（前七三九）晉孝侯平元。

三十三年（前七三八）

（一）晉潘父弑昭侯，而納曲沃桓叔，不克。晉人立其子孝侯。

三十四年（前七三七）甲辰

三十五年（前七三六）

三十六年（前七三五）

（一）衛莊公娶於齊，曰莊姜，賢而不答。嬖妾上僭，夫人失位。詩人爲之賦《碩人》及《緑衣》。嬖人之子州吁有寵而好兵，公弗禁。石碏諫曰：「臣聞愛子教之以義方，弗納於邪。去順效逆，所以速禍也。」弗聽。是歲，莊公薨，太子完立焉。

三十七年（前七三四）衛桓公完元。

三十八年（前七三三）

三十九年（前七三二）

四十年（前七三一）

四十一年（前七三〇）齊僖公禄父、曲沃莊伯鱓元〔二〕。

四十二年（前七二九）

（一）宋宣公薨，舍其子與夷，而立弟和。

四十三年（前七二八）宋穆公和元。

甲寅**四十四年**（前七二七）

四十五年（前七二六）

四十六年（前七二五）

四十七年（前七二四）

（一）曲沃伯伐翼，弑孝侯。晉人立其弟鄂侯。

四十八年（前七二三）晉鄂侯郄元。

（一）魯惠公薨，太子允幼，長庶子息姑攝位。

四十九年（前七二二）魯隱公息姑元。

（一）夏，鄭太叔段將襲鄭，武姜將啓之。莊公使公子吕伐京，太叔出奔共。《春秋》書「鄭

〔二〕「鱓」，原作「鮮」，今據江蘇書局本及《史記》卷三九《晉世家》改。

伯克段於鄢」，譏教失也。

五十年（前七二二）

五十一年（前七二〇）

（一）夏，鄭祭足帥師取温之麥秋，又取成周之禾。

（二）宋穆公疾，召大司馬孔父而屬殤公焉[一]，使其子馮出居於鄭。穆公薨，殤公立。

桓王林**元年**（前七一九）宋殤公與夷元。

（一）春，衛公子州吁弑桓公而立。州吁用兵暴亂，與宋、陳、蔡共伐鄭，欲以和其民衆。仲曰：「和民以德，不聞以亂。兵弗戢，將自焚。」秋，石碏使陳人殺州吁，召桓公弟晉于邢而立之。

二年（前七一八）衛宣公晉元。

（一）春，曲沃莊伯伐翼，王使尹氏助之，鄂侯奔隨。曲沃叛王。秋，王命虢公伐曲沃，而立哀侯于翼。哀侯，鄂侯之子也。

甲子**三年**（前七一七）晉哀侯光元。

〔一〕「父」，原作「艾」，今據《四庫》本、江蘇書局本及《春秋》隱公三年、《史記》卷三八《宋微子世家》改。

（一）夏，鄭伯侵陳，大獲。往歲，鄭伯請成于陳，陳侯弗許。五父諫曰：「親仁善鄰，國之寶也。」不聽。

（二）冬，鄭伯朝王，王不禮焉。周桓公曰：「善鄭以勸來者，猶懼不至，況不禮焉？鄭不來矣。」

四年（前七一六）

（一）冬，凡伯聘於魯，戎伐之於楚丘以歸。

（二）秦文公薨，太子早卒，立太子之子寧公。

五年（前七一五）秦寧公、曲沃武公稱元。

（一）春，魯、鄭易祊田[一]，知天子不能復巡狩也。

六年（前七一四）蔡桓侯封人元。

七年（前七一三）

（一）夏，齊侯、魯侯、鄭伯伐宋，鄭伯取郜及防，皆歸于魯。

八年（前七一二）

〔一〕「祊」，原作「枋」，今據《四庫》本、江蘇書局本改。

（一）秋，齊侯、魯侯、鄭伯滅許。齊、魯以許讓鄭，鄭伯受而不敢有，以與許叔。君子以爲有禮。

（二）息侯伐鄭，大敗而還。君子知息之將亡，以其不度德量力。

（三）冬，魯公子翬請殺桓公，將求太宰。隱公不許。翬懼，反譖隱公於桓公而弑之。

九年（前七一一）魯桓公允元。

（一）春，魯、鄭卒易祊田。

十年（前七一〇）宋莊公馮元。

（一）春，宋督殺孔父而娶其妻。殤公怒，督懼，遂弑殤公。《春秋》以督爲有無君之心，而後動於惡，故先書「弑其君」。督召莊公于鄭而立之。齊、魯、陳、鄭皆有賂，遂相宋公。

（二）夏，魯取郜鼎於宋，臧僖伯諫，不聽。

十一年（前七〇九）晉小子侯元。

（一）春，曲沃武公伐翼，獲哀侯。晉人立其子，謂之小子侯。

十二年（前七〇八）

甲戌**十三年**（前七〇七）

（一）春，陳桓公薨，文公子佗殺太子免而代之。

（二）王奪鄭伯政，鄭伯不朝。秋，蔡人、衛人、陳人從王伐鄭，戰于繻葛。王卒大敗，祝聃射王中肩。

十四年（前七〇六）陳厲公躍元。

（一）秋，蔡人殺陳佗，而立桓公弟躍。

（二）楚武王侵隨，隨少師請追楚師。季梁曰：「小之能敵大也，小道而大淫。今民餒而君逞欲，不可。」隨侯懼而修政，楚不敢伐。

（三）夏，北戎伐齊。鄭太子忽救齊，敗戎師。

十五年（前七〇五）

（一）冬，曲沃伯誘晉小子侯殺之。

十六年（前七〇四）晉侯緡元。

（一）隨少師有寵，楚鬬伯比曰：「讐有釁，不可失也。」夏，楚子伐隨。隨侯不用季梁之言，敗於速杞，楚獲少師以歸。

（二）冬，王立晉哀侯之弟緡于晉。

（三）秦寧公薨，三父廢太子，而立少子出公。

十七年（前七〇三）秦出公元。

十八年（前七〇二）

（一）冬，齊侯、衛侯、鄭伯伐魯，戰于郎。

十九年（前七〇一）曹莊公射姑元。

（一）夏，鄭莊公薨。公子突之母，宋雍氏之女也。秋，宋人誘鄭祭仲而執之，使立突，太子忽奔衛。

二十年（前七〇〇）鄭厲公突元。

（一）冬，衛宣公薨。宣公生急子，屬諸右公子；生壽，屬諸左公子。宣姜與公子朔構急子，公使諸齊，使盜待諸莘〔二〕。壽子載其旌以先，盜俱殺之。故二公子怨惠公。

二十一年（前六九九）衛惠公朔、陳莊公林元。

二十二年（前六九八）

（一）冬，齊僖公薨，襄公立，政令無常。鮑叔牙曰：「君使民慢，亂將作矣。」奉僖公子小白出奔莒。

（二）秦三父弑出公，復立故太子。

〔二〕「莘」，原作「莘」，今據《四庫》本、江蘇書局本及《春秋左傳注疏》卷六桓公十六年改。

甲申**二十三年**（前六九七）齊襄公諸兒、秦武公元。

（一）鄭祭仲專政[一]，厲公使其壻雍糾殺之[二]，不克。夏，厲公出奔蔡，太子忽復歸於鄭。秋，厲公復入於櫟。

（二）王子克有寵於王，辛伯曰：「竝后匹嫡，兩政耦國，亂之本也。」

莊王佗元年[三]（前六九六）衛黔牟、鄭昭公忽元。

（一）冬，衛左公子洩、右公子職立公子黔牟，衛公奔齊。

二年（前六九五）

（一）夏，蔡桓侯薨，無子，蔡人召桓侯弟季于陳而立之。

（二）鄭昭公惡高渠彌，彌懼[四]，冬，弒昭公而立其弟公子亹。

（三）秦武公討三父，夷三族。

三年（前六九四）蔡哀侯獻舞、鄭子亹元。

〔一〕「政」，原作「攻」，今據《四庫》本、江蘇書局本改。
〔二〕「殺」，原作「叛」，今據《四庫》本、江蘇書局本及《春秋左傳注疏》卷六桓公十五年改。
〔三〕「佗」，原作「仲」，今據《四庫》本、江蘇書局本及《史記》卷四《周本紀》改。
〔四〕「彌」，原無，今據《四庫》本補。

（一）春，魯侯及夫人文姜如齊，申繻諫，不聽。齊侯通於文姜，使公子彭生殺魯侯。

（二）秋，齊侯誘鄭子亹及高渠彌，殺之。祭仲立昭公弟子儀。

（三）周公黑肩謀弑王，立王子克，不克而死。

四年（前六九三）魯莊公同、鄭子儀元。

五年（前六九二）陳宣公杵臼元。

六年（前六九一）宋閔公捷元。

（一）秋，紀季以酅入於齊。

七年（前六九〇）

（一）夏，紀侯大去其國。

八年（前六八九）楚文王貲元。

（一）冬，魯侯、齊人、宋人、陳人、蔡人伐衛〔二〕，納惠公。

九年（前六八八）衛惠公十二。

〔二〕「衛」，原作「魏」，今據《四庫》本、江蘇書局本改。

（一）夏，衛惠公入，放黔牟于周〔二〕，殺二公子。

甲午
十年（前六八七）

十一年（前六八六）

（一）齊侯使連稱、管至父戍葵丘，過期請代，弗許。公孫無知有寵於僖公，襄公絀之。二人因以作亂。冬，弒襄公而立無知。管夷吾、召忽奉僖公子糾奔魯〔三〕。

十二年（前六八五）

（一）春，齊雍廩殺無知。夏，魯侯伐齊，納子糾。桓公自莒先入。秋，魯師敗于乾時，鮑叔使魯殺子糾，而囚管仲以歸〔三〕，薦于桓公曰：「使相可也。」

十三年（前六八四）

（一）春，魯用曹劌謀，敗齊師于長勺。

（二）秋，荆敗蔡師于莘，以蔡侯獻舞歸〔四〕。

〔二〕「放」下原衍一「敖」字，今據江蘇書局本及《春秋左傳注疏》卷七莊公六年删。
〔三〕「魯」，原作「齊」，今據《四庫》本、江蘇書局本及《春秋左傳注疏》卷七莊公七年、《資治通鑑外紀》卷四改。
〔三〕「因」，原作「因」，今據《四庫》本、江蘇書局本改。
〔四〕「舞」，原作「武」，今據江蘇書局本及《春秋左傳注疏》卷七莊公十年改。

十四年（前六八三）

十五年（前六八二）

（一）宋閔公靳南宫長萬。秋，萬弑閔公及仇牧、太宰督，而立子游。冬，蕭叔大心及戴、武、宣、穆、莊之族以曹師伐之，殺子游，立莊公之子御説。南宫萬奔陳，宋人請而醢之。

僖王胡齊**元年**（前六八一）宋桓公御説元。

二年（前六八〇）

（一）夏，鄭傅瑕殺鄭子而納厲公〔二〕。厲公入，遂殺傅瑕。又使讓原繁，原繁曰：「臣無二心，天之制也。莊公之子猶有八人，若皆以官爵行賂勸貳而可以濟事，君其若之何？」乃縊而死。

（二）秋，荆入蔡。

三年（前六七九）鄭厲公後元。

（一）春，諸侯會于鄄，齊侯霸也。

〔二〕「傅」，原作「傳」，今據《四庫》本、江蘇書局本改。下句同。

四年（前六七八）晉武公稱三十八〔一〕。

（一）曲沃伯滅晉。冬，王命曲沃伯一軍，爲晉侯。

（二）楚滅鄧。

（三）秦武公薨，弟德公立。

甲辰**五年**（前六七七）秦德公元。

（一）秦遷于雍。

惠王閬元年（前六七六）晉獻公詭諸〔二〕、楚堵敖囏元。

二年（前六七五）秦宣公元。

（一）秋，蔿國五大夫奉莊王子頹以伐王〔三〕，弗克，出奔温。蘇子奉子頹以奔衛。

（二）燕師、衛師伐周。冬，立子頹。

三年（前六七四）蔡穆侯肸元。

〔一〕「三十八」，原作「二十八」。檢《史記》卷三九《晉世家》載：「釐王命曲沃武公爲晉君，列爲諸侯，於是盡并晉地而有之。曲沃武公已即位三十七年矣，更號曰晉武公。」據此可知，作「三十八」是，今據江蘇書局本改。

〔二〕「詭」，原作「佹」，今據《四庫》本、江蘇書局本及《史記》卷三九《晉世家》改。

〔三〕「蔿國」，江蘇書局本於此下有一「等」字。

（一）春，鄭伯和王室不克，遂以王歸，王處于櫟。

四年（前六七三）

（一）夏，虢公、鄭伯同伐王城，殺王子頽及五大夫而納王。

五年（前六七二）鄭文公捷元。

（一）春，陳人殺其太子禦寇，陳公子完奔齊，齊侯使爲卿。辭，乃使爲工正。

（二）楚堵敖弟惲殺堵敖而自立。

六年（前六七一）楚成王惲元。

七年（前六七〇）曹僖公赤元。

（一）冬，戎侵曹，曹世子羈出奔陳。赤歸于曹。赤，莊公子也。

八年（前六六九）

（一）冬，晉獻公患桓、莊之族偪，盡殺之。

九年（前六六八）衛懿公赤元。

（一）虢人再侵晉。

甲寅**十年**（前六六七）

（一）晉侯將伐虢，士蔿曰：「不可。若虢得勝於我，必棄其民。無衆而伐之，欲禦我，誰與？夫禮樂慈愛，戰所畜也。虢弗畜也，亟戰將饑。」

十一年（前六六六）

（一）晉獻公齊姜生太子申生，大戎狐姬生重耳，小戎子生夷吾，驪姬生奚齊，其娣生卓子。驪姬嬖，欲立其子，賂外嬖梁五與東關嬖五，使言於公，出太子，使居曲沃，重耳居蒲，夷吾居屈，唯二姬之子在絳。

十二年（前六六五）

十三年（前六六四）

（一）秋，楚殺其令尹公子元。鬬穀於菟爲令尹，自毁其家，以紓楚國之難。

十四年（前六六三）秦成公元。

（二）秦宣公薨，弟成公立。

十五年（前六六二）

（一）秋，魯莊公疾，叔牙請立慶父，季友請立太子般，乃酖殺叔牙。公薨，慶父使賊殺子般。齊人立莊公之庶子開。慶父、叔牙、季友，皆桓公子也。冬，狄伐邢。

十六年（前六六一）魯閔公開、曹昭公班元。

（一）春，齊人救邢。

（二）夏，齊仲孫湫如魯省難。歸，桓公問曰：「魯可取乎？」對曰：「不可，猶秉周禮。禮，所以本也。國將亡，本必先顛。」

（三）晉侯作二軍，以滅耿，滅魏，滅霍，賜趙宿耿，賜畢萬魏。

十七年（前六六〇）衛戴公申元。

（一）秋，魯慶父弒閔公，季友立閔公之兄申，而誅慶父。夫人哀姜與於亂，故出奔邾，齊人取而殺之。

（二）冬，狄滅衛，殺懿公。齊、宋收其遺民，立宣公之孫戴公。戴公尋薨，又立其弟文公。

（三）鄭棄其師。

（四）秦成公薨，弟任好立。

十八年（前六五九）魯僖公申、秦穆公任好、衛文公燬元。

（一）春，齊桓公以諸侯救邢。夏，邢遷於夷儀，諸侯城之。凡侯伯救患、分災、討罪，禮也。

十九年（前六五八）

（一）春，諸侯城楚丘而封衛焉。衛文公務材訓農，授方任能，衛更富昌，詩人美之。

（二）晉用荀息之謀，以璧馬假道於虞以伐虢。夏，虞師、晉師滅下陽〔一〕。《春秋》先書虞，賄故也。

甲子**二十年**（前六五七）

二十一年（前六五六）

（一）春，齊侯以諸侯之師侵蔡。蔡潰，遂伐楚，次於陘，責楚包茅不入。夏，楚子使屈完來盟於師。

（二）冬，晉驪姬寘毒於胙，以譖太子申生。申生自殺，遂譖重耳、夷吾曰「皆知之」。

二十二年（前六五五）

（一）春，晉公子重耳出奔狄。

（二）王欲廢太子鄭，而立寵子帶。夏，齊桓公以諸侯會太子於首止，謀寧周也。秋，晉復假道於虞以伐虢。宮之奇諫曰：「虢，虞之表也。虢亡，虞必從之。」不聽。冬，晉滅虢，還館於虞，遂襲虞，滅之。

二十三年（前六五四）

〔一〕「滅」，原作「城」，今據《四庫》本、江蘇書局本及《春秋左傳注疏》卷一一僖公二年改。

（一）春，晉公子夷吾出奔梁。

（二）秋，楚子圍許。冬，許男面縛請服於楚。

二十四年（前六五三）

（一）秋，諸侯盟於寧毋，鄭太子華請去洩氏、孔氏，齊侯將許之。管仲曰：「不可。君以禮與信屬諸侯，而以姦終之。」乃止。

（二）冬，王崩。襄王畏太叔帶之難，不發喪，而告難於齊。

二十五年（前六五二）曹共公襄元。

（一）春，諸侯盟於洮，謀王室也。襄王定位，而後發喪。

襄王鄭**元年**（前六五一）

（一）夏，齊桓公會諸侯於葵丘。

（二）秋，晉獻公薨。冬，里克、丕鄭欲納文公，乃殺奚齊。荀息立卓子，里克又殺之。郤芮使夷吾重賂秦以求入，秦伯與齊納夷吾。

二年（前六五〇）晉惠公夷吾、宋襄公茲父元。

（一）晉惠公許賂中大夫，既而皆背之。賂秦伯以河外列城五，既而不與。又責里克以弑君之罪而殺之〔二〕。丕鄭使秦伯誘郤芮，欲以出晉君而納重耳，不克而死。

三年（前六四九）

（一）夏，戎伐京師，王子帶召之也。

四年（前六四八）

（一）王以戎難故討子帶。秋，王子帶奔齊。

甲戌**五年**（前六四七）陳穆公款元。

（一）冬，晉饑，乞糴於秦。秦伯用子桑、百里之言，輸粟於晉。丕豹請伐晉，秦伯曰：「其君是惡，其民何罪？」

六年（前六四六）

（一）冬，秦饑，乞糴於晉，晉侯不與。慶鄭曰：「背施幸災，民所棄也。近猶讎之，況敵怨乎？」

七年（前六四五）蔡莊公甲午元。

（一）冬，秦伯伐晉，戰於韓原，生獲晉侯以歸。秦穆姬以死請，乃舍之，已而復歸晉侯。始

〔二〕「殺」，原作「來」，今據《四庫》本、江蘇書局本改。

征晋河東，置官司焉。

八年（前六四四）

（一）冬，鄭殺子華〔一〕。

九年（前六四三）

（一）夏，晉太子質於秦，秦歸晉河東。

（二）齊桓公内嬖如夫人者六人，皆有子。公不用管仲之言，近豎貂、易牙，嫡庶不明。冬，公疾，豎貂、易牙作亂，立長庶子無虧。公乏食而薨，三月不斂，蟲流出屍。太子昭奔宋。

十年（前六四二）齊孝公昭元。

（一）春，宋襄公以諸侯伐齊，齊人殺無虧。夏，宋敗齊師於甗，立孝公而還。

（二）冬，邢人、狄人伐衛，衛侯以國讓父兄子弟及朝衆，衆不可，而後出師。狄師還。

十一年（前六四一）

（一）春，宋襄公執滕子嬰齊。夏，盟諸侯於曹南，用鄫子於次睢之社，欲以屬諸侯，諸侯不從。

〔一〕「殺」，原無，今據《四庫》本、江蘇書局本補。

（二）陳穆公請修好於諸侯〔二〕，以無忘齊桓之德。

（三）梁伯好土功，亟城而不處，民疲而不堪。秦遂取梁。《春秋》書曰「梁亡」，言自取之也〔三〕。

十二年（前六四〇）

十三年（前六三九）

（一）宋人求諸侯於楚，公子目夷曰：「小國爭盟，禍也。」秋，楚子會諸侯、宋公於盂，執宋公以伐宋。冬，會於薄以釋之。

十四年（前六三八）

（一）春，魯侯伐邾，取須句。

（二）秋，秦、晉遷陸渾之戎於伊川。

（三）晉太子圉自秦逃歸。

（四）王子帶自齊復歸京師。

〔二〕「請」，原作「諸」，今據《四庫》本、江蘇書局本改。

〔三〕「言」，原作「君」，今據江蘇書局本改。

（五）秋，邾敗魯師於升陘〔一〕。

（六）宋公伐鄭，楚子伐宋以救鄭。宋公不用子魚之謀，冬，敗於泓〔二〕，公傷股。

甲申**十五年**（前六三七）

（一）秋，楚成得臣伐陳有功，子文使爲令尹。

（二）晉惠公薨。冬，懷公殺狐突。公子重耳先自狄之衛，之齊，之曹，之鄭，之宋，之楚，遂之秦。

十六年（前六三六）晉文公重耳、宋成公王臣元。

（一）春，秦伯納重耳於晉，殺懷公於高梁。吕郤作亂〔三〕，秦伯誅之。

（二）夏，王使狄伐鄭，因以其女爲后。富辰諫，不聽。王子帶通於隗氏，王絀之。秋，狄人奉叔帶以伐王。王出適鄭，處於氾。叔帶居於温。

十七年（前六三五）

〔一〕「升陘」，原作「井陘」，今據《四庫》本、江蘇書局本改。按，《春秋左傳注疏》卷一四僖公二十二年陸德明《音義》云：「升陘，本亦作登陘，縣。」

〔二〕「泓」，原作「泌」，今據《四庫》本、江蘇書局本及《春秋左傳注疏》卷一四僖公二十二年改。

〔三〕「吕郤」，原作「吕師」，今據《四庫》本、江蘇書局本及《春秋左傳注疏》卷一四僖公二十四年改。

（一）春，衛侯滅邢。《春秋》書名，罪「滅同姓」。

（二）夏，晉文公用狐偃之言，納王，取叔帶於温，殺之。王與之陽樊、温、原、攢茅之田，晉始啓南陽。

（三）秋，秦、晉伐鄀〔二〕。

（四）冬，晉侯圍原，命三日不降，命去之，曰：「信，國之寶也。得原失信，所亡滋多。」

十八年（前六三四）衛成公鄭元。

（一）夏，齊伐魯。

（二）秋，楚人滅夔。

（三）宋叛楚即晉，楚得臣伐宋。

（四）魯以楚師伐齊，取穀，寘桓公子雍於穀，楚申叔戍之。

十九年（前六三三）

（一）夏，齊孝公薨，弟潘殺孝公子而代立〔三〕。

〔二〕「鄀」，原作「鄭」，今據江蘇書局本及《春秋左傳注疏》卷一五僖公二十五年改。按，杜預注云：「鄀本在商密秦楚界上小國，其後遷於南郡。」

〔三〕「弟」，原爲墨丁，今據楊璋本、《四庫》本、江蘇書局本補。

（二）冬，楚子及諸侯圍宋，宋告急於晉。晉侯將救宋，乃蒐於被廬，作三軍。謀元帥，趙衰曰：「郤縠可。説禮樂而敦詩書。」乃使郤縠將中軍。

二十年（前六三二）齊昭公潘元。

（一）春，晉侯侵曹，伐衛。衛侯出居於襄牛。晉侯入曹，執曹伯。楚子使子玉去宋，子玉固請與戰。夏，戰於城濮，楚師敗績。王享晉侯於踐土，命晉侯爲侯伯。王子虎盟諸侯於王庭。衛侯出奔楚，使元咺奉叔武以受盟。楚殺子玉。晉人復衛侯。衛侯殺叔武，元咺訟諸晉。冬，晉人執衛侯。元咺立公子瑕。晉侯召王以諸侯見，《春秋》書「天王狩於河陽」，以其詞逆而意順也。晉侯復曹伯。

二十一年（前六三一）陳共公朔元。

（一）夏，王子虎會諸侯大夫，盟於翟泉。

（一）秋，晉侯釋衛侯，衛侯殺元咺及公子瑕。

二十二年（前六三〇）

（二）晉侯、秦伯圍鄭。秦私與鄭盟，留杞子戍鄭而還。子犯請擊秦〔一〕，晉侯不可。

〔一〕「子犯」，原作「杞子」，今據《四庫》本、江蘇書局本及《春秋左傳注疏》卷一六僖公三十年改。

二十三年（前六二九）

（一）秋，晉作五軍。

（二）冬，衛遷於帝丘。

二十四年（前六二八）

（一）春，晉、楚修好。

（二）夏，衛人侵狄，狄請平。

（三）冬，晉文公薨。

（四）杞子自鄭告於秦，使襲鄭〔二〕。蹇叔曰：「師行千里，其誰不知？遠主備之，無乃不可乎？」秦伯不聽，使孟明、西乞、白乙出師。蹇叔哭之曰：「吾見師之出，不見其入也。」又曰：「晉人禦師必於殽。」

甲午**二十五年**（前六二七）晉襄公驩、鄭穆公蘭元。

（一）春，秦師及滑，鄭人覺之，滅滑而還〔三〕。夏，晉襄公及姜戎敗秦師於殽，獲三帥，文嬴

〔二〕「襲」，原作「報」，今據《四庫》本、江蘇書局本及《春秋左傳注疏》卷一六僖公三十二年改。

〔三〕「滅滑」，原作「城滑」，今據《四庫》本、江蘇書局本及《春秋左傳注疏》卷一六僖公三十三年改。

請而免之。秦穆公悔過自責，作《秦誓》，不替孟明，曰：「孤之過也。」

（二）秋，晉侯敗狄於箕，先軫死。

（三）冬，楚子上伐鄭，侵蔡。

二十六年（前六二六）魯文公興元。

（一）夏，晉侯伐衛取戚。

（二）先且居使晉侯朝王。

（三）衛孔達伐晉。

（四）楚成王將以商臣爲太子，子上曰：「君齒未也，而又多愛，黜乃亂也。」弗聽。既又欲立職。冬，商臣以宫甲圍成王，王請食熊蹯，不許而死。

二十七年（前六二五）楚穆王商臣元。

（一）春，秦孟明伐晉，敗於彭衙。秦伯猶用孟明，增修國政。趙成子曰：「秦師又至，必將避之。念德不怠，庸可敵乎？」

（二）冬，晉先且居伐秦。《春秋》不書卿，爲穆公故，尊秦也。

二十八年（前六二四）

（一）夏，秦伯伐晉。濟河焚舟，取王官及郊，遂霸西戎，用孟明也。

二十九年（前六二三）

（一）秋，楚人滅江。

三十年（前六二二）

（一）秋，楚人滅六。冬，滅蓼。

三十一年（前六二一）

（一）春，晉蒐於夷，舍二軍。趙盾始爲國政。

（二）夏，秦穆公薨，以三良殉。

（三）秋，晉襄公薨，靈公少，晉人以難故，欲立長君。趙盾使先蔑、士會如秦，逆公子雍〔一〕，賈季使召公子樂于陳。趙孟殺諸郫，賈季殺陽處父而奔狄。

三十二年（前六二〇）晉靈公夷皋、秦康公罃元。

（一）夏，宋穆、襄之族殺公孫固、公孫鄭。

（二）晉穆嬴日夜抱太子以啼於朝，趙宣子患之，乃立靈公而禦秦師，敗秦師於令狐。先蔑、士會奔秦。

〔一〕「逆公子雍」，原作「秦逆公于雍」，今據《四庫》本、江蘇書局本改。

三十三年（前六一九）宋昭公杵臼元。

（一）春，晉歸戚田于衛。

（二）夏，秦人伐晉，取武成。

（三）冬，宋襄夫人作亂，殺大司馬公子卬。

頃王壬臣**元年**（前六一八）

（一）春，晉先都、士縠、箕鄭父作亂，殺先克，晉人討而殺之。

（二）楚人伐鄭侵陳，陳、鄭皆及楚平。

甲辰**二年**（前六一七）曹文公壽元。

（一）夏，楚殺子西。

（二）冬，楚子、陳侯、蔡侯、鄭伯次于厥貉。宋公逆楚子，以田於孟諸。

三年（前六一六）

（一）夏，魯叔彭生會晉郤缺於承匡。

（二）冬，魯叔孫得臣敗狄于鹹，獲長狄僑如。

四年（前六一五）

（一）春，郕伯朱儒奔魯。

（二）冬，秦伯伐晉，取羈馬。晉及秦師戰于河曲。

五年（前六一四）

（一）夏，晉以詐取士會于秦。

（二）邾文公卜遷于繹。史曰：「利於民，不利於君。」邾子曰：「民苟利矣，孤必與焉。」遂遷於繹。

六年（前六一三）楚莊王旅、陳靈公平國元。

（一）齊昭公夫人魯姬無寵，生子舍無威。公弟商人驟施于國而多聚士。夏，昭公薨，商人弒舍而自立。

（二）秋，趙盾納捷菑于邾，弗克納。

（三）楚鬭克、公子燮作亂，弗克而死。

匡王班**元年**（前六一二）齊懿公商人元。

（一）秋，齊侯侵魯。冬，晉侯會諸侯，盟于扈，將爲魯討齊。既而取賂而還。齊侯復侵魯，遂伐曹，討其朝魯也。季文子曰：「齊侯其不免乎？己則無禮，而討有禮。」

二年（前六一一）蔡文公申元。

（一）春，魯及齊平。

（二）秋，楚大饑，戎、蠻、庸、麇、百濮皆叛之。用蒍賈、潘尪之謀，羣蠻皆服，遂滅庸。

（三）宋昭公無道，公子鮑禮於國人。冬，襄夫人攻昭公，殺之而立鮑。

三年（前六一〇）宋文公鮑元。

（一）春，晉荀林父以諸侯之師伐宋，討曰：「何故殺君？」猶立文公而還。卿不書於《春秋》，失其所也。

四年（前六〇九）

（一）春，魯文公薨。

（二）齊懿公無禮於閆職、邴歜而近之。夏，二人弑懿公。齊人立桓公子元。

（三）魯文公元妃出姜生惡及視，二妃嬴氏生倭，嬴氏嬖[一]，而私事襄仲。冬，襄仲殺視及惡，而立宣公。

（四）莒太子僕弑莒公而奔魯。魯公室由是遂微。

五年（前六〇八）魯宣公倭、齊惠公元、秦共公稻元。

（一）秋，楚子、鄭人侵陳，遂侵宋。晉趙盾帥師救陳。於是晉侯侈，趙宣子驟諫而不入，故

[一]「氏」，原作「報」，今據《四庫》本、江蘇書局本改。

不競於楚。

甲寅**六年**（前六〇七）

（一）春，鄭公子歸生伐宋，獲宋華元。

（二）晉靈公爲無道，欲殺趙盾。盾出亡。秋，趙穿攻殺靈公，宣子未出山而復。太史書曰：「趙盾弑其君。」宣子逆文公子黑臀於周而立之。

定王瑜**元年**（前六〇六）晉成公黑臀元。

（一）春，楚子伐陸渾之戎，遂觀兵於周疆。定王使王孫滿勞楚子。楚子問鼎之大小輕重，滿曰：「在德不在鼎。」

二年（前六〇五）鄭靈公夷元。

（一）夏，鄭公子宋與公子歸生謀弑靈公，歸生不可。宋反譖歸生，歸生懼而從之。《春秋》書「歸生弑其君」。君子曰：「仁而不武，無能達也。」鄭人立穆公子堅。

（二）秋，楚令尹鬬椒作亂，殺司馬蔿賈。楚子謀而殺之。

三年（前六〇四）鄭襄公堅元。

四年（前六〇三）秦桓公元。

五年（前六〇二）

六年（前六〇一）

（一）夏，楚子滅舒蓼，盟吴、越而還。

七年（前六〇〇）

（一）秋，晉荀林父以諸侯之師伐陳，晉侯薨于扈乃還。

（二）陳靈公通於夏姬，詩人刺之。洩治諫[二]，冬，公殺洩冶。

（三）鄭伯敗楚師于柳棼，國人皆喜，唯子良憂曰：「是國之灾也。」

八年（前五九九）晉景公獳[三]、衛穆公遫元。

（一）夏，陳靈公飲酒於夏氏，夏姬之子徵舒射而殺之。

九年（前五九八）齊頃公無野、陳成公午元。

（一）春，楚子伐鄭及櫟。鄭及楚成，遂侵宋。

（二）冬，楚子討陳夏氏亂，入陳。轘夏徵舒，因縣陳。用申叔時之諫，乃復封陳，召靈公太子午於晉而立之。

〔二〕「治」，原作「治」，今據《四庫》本、江蘇書局本改。

〔三〕「獳」，原作「孺」，今據江蘇書局本及《春秋左傳注疏》卷二六成公十年改。

（三）鄭既受楚盟，又徼事於晉。

甲子**十年**（前五九七）

（一）春，楚子入鄭，鄭伯肉袒牽羊以迎，楚子舍之。夏，晉荀林父救鄭，士會不欲戰，曰：「楚德刑政事，典禮不易，不可敵也。」先穀曰：「不可。」遂與楚師戰于邲，晉師大敗。荀桓子歸，請死，晉侯用士渥濁之言，使復其位〔一〕。

（二）冬，楚子滅蕭。

十一年（前五九六）

（一）冬，晉殺先穀。

十二年（前五九五）

（一）春，衛殺孔達。

（二）夏，晉侯伐鄭。

（三）宋人殺楚行人申舟。秋，楚子圍宋。

十三年（前五九四）曹宣公廬元。

〔一〕「位」，原作「佐」，今據《四庫》本、江蘇書局本改。

（一）春，宋人告急於晉，晉人不救，宋及楚平。

（二）夏，晉荀林父帥師滅赤狄潞氏，晉侯賞士伯，曰：「微子，吾喪伯氏矣。」

（三）王札子殺召伯、毛伯。

（四）秋，晉魏顆敗秦師于輔氏。

十四年（前五九三）

（一）春，晉士會滅赤狄甲氏及留吁鐸辰，始將中軍。盗奔于秦。

（二）秋，王孫蘇奔晉，晉人復之。

十五年（前五九二）

（一）春，晉郤克召會于齊，齊婦人笑之。郤克怒，請伐齊，晉侯不許。晉侯會諸侯于斷道，齊高固逃歸。秋，士會請老，使郤克爲政。

十六年（前五九一）蔡景侯固元。

（一）春，晉侯伐齊。

（二）秋，邾人戕鄫子于鄫。

（三）魯公孫歸父欲去三桓，以張公室，與宣公謀，而聘於晉。未返，冬，宣公薨。魯逐東門氏，歸父奔齊。

十七年（前五九〇）魯成公黑肱、楚共王審元。

（一）春，晉侯平戎於王[一]，劉康公徼戎無備，遂伐之，王師敗績于茅戎。

十八年（前五八九）

（一）夏，齊師伐魯還，敗衛師於新築。

（二）秋，晉郤克伐齊，大敗齊師於鞌。　齊侯使國佐受盟於晉，且歸魯、衛之侵地。

（三）冬，楚令尹子重侵衛及魯，魯、衛及諸侯之大夫竊與楚盟於蜀。

十九年（前五八八）宋共公瑕、衛定公臧元。

（一）春，晉侯以諸侯伐鄭。

（二）冬，晉作六軍。

（三）齊侯朝於晉。

甲戌**二十年**（前五八七）

（一）夏，魯侯朝於晉，晉侯不禮。　魯侯欲求成於楚，季文子曰：「晉未可以貳。」乃止。

（二）冬，鄭伯伐許，晉欒書伐鄭。　楚子反救鄭。　鄭伯與許男訟。

[一]「戎」，原作「成」，今據《四庫》本、江蘇書局本改。

二十一年（前五八六）鄭悼公費元。

（一）晉趙同、趙括放趙嬰於齊。

（二）夏，梁山崩。

（三）許靈公訴鄭伯於楚，鄭伯請成於晉。

（四）冬，晉侯與諸侯盟於蟲牢。

（五）宋殺公子圍龜。

簡王夷元年（前五八五）吴子壽夢元。

（一）夏，晉遷於新田。

（二）秋，楚子重伐鄭。冬，晉欒書救鄭，楚師宵潰，晉遂侵蔡。楚師救蔡，欒武子不戰而還。

（三）吴子壽夢立，始大，稱王。

二年（前五八四）鄭成公睔元。

（一）春，吴伐郯。

（二）秋，楚子重伐鄭，諸侯救鄭，囚楚鍾儀，遂同盟于馬陵。

（三）楚子反、子重殺申公巫臣之族。巫臣爲晉通使於吴，教之戰陣，教之叛楚。吴始伐楚，伐巢，伐徐，入州來。蠻夷屬服於楚者，吴盡取之。

（四）冬，衛孫林父奔晉。

三年（前五八三）

（一）春，晉侯使魯歸汶陽之田于齊，諸侯由是貳於晉。

（二）晉欒書侵蔡，遂侵楚，獲沈子楫。

（三）夏，晉趙姬譖趙同、趙括，殺之。武從姬氏畜於公宫。韓厥曰：「成季、宣孟，不可忘也。」乃立武，而反其田焉。

四年（前五八二）

（一）春，諸侯同盟于蒲。楚人以重賂求鄭，鄭伯從楚。秋，晉人執鄭伯，使欒書伐鄭。楚子重侵陳，遂伐莒，莒潰。

（二）冬，晉侯使鍾儀求成於楚，鄭人用公孫申之謀圍許，示晉不急君也。楚公子成如晉脩好。

五年（前五八一）齊靈公環元。

（一）春，鄭公子班立公子繻。夏，鄭人殺繻〔一〕，立髡頑。晉侯有疾，立太子州蒲爲君，而會

〔一〕「繻」，原作「須」，今據《四庫》本、江蘇書局本改。

諸侯伐鄭。鄭人賂晉侯以求成。鄭伯歸，殺公孫申。

六年（前五八〇）晉厲公州蒲元。

（一）宋華元善於令尹子重，又善於欒武子。冬，華元如楚，遂如晉，合晉楚之成。秦晉爲成，將盟於令狐，秦伯不肯涉河。

（二）周公楚出奔晉。

七年（前五七九）

（一）晉士燮會楚公子罷，盟於宋西門之外。秋，晉郤至如楚涖盟。冬，楚公子罷如晉涖盟。

八年（前五七八）

（一）春，晉侯以諸侯朝王，遂從劉康公、成肅公伐秦，秦師敗績。

（二）夏，曹伯廬卒於師，庶子負芻殺太子而自立。公子欣時將亡，國人皆將從之。成公懼，告罪且請焉，乃反，而致其邑。

甲申**九年**（前五七七）曹成公負芻元。

（一）夏，衛孫林父自晉歸于衛。冬，衛定公薨，定姜見太子衎之不哀也，曰：「天禍衛國也夫，吾不獲鱄也，使主社稷。」大夫聞之，無不聳懼。

十年（前五七六）秦景公、衛獻公衎元。

（一）春，晉會諸侯於戚，執曹伯，將立欣時，辭曰：「聖達節，次守節，下失節。敢失守乎？」遂奔宋。

（二）夏，楚子侵鄭及衛。

（三）秋，宋蕩澤殺公子肥，華元討而殺之。魚石奔楚。

（四）冬，晉三郤殺伯宗。

（五）諸侯大夫會吴鍾離。

（六）許遷于葉。

十一年（前五七五）宋平公成元。

（一）春，鄭叛晉從楚。夏，晉侯伐鄭，楚子救鄭。范文子不欲戰，曰：「自非聖人，外寧必有内憂。」弗聽。遂敗楚師于鄢陵，射共王中目。楚殺子反。

（二）秋，晉人歸曹伯。

（三）晉人執魯季孫行父。冬，魯叔孫僑如奔齊，魯殺公子偃。

十二年（前五七四）

（一）夏，諸侯從尹子、單子伐鄭，同盟於柯陵。

（二）秋，齊用聲孟子之譖，刖鮑牽，逐高無咎。國佐殺慶克以叛。

（三）冬，晉厲公欲盡去羣大夫而立其左右，殺郤錡、郤犨〔一〕、郤至，而立胥童。欒書、中行偃殺胥童，而執厲公。

十三年（前五七三）

（一）春，欒書、中行偃弒厲公，逆襄公曾孫周於京師而立之。悼公即位，脩百官，治舊政，晉復霸。

（二）齊人殺國佐。

（三）夏，楚人納宋魚石於彭城。晉侯以諸侯之師救宋，圍彭城。遇楚師於靡角，楚師還。

（四）冬，諸侯盟於虚朾。

十四年（前五七二）魯襄公午、晉悼公周元。

（一）春，彭城降晉，晉以宋五大夫在彭城者歸。

（二）夏，晉韓厥伐鄭。

〔一〕「犨」，原作「犫」，今據《四庫》本、江蘇書局本及《春秋左傳注疏》卷二八成公十七年改。

靈王泄心**元年**（前五七一）

（一）春，齊侯伐萊。

（二）秋，晉師侵鄭。諸侯大夫會于戚，遂城虎牢，鄭人乃行成。

二年（前五七〇）鄭僖公髡頑元。

（一）春，楚子重伐吴，吴人獲鄧廖。

（二）夏，單子會諸侯，同盟於雞澤。

（三）楚令尹子辛侵欲於小國，陳侯疾之，使袁僑如會求成。

（四）晉侯之弟楊干亂行〔一〕，魏絳戮其僕。晉侯以爲能以刑佐民，使佐新軍。

三年（前五六九）

（一）春，陳成公薨，楚人將伐陳，聞喪而止。陳人不聽命。臧武仲曰：「陳必亡。」

（二）冬，魯侯如晉，請屬鄫，許之。

（三）晉用魏絳之謀，始和諸戎。

（四）邾子、莒人伐鄫，魯臧紇救鄫侵邾，敗于狐駘。

〔一〕「楊」，《四庫》本作「陽」，《春秋左傳注疏》卷二九襄公三年作「揚」。

四年（前五六八）陳哀公弱元。

（一）秋，楚人殺令尹子辛。

（二）諸侯會于戚，會吴，且命戍陳也。

（三）魯以屬鄫爲不利，復歸之。

（四）楚子囊爲令尹，晉范宣子曰：「我喪陳矣。」冬，子囊伐陳，諸侯救陳。

甲午**五年**（前五六七）

（一）秋，莒人滅鄫。

（二）冬，齊侯滅萊。

六年（前五六六）

（一）冬，楚子囊圍陳，諸侯會于鄬以救之。鄭僖公如會，子駟相，僖公不禮焉，子駟夜弒僖公，而以瘧疾赴於諸侯。陳慶虎、慶寅以楚難故，召陳侯于會，陳侯逃歸。

七年（前五六五）鄭簡公喜元。

（一）夏，鄭羣公子謀子駟，子駟殺之。

（二）鄭子國、子耳侵蔡，獲蔡公子燮。

（三）晉悼公會諸侯之大夫于邢丘，以命朝聘之數，復文、襄之業〔一〕。

（四）冬，楚子囊伐鄭，子展欲待晉，子駟不可，遂從楚。

八年（前五六四）

（一）春，宋災。

（二）秦乞師于楚，子囊曰：「晉君明臣忠，不可敵也。」秋，秦人侵晉。

（三）冬，諸侯圍鄭。鄭人行成，同盟于戲。楚子伐鄭，鄭及楚平。晉侯用魏絳之言，省用息民，三駕而楚不能與爭。

九年（前五六三）

（一）春，諸侯會吴子于柤，遂滅偪陽。

（二）夏，楚、鄭伐宋。

（三）晉伐秦。鄭皇耳侵衛，衛人敗之，獲皇耳。秋，楚子囊、鄭子耳侵魯，還，圍蕭侵宋。諸侯伐鄭。冬，盜殺鄭子國、子駟、子耳，鄭及楚平。楚子囊救鄭，諸侯還，鄭復從楚。王叔奔晉。

〔一〕「襄」，原作「囊」，今據《四庫》本、江蘇書局本改。

十年（前五六二）

（一）春，魯作三軍。季、孟、叔孫三分公室，各有其一。

（二）夏，鄭侵宋，諸侯伐鄭。鄭人行成，同盟于亳。楚子、秦師伐鄭，鄭伯逆之，遂伐宋。諸侯悉師以復伐鄭，會于蕭魚。鄭自是服于晉。晉侯賞魏絳以金石之樂。

（三）冬，秦敗晉師于櫟。

十一年（前五六一）

（一）秋，吴子乘薨，太子諸樊既除喪，以其弟季札賢，將立之。季札曰：「君義嗣也，誰敢干君？」固立之，棄其室而耕，乃舍之。

十二年（前五六〇）吴子遏元。

（一）夏，晉侯命士匄將中軍，以讓荀偃，其下皆讓。君子美之。

（二）秋，吴侵楚，養由基敗諸庸浦，獲公子黨。

十三年（前五五九）楚康王昭元。

（一）春，諸侯會吴于向。

（二）夏，諸侯之大夫從晉侯伐秦，至于棫林而還。

（三）衛獻公不禮於孫林父、甯殖，二子作亂，獻公奔齊。二子立公孫剽。

（四）晉舍新軍。

（五）秋，楚子囊伐吴，吴人敗之。

（六）冬，諸侯會于戚。

十四年（前五五八）衛殤公剽元。

（一）春，王逆后于齊。

（二）夏，齊侯伐魯，圍成。

（三）秋，邾人伐魯。

甲辰**十五年**（前五五七）晉平公彪元。

（一）春，晉平公會諸侯於湨梁，執莒子、邾子，以其侵魯故也。齊高厚逃歸，齊侯伐魯。

（二）夏，諸侯之大夫伐許。

（三）秋，齊侯伐魯。

十六年（前五五六）

（一）春，宋人伐陳。

（二）夏，衛石買伐曹。

（三）秋，齊侯伐魯。

（四）冬，邾人伐魯。

（五）宋華臣出奔陳。

十七年（前五五五）

（一）夏，晉人執衛石買。

（二）秋，齊侯伐魯。

（三）冬，晉平公以諸侯圍齊，齊侯將走郵棠，太子光諫而止。

（四）鄭子孔將召楚師，以去諸大夫，楚令尹子庚伐鄭，至于蟲牢。子孔不敢會楚師。

十八年（前五五四）曹武公勝元。

（一）春，諸侯盟于祝柯。晉人執邾子。

（二）齊靈公愛少子牙，遂東太子光，使高厚、宿沙衛傅牙〔一〕，以爲太子。夏，齊侯病，崔杼微逆光而立之，殺高厚、宿沙衛。晉士匄伐齊，聞齊侯薨，乃還。

（三）秋，鄭殺子孔，以子産爲卿。

十九年（前五五三）齊莊公光元。

〔一〕「傅」，原爲墨丁，今據楊璋本、《四庫》本、江蘇書局本補。

（一）夏，諸侯盟于澶淵。

（二）秋，魯人伐邾。

（三）蔡公子燮欲與晉，蔡人殺之。蔡公子履出奔楚。

（四）冬，衛甯殖卒，遺命其子喜，使納獻公，以掩其耻。

二十年（前五五二）

（一）春，邾庶其以漆、閭丘奔魯。

（二）晉范匄逐欒盈。秋，盈出奔楚。冬，晉會諸侯于商任，錮欒氏也。

二十一年（前五五一）

（一）秋，欒盈自楚適齊。晏嬰諫齊侯，不聽。

（二）冬，晉會諸侯于沙隨，復錮欒氏也。

（三）楚殺令尹子南。

二十二年（前五五〇）

（一）夏，陳殺慶虎、慶寅。

（二）齊莊公以藩載欒盈，納諸曲沃。盈以曲沃之甲入絳，不克，反奔曲沃。晉人圍之，滅其族。

（三）秋，齊侯伐衛，遂伐晉，登太行，張武軍於熒庭而還。

（四）冬，魯臧孫紇出奔邾。

（五）齊侯襲莒，傷股而退。

二十三年（前五四九）

（一）秋，晉會諸侯于夷儀，將以伐齊。齊侯懼，求援于楚。冬，楚子伐鄭以救齊。

（二）齊人爲王城郟。

二十四年（前五四八）

（一）春，齊崔杼伐魯。

（二）齊莊公通于崔杼之妻〔一〕。夏，崔杼弑莊公，立靈公庶子杵臼而相之。晉會諸侯于夷儀以伐齊。齊人以莊公説。

（三）鄭入陳。

（四）秋，衛獻公入于夷儀。

（五）楚滅舒鳩。

〔一〕「通」，原作「適」，今據《四庫》本、江蘇書局本改。

（六）冬，吴子諸樊伐楚，門于巢，卒，弟餘祭立。

甲寅二十五年（前五四七）齊景公杵臼、吴子餘祭元。

（一）春，衛寧喜弑其君剽，衛孫林父入于戚以叛。衛侯衎復歸于衛。

（二）夏，楚子侵鄭。

（三）晉會諸侯于澶淵，執甯喜及衛侯。

（四）宋寺人伊戾譖太子痤〔一〕，殺之。

（五）晉人歸衛侯。

二十六年（前五四六）衛獻公後元。

（一）甯喜專。夏，衛侯殺之。公弟鱄以公無信〔二〕，出奔晉，終身不仕。

（二）宋向戌善於趙文子，又善於令尹子木，欲弭諸侯之兵以爲名，乃合晉、楚及諸侯之大夫盟於宋。

（三）秋，齊慶封殺崔杼，并其家。

〔一〕「宋」，原作「殺」，今據《四庫》本、江蘇書局本改。

〔二〕「信」，原作「僖」，今據《四庫》本、江蘇書局本改。

二十七年（前五四五）

（一）夏，齊侯、陳侯、蔡侯、胡子、沈子、白狄朝于晉[一]，魯侯、宋公、陳侯、鄭伯如楚，宋之盟故也。

（二）齊慶封好田而耆酒，與慶舍政，而田于萊。冬，公孫蠆、公孫竈與陳、鮑攻慶舍，殺之。慶封伐齊，不克，奔魯，又奔吴。

[一]「狄」，原作「秋」，今據《四庫》本、江蘇書局本改。

稽古録卷十一

景王貴**元年**（前五四四）楚郟敖麇元。

（一）夏，閽弒吴子餘祭，弟夷末立。

（二）晉平公，杞出也，故合諸侯之大夫以城杞。

（三）吴季札聘於上國。

（四）秋，齊高止出奔北燕。

（五）冬，鄭公孫黑將攻伯有，大夫和之，盟於伯有氏。裨諶曰：「禍未歇也。」

二年（前五四三）衛襄公惡、吴子夷末元。

（一）蔡景侯通於太子般之妻。夏，般弒景侯。

（二）儋括作亂，將立王子佞夫，王殺佞夫。

（三）宋災，伯姬卒。

（四）鄭良霄耆酒。秋，公孫黑攻之，出奔許，自許襲鄭，不克而死。

（五）冬，諸侯大夫會于澶淵。

（六）鄭子皮授子產政，鄭由是復興。

三年（前五四二）蔡靈侯般元。

（一）夏，魯襄公薨，魯人立公子裯。年十九而猶有童心，比葬，三易衰，君子知其不終。

（二）莒犂比公生去疾及展輿，既立展輿，又廢之。冬，展輿弑莒子自立。

四年（前五四一）魯昭公裯元。

（一）春，晉趙武、楚公子圍及諸侯之大夫會于虢。

（二）魯伐莒，取鄆。

（三）夏，鄭放游楚于吳。

（四）秦伯之弟鍼出奔晉。

（五）秋，莒去疾自齊入於莒，莒展輿出奔吳。

（六）冬，楚公子圍弑郟敖自立，圍弟比奔晉，黑肱奔鄭。

五年（前五四〇）楚靈王虔元。

（一）晉韓起爲政，諸大夫强，政出多門，公室始卑。

（二）夏，晉侯娶少姜於齊，尋卒。

（三）秋，鄭子皙將作亂，欲去游氏而代其位，傷疾作而不果，子產殺之。

六年（前五三九）

（一）春，齊侯使晏嬰請繼室于晉，晉侯許之。嬰與叔向語，皆知其公室之將衰也。

（二）冬，北燕簡公欲去諸大夫而立其寵人，大夫比以殺公之外嬖，公出奔齊。

七年（前五三八）

（一）春，楚靈王求諸侯于晉，晉人許之。夏，楚會諸侯于申，執徐子以伐吴，執齊慶封殺之，遂滅賴。申無宇曰：「楚禍之首，將在此矣。召諸侯而來，伐國而克。王心不違，民其居乎？」

甲子**八年**（前五三七）

（一）春，魯人舍中軍，四分公室，季、孟、叔孫盡征之而貢于公。

（二）楚子娶于晉。晉韓起、羊舌肹如楚送女。

（三）夏，莒牟夷以牟、婁及防、兹奔魯。

（四）冬，楚子以諸侯伐吴。吴子使其弟蹶由犒師，楚子執之。

九年（前五三六）秦哀公元。

（一）夏，宋華亥與寺人柳譖華合比，逐之。

（二）秋，楚薳洩伐徐，吴救之，令尹子蕩伐吴，吴敗其師于房鍾。子蕩歸罪於薳洩而殺之。

齊侯伐燕，納簡公。

十年（前五三五）

（一）春，燕人賂齊侯，不克而還。

（二）楚子爲章華之臺，願與諸侯落之，使薳啓疆召魯侯，魯侯如楚〔一〕。

（三）秋，衛襄公薨，長子孟縶有足疾，立少子元。

（四）晉人反戚田于衛。

十一年（前五三四）衛靈公元元。

（一）陳哀公元妃生太子偃師，二妃生公子留。留有寵，屬諸司徒招與公子過。哀公有廢疾，招、過殺太子而立留。夏，哀公縊，留出奔鄭。

（二）晉侯成虒祁之宮，諸侯畢賀，歸而皆有二心。

（三）冬，楚公子棄疾奉孫吴以伐陳，遂滅陳。

十二年（前五三三）

（一）春，諸侯之大夫會楚子于陳。

〔一〕「侯」，原脱，今據江蘇書局本補。

（二）楚人遷許于夷。

（三）晉與周爭閻田。晉梁丙、張趯率陰戎伐潁，王讓于晉，晉人致閻田。

十三年（前五三二）

（一）夏，齊陳氏、鮑氏逐欒施、高彊，施、彊出奔魯，齊公室益弱，陳氏始大。

十四年（前五三一）晉昭公夷、宋元公佐元。

（一）夏，楚子虔誘蔡侯般，殺之於申。楚公子棄疾圍蔡，諸侯之大夫會于厥慭，謀救蔡也。冬，楚滅蔡，執蔡世子有以歸，用之。

（二）楚子大城陳、蔡、不羹，申無宇曰：「末大必折，尾大不掉，必害於國。」

十五年（前五三〇）

（一）冬，魯南蒯謀去季氏，不克，以費叛。

（二）楚靈王使蕩侯圍徐，次於乾谿，以爲之援。靈王驕侈，欲求周九鼎，又卜曰：「余尚得天下？」不吉，投龜詬天。民患王之無厭，故從亂如歸。

十六年（前五二九）蔡平侯廬、陳惠公吴、鄭定公寧元。

（一）夏，楚觀從以蔡公、棄疾命，召公子比、公子黑肱，遂奉棄疾帥陳、蔡、不羹、許、葉之師以入楚，殺太子禄，比爲王，黑肱爲令尹。楚師潰於乾谿，靈王縊。棄疾殺比及黑肱而自立，封陳、蔡，復遷邑。

（二）秋，晉昭公合諸侯，盟于平丘，以邾、莒之訴，執魯季孫意如。

十七年（前五二八）楚平王居元。

（一）春，費人逐南蒯，蒯奔齊。

（二）秋，莒蒲餘侯殺公子意恢，逐郊公，而立著丘公之弟庚輿。

甲戌**十八年**（前五二七）曹平公須元。

（一）秋，晉荀吴伐鮮虞，圍鼓。鼓人或請以城叛，弗許，使鼓人殺叛人而繕守備。鼓人告食竭力盡，然後取之。

十九年（前五二六）吴王僚元。

（二）吴子夷末薨，將立季札，季札逃，國人立夷末之子僚。

（一）春，楚子誘戎蠻子殺之。

（二）齊侯伐徐，徐子及莒人從齊侯盟，且賂之，無伯故也。

（三）夏，魯子服回如晉，還曰：「晉君幼弱，六卿强而奢傲，將因是以習，習實爲常，能無卑乎？」

二十年（前五二五）晉頃公去疾元。

（一）秋，晉荀吴滅陸渾。

（二）冬，吴伐楚，楚司馬子魚大敗吴師。

二十一年（前五二四）

（一）夏，宋、衛、陳、鄭災。冬，楚王子勝遷許于白羽。

二十二年（前五二三）曹悼公午元。

（一）楚平王使伍奢爲太子建師，費無極爲少師。無極無寵，乃爲建聘婦于秦，既而勸王取之，又大城城父，而置太子焉。

（二）夏，許悼公飲太子止之藥，薨。太子奔晉。《春秋》書「止弑其君」。

二十三年（前五二二）

（一）春，楚費無極譖太子及伍奢將叛。太子奔宋，又奔鄭。楚子殺伍奢及其子尚，少子員奔吴。

（二）秋，衛齊豹殺衛侯之兄縶，衛侯如死鳥。北宫氏攻齊氏，滅之。衛侯反國，殺宣姜。

（三）冬，宋華亥、向寧、華定作亂，出奔陳，華登奔吴。

二十四年（前五二一）蔡悼侯東國元。

（一）夏，宋華貙召華亥、向寧、華定復入于宋南里以叛，華登以吴師救之，宋師敗。宋公欲出，廚人濮止之。晉、齊、衛救宋，大敗華氏，圍諸南里。

（二）冬，楚費無極取貨于蔡平侯之弟東國，使蔡人逐太子朱而立之。

二十五年（前五二〇）

（一）春，楚薳越救華氏。華氏、向氏出奔楚。

（二）景王愛長庶子朝，劉狄〔二〕、單旗惡之。王與賓孟謀殺劉、單而立朝，未及而崩。夏，劉、單殺賓孟，立王子猛。子朝攻劉狄〔三〕，王室亂。王猛居于皇，復入于王城。猛尋卒，劉、單立其母弟匄。

敬王匄元年（前五一九）

（一）春，魯人取郲師。

（二）晉人執魯行人叔孫婼。

（三）莒子庚輿虐，秋，國人逐之，出奔魯。齊人納郊公。

（四）吴敗頓、胡、沈、蔡、陳、許之師于雞父。胡子髡、沈子逞滅，獲陳夏齧。

〔二〕「狄」，原作「耿」，今據楊瑋本、江蘇書局本改。
〔三〕「狄」，原無，今據江蘇書局本補。

（五）天王出居于狄泉，尹氏立王子朝。

二年（前五一八）蔡昭侯申元。

（一）春，晉侯使士景伯涖問周故，立於乾祭而問於介衆，乃辭王子朝，不納其使。子太叔言於范獻子，以寧王室。獻子與韓宣子圖之，乃召諸侯，期以明年。

甲申**三年**（前五一七）

（一）夏，諸侯之大夫會于黄父，以謀王室。

（二）魯昭公與臧昭伯、郈昭伯謀去季氏。子家羈曰不可，不聽。秋，伐季氏。季孫意如請以五乘亡，弗許。叔孫氏、孟氏救之，公徒敗。公奔齊，次于陽州。

四年（前五一六）宋景公欒南元〔二〕。

（一）春，齊侯伐魯〔三〕，取鄆，以處魯侯。齊侯將納魯侯，季氏賂梁丘據，圍成，不克而還。

（二）秋，齊侯、魯侯盟于鄟陵。

（三）晉知躒、趙鞅帥師納王。冬，召伯盈逐王子朝。尹氏、召氏、毛伯奉王子朝及周之典

〔二〕「欒南」，江蘇書局本作「欒」，且施以校勘記云：「案《左氏》昭二十五年《傳》云：宋元公『夢太子欒即位於廟』，是景公名欒也，原誤作『欒南』，今删正。」

〔三〕「伐」，原作「從」，今據江蘇書局本改。

籍奔楚。王徙都成周。

五年（前五一五）楚昭王軫元。

（一）春，吴師伐楚，圍潛。

（二）夏，吴諸樊之子光弒王僚而自立。

（三）楚費無極譖郤宛，殺之。

（四）秋，晉士鞅及諸侯之大夫盟于扈，令戍周，且謀納魯侯。士鞅取貨于季孫，而以難復。

（五）冬，諸侯之師戍成周。

（六）宋人執曹悼公，曹人立其弟野。

六年（前五一四）曹聲公野、吴王闔閭元〔一〕。

（一）春，魯侯如晉，不見受，次于乾侯。

（二）夏，晉殺祁盈、楊食我。

（三）吴王闔閭召伍員，寵任之，與謀國事。

七年（前五一三）鄭獻公蠆元。

〔一〕「閭」，原作「廬」，今據楊璋本及下文改。本年下條同。

（一）春，魯侯歸于鄆，齊人卑之，復入晉，次于乾侯。

（二）王殺召伯盈及尹固。

八年（前五一二）

（一）吴公子掩餘、公子燭庸奔楚，楚子封之於養。

（二）冬，吴王闔閭滅徐，徐子章羽奔楚。

（三）吴子問伐楚之謀於伍員，員曰：「爲三軍以肄焉。彼出則歸，彼歸則出。既罷，而後以三軍繼之，必大克之。」從之，楚於是乎始病。

九年（前五一一）晉定公午元。

（一）春，晉侯將以師納魯侯，范獻子請召季孫。季孫會晉荀躒於適歷，請從君以歸。躒與季孫如乾侯，昭公不肯歸，曰：「見夫人者，有如河。」荀躒掩耳而走。

（二）冬，邾黑肱以濫奔魯，賤而《春秋》書名，懲不義也。

十年（前五一〇）

（一）夏，吴始伐越。

（二）冬，晉魏舒合諸侯之大夫于狄泉，城成周，罷戍人。

（三）魯昭公薨于乾侯。晉史墨曰：「政在季氏，於此君也四公矣。民不知君，何以得國?是以爲君慎名與器,不可以假人。」

（四）曹平公之弟通弒聲公。

十一年（前五〇九）魯定公、宋曹隱公通元。

（一）夏,魯昭公之喪歸于魯,魯人立其弟公子宋。

十二年（前五〇八）

（一）秋,楚令尹囊瓦伐吴,吴敗其師于豫章,遂圍巢,克之。

甲午**十三年**（前五〇七）

（一）蔡昭侯、唐成公朝于楚。囊瓦欲得其裘與馬,弗與。三年止之。蔡侯歸,如晉,以其子及大夫之子爲質,而請伐楚。

十四年（前五〇六）

（一）春,諸侯會于召陵。晉荀寅求貨於蔡侯,弗得,乃辭蔡侯。蔡爲晉滅沈。冬,蔡侯及吴子、唐侯伐楚,大敗囊瓦於柏舉。囊瓦奔鄭。吴入郢,楚昭王奔隨。伍胥鞭平王尸,申包胥求救于秦。

（二）曹聲公之弟露弒隱公。

十五年（前五〇五）陳懷公柳、曹靖公露元。

（一）春，殺子朝于楚。

（二）夏，越入吴。秦師救楚，大敗吴師。吴夫槩王歸，自立，以與吴子戰而大敗，奔楚。楚子還入郢。

（三）秋，楚滅唐。

（四）魯季孫意如卒，家臣陽虎囚其子斯，而專魯政。

十六年（前五〇四）

（一）春，鄭滅許。

（二）夏，吴人敗楚師。楚國大懼，令尹子西喜曰：「乃今可爲矣。」於是遷郢於鄀，而改紀其政，以定楚國。

（三）秋，陽虎盟魯侯及三桓於周社。

（四）冬，儋翩以子朝之徒作亂，王處于姑蕕。

十七年（前五〇三）

（一）春，儋翩入于儀栗以叛。

（二）齊人歸魯鄆、陽關，陽虎居之以爲政。

（三）秋，齊侯、鄭伯盟于鹹。齊人執衛行人北宫結以侵衛。齊侯、衛侯盟于沙，始叛晉也[一]。

（四）齊國夏伐魯。

（五）冬，王入于王城。

十八年（前五〇二）

（一）春，魯侯侵齊。夏，齊國夏伐魯。

（二）晉涉佗盟衛侯于鄟澤，捘其手。衛復叛。秋，晉士鞅侵鄭，遂侵衛。

（三）冬，陽虎欲去三桓而代其位，將享季孫斯于蒲圃而殺之，斯入于孟氏。虎劫魯侯及叔孫以攻孟氏，弗克，入于讙陽關以叛[二]。

十九年（前五〇一）陳閔公、越曹伯陽元[三]。

（一）夏，魯伐陽關，陽虎奔齊，請伐魯。鮑文子曰：「魯衆庶猶睦，若之何取之？君富於季氏，此虎所欲傾覆也。」齊人執之，逃奔宋，又奔晉，適趙氏。

[一]「晉」，原作「者」，今據《四庫》本、江蘇書局本改。
[二]「讙陽關」，原作「讙闡」，今據江蘇書局本及《春秋左傳注疏》定公八年改。
[三]「伯」，原脱，今據《四庫》本、江蘇書局本改。

（二）秋，齊侯伐晉夷儀，衛侯會之。
（三）秦哀公薨，孫惠公立。

二十年（前五〇〇）秦惠公、鄭聲公勝元。
（一）夏，魯侯及齊侯會于夾谷。孔子相。齊人歸魯鄆、讙、龜陰之田。
（二）晉趙鞅圍衛，殺涉佗。
（三）魯侯犯以郈叛。秋，郈人駟赤逐之，犯奔齊。
（四）宋公之弟辰暨仲佗、石彄、公子地出奔陳。

二十一年（前四九九）
（一）春，辰、佗、彄、地自陳入于蕭以反，樂大心從之，大爲宋患。宋公寵向魋故也。

二十二年（前四九八）
（一）夏，魯仲由爲季氏宰，將墮三都，叔孫氏墮郈。公山弗擾以費人襲魯，弗克，遂奔齊，遂墮費。將墮成，公斂處父不可，魯侯圍成，弗克。

甲辰**二十三年**（前四九七）
（一）春，齊侯、衛侯伐晉河内。晉趙鞅殺邯鄲午。午，荀寅之甥也。寅，范吉射之姻也。秋，范氏、中行氏伐趙氏之宫，趙鞅奔晉陽，晉人圍之。冬，荀躒、韓不信、魏曼多奉晉侯以伐范、中行氏。荀寅、范吉射奔朝歌。韓、魏以趙氏爲請，晉侯許之。

二十四年（前四九六）越王勾踐元。

（一）春，衛公叔戍奔魯。

（二）楚滅頓。

（三）夏，吴伐越，越子勾踐敗吴于檇李，闔閭傷將指而薨。

（四）晉人圍朝歌，齊侯、魯侯會于牽以救之。

（五）衛靈公爲夫人南子召宋朝于宋，太子蒯聵羞之，將殺南子，弗克，出奔于宋。

二十五年（前四九五）吴王夫差元。

（一）春，楚滅胡。

二十六年（前四九四）魯哀公蔣元。

（一）春，楚子圍蔡。蔡人聽命。師還，蔡遷於吴。

（二）吴王夫差敗越於夫椒，勾踐棲於會稽，請委國爲臣妾，夫差許之。子胥諫曰：「去疾莫如盡。」不聽。退曰：「二十年之外，吴其爲沼乎！」

二十七年（前四九三）

（一）夏，衛靈公薨，衛人立蒯聵之子輒，晉趙鞅納蒯聵于戚。

（二）秋，齊人輸范氏粟，鄭罕達送之，與晉師戰于鐵，鄭師敗績。

（三）冬，蔡遷于州來。

二十八年（前四九二）衛出公輒、燕獻公元。

（一）春，齊國夏、衛石曼姑圍戚。

（二）夏，趙鞅殺萇弘。冬，趙鞅圍朝歌，荀寅奔邯鄲。

二十九年（前四九一）

（一）春，蔡公孫翩弒昭侯。

（二）夏，晉人執戎蠻子赤歸于楚。

（三）秋，趙鞅圍邯鄲。冬，荀寅奔鮮虞，齊國夏伐晉，取八邑，會鮮虞，納荀寅于柏人。

三十年（前四九〇）秦悼公、蔡成侯朔元。

（一）春，晉圍柏人，荀寅、范吉射奔齊。

（二）齊景公愛幼子荼，故不立太子。公疾，使國惠子、高昭子立荼，寘羣公子于萊。秋，公薨，羣公子皆出亡，公子陽生奔魯。

三十一年（前四八九）齊孺子荼元。

（一）春，吴伐陳，楚子救陳。

（二）夏，齊陳乞、鮑牧以兵逐國子、高子，國、高奔魯，陳乞使逆公子陽生于魯而立之，殺孺子荼。

三十二年（前四八八）齊悼公陽生、楚惠王章元。

（一）夏，魯侯會吴于鄫，吴責百牢于魯。

（二）秋，魯侯入邾，執邾子益以歸。

（三）曹公孫疆言霸説于曹伯陽，伯陽説之，使爲政，乃背晉而奸宋。宋人伐之，晉人不救。

甲寅**三十三年**（前四八七）

（一）春，宋公滅曹，執曹伯陽，殺之。

（二）吴伐魯，及萊門。

（三）齊悼公逆季姬于魯，魯人弗與。悼公怒，伐魯，取讙及闡，又請師于吴，魯人歸季姬。悼公喜，歸讙及闡。又殺鮑牧及胡姬。

（四）魯人歸邾隱公于邾。

三十四年（前四八六）

（一）春，齊侯辭吴師，吴子怒，與魯謀伐齊。

（二）宋取鄭師于雍丘。秋，宋公伐鄭。

（三）吴城邗溝〔一〕，通江淮。

三十五年（前四八五）

（一）春，邾隱公奔齊。

（二）吴子、魯侯伐齊。齊人弑悼公，以説于吴。吴子三日哭，將以舟師自海入齊，齊人敗之，乃還。

（三）夏，晉趙鞅伐齊。

（四）冬，楚子期伐陳，吴延州來季子救陳。

三十六年（前四八四）齊簡公壬元。

（一）春，齊國書、高無丕伐魯，戰于郊。

（二）夏，吴將伐齊，越子朝，且獻賂焉。子胥曰：「是豢吴也。」吴子及魯侯大敗齊師于艾陵，獲國書，歸，賜子胥屬鏤以死。

（三）冬，孔子自衛反魯，正禮、樂，删《詩》、《書》。

三十七年（前四八三）

〔一〕「邗」，原作「刊」，今據《四庫》本、江蘇書局本改。

（一）夏，魯侯會吴于槖皋，衛侯會吴于鄖。吴人將執衛侯，子貢説太宰嚭，乃止。

三十八年（前四八二）

（一）春，鄭罕達取宋師于嵒。

（二）夏，吴子、晉侯會于黄池，爭長。越子伐吴，入之，獲太子友。吴子惡其聞也，自剄七人于幕下。

三十九年（前四八一）

（一）春，魯人獲麟，孔子作《春秋》。

（二）齊闞止有寵於簡公，使爲政。諸御鞅曰：「陳、闞不可竝也。」弗聽。止欲去陳氏。夏，陳恒攻止，殺之，遂執簡公于舒州，弑之，立其弟驁。恒專齊政。

（三）宋桓魋之寵，害於公，公討之，魋入于曹以叛，遂奔衛。

四十年（前四八〇）齊平公驁、衛莊公蒯聵元。

（一）春，魯公孫宿以成叛，如齊。魯使子貢如齊，齊歸成於魯。

（二）冬，衛蒯聵因衛渾良夫、孔伯姬以入于衛，劫孔悝以逐輒而自立，仲由死之，輒奔魯，又奔齊。

四十一年（前四七九）

（一）夏，孔子卒。

（二）衛莊公飲孔悝酒而遣之，孔悝載伯姬出奔宋。

（三）楚太子建之子勝在吳，子西召之，葉公諫，不聽，使爲白公。秋，白公作亂，殺子西、子期、子閭，劫惠王，自爲令尹。葉公率方城外人以入攻白公，滅之。

四十二年（前四七八）

（一）春，衛太子疾殺渾良夫。

（二）越子敗吳於笠澤。

（三）秋，楚滅陳。

（四）衛莊公不朝于晉。冬，晉趙鞅伐衛，逐莊公，而立公孫般師。晉師還，莊公復入于衛。石圃作亂，莊公死于戎州己氏。齊人伐衛，立靈公之子起，執般師以歸。

甲子**四十三年**（前四七七）衛侯起元。

（一）春，宋公殺右師皇瑗。

（二）楚公子寧敗巴師于鄾。

（三）夏，衛石圃逐其君起，起奔齊，衛侯輒自齊復歸，逐石圃。

元王仁元年（前四七六）秦厲共公元、衛出公後元。

（一）春，越人侵楚。

二年（前四七五）

（一）夏，齊人、魯人、鄭人會于廩丘，謀伐晉。

（二）冬，越敗吴師于艾，及郊，敗之，遂圍吴。

三年（前四七四）晉出公錯元。

（一）夏，越人始通使于上國。

四年（前四七三）

（一）夏，邾隱公自齊奔越，越人歸之，邾太子革奔越。

（二）越圍吴三年。冬，吴師潰，夫差請委國爲臣妾，勾踐不許，夫差乃自殺，曰：「死者有知，吾何面目以見子胥也？」

五年（前四七二）

（一）夏，晉荀瑶伐齊，敗齊高無丕於犂丘〔一〕。

六年（前四七一）蔡聲侯產元。

〔一〕「無丕」，原作「元卒」，今據江蘇書局本及上文周敬王三十六年改。

（一）夏，晉侯及魯臧石伐齊，取廩丘。

（二）魯哀公以嬖妾爲夫人，以其子荆爲太子，國人始惡之。哀公朝于越，越太子適郢，將妻公而多與之地。季孫懼，因太宰嚭以納賂焉，乃止。

七年（前四七〇）

（一）夏，衛褚師比及諸大夫逐衛侯輒，輒奔宋，請師于越。

（二）魯侯歸自越，季康子、孟武伯逆於五梧，語相侵也，公與大夫始有惡。

八年（前四六九）

（一）夏，越皋如、后庸、宋樂茷、魯叔孫舒伐衛，納出公。衛公孫彌牟重賂越人，申開守郫而納公，公不敢入。師還，立蒯聵之弟黚，出公卒于越。

（二）宋景公無子，取公孫周之子得與啓畜于公宮〔二〕，未立而薨。大尹矯命立啓，六卿逐啓及大尹，而立得。

貞定王介**元年**（前四六八）衛悼公黚、宋昭公得元。

（一）晉荀瑶伐鄭，齊陳成子救之，晉師還。

〔二〕「周」，原作「孫」，今據《四庫》本、江蘇書局本改。

（二）魯哀公將以越伐魯而去三桓，故出奔越。魯人立其子寧。

甲戌**二年**（前四六七）魯悼公寧元。

三年（前四六六）

四年（前四六五）

五年（前四六四）燕孝公元。

（一）晉荀瑶圍鄭，恥趙襄子。襄子由是惎知伯。

六年（前四六三）

七年（前四六二）鄭哀公易元。

八年（前四六一）

（一）秦伐大荔，取其王城〔一〕。

九年（前四六〇）

十年（前四五九）

十一年（前四五八）

〔一〕「城」，原作「成」，今據《四庫》本、江蘇書局本改。

甲申**十二年**（前四五七）

（一）晉三卿宴於藍臺，知襄子戲韓康子而侮段規。知伯國諫曰：「主不備，難必至矣。」曰：「我不爲難，誰敢興之？」對曰：「蚋蟻蜂蠆，皆能害人，況人之君相乎？」弗聽。

十三年（前四五六）晉哀公驕、蔡元侯元。

（二）晉知氏、韓氏、趙氏、魏氏專政，出公欲去之。四卿反攻公，公出奔齊。昭公孫忌善於知伯而早死，故知伯立忌之子驕而相之，國事皆決於知伯。

十四年（前四五五）齊宣公就匝元。

十五年（前四五四）鄭共公丑元。

（一）鄭人弒哀公而立聲公之弟丑。

十六年（前四五三）

（一）晉知伯請地於韓、魏，韓、魏與之。請地於趙，趙襄子不與。知伯怒，攻趙氏，趙襄子走保晉陽。知伯以晉師圍而灌之，城不没者三板。襄子夜使張孟談私於韓康子、魏桓子，韓、魏與襄子合攻知伯，滅之，分其地。

十七年（前四五二）

十八年（前四五一）

十九年（前四五〇）衛敬公費、蔡侯齊元。

二十年（前四四九）燕成公元。

二十一年（前四四八）

甲午**二十二年**（前四四七）

（一）楚滅蔡。

二十三年（前四四六）

二十四年（前四四五）

（一）楚滅杞。

二十五年（前四四四）

（一）秦伐義渠，虜其王。

二十六年（前四四三）

二十七年（前四四二）秦躁公元。

二十八年（前四四一）

（一）王崩，太子去疾立，是爲哀王。三月〔二〕，弟叔襲殺去疾而自立，是爲思王。五月，叔弟嵬攻殺叔，是爲考王。封其弟於河南，以續周公之職，是爲東周桓公。

（二）秦南鄭反。

考王嵬**元年**（前四四〇）

二年（前四三九）

三年（前四三八）

甲辰**四年**（前四三七）晉幽公柳元。

五年（前四三六）

六年（前四三五）

七年（前四三四）

八年（前四三三）燕閔公元。

九年（前四三二）

十年（前四三一）楚簡王仲、衛昭公糾元。

〔二〕「三」，原作「五」，今據楊璋本及《史記》卷四《周本紀》改。

（一）楚滅莒。

十一年（前四三〇）魯元公嘉元。

十二年（前四二九）

（一）秦躁公薨，國人立其弟懷公。

十三年（前四二八）秦懷公元。

甲寅**十四年**（前四二七）

十五年（前四二六）

（一）衛公子亹弑昭公而代之。

威烈王午**元年**（前四二五）衛懷公亹元。

（一）晉趙襄子卒，襄子以兄伯魯之不立，不肯置嗣，以伯魯之孫浣爲後，浣生烈侯。

（二）秦庶長鼂弑懷公。懷公太子曰昭子，早卒，國人立其子靈公。

二年（前四二四）秦靈公元。

三年（前四二三）鄭幽公己元。

（一）晉韓武子伐鄭，殺幽公。鄭人立其弟駘。

四年（前四二二）鄭繻公駘元。

五年（前四二一）

六年（前四二〇）

（一）晉幽公夜竊出邑中，盜殺之，魏斯以兵誅亂者，立幽公之子止。

七年（前四一九）晉烈公元。

八年（前四一八）

甲子**九年**（前四一七）

十年（前四一六）

十一年（前四一五）

（一）衛敬公之孫頹弒懷公而代之。

（二）秦靈公薨，國人廢其子獻公而立其季父簡公，名衛。

十二年（前四一四）秦簡公、衛慎公頹元。

十三年（前四一三）

十四年（前四一二）

十五年（前四一一）

十六年（前四一〇）

十七年（前四〇九）魯穆公衍元。

十八年（前四〇八）

（一）晉魏斯使樂羊伐中山，克之，使其子擊守中山。又伐秦，至鄭。

（二）韓虔伐鄭，取雍丘。

（三）齊人伐魯，取成。

甲戌**十九年**（前四〇七）楚聲王當元。

（一）鄭人敗韓氏于負黍。

（二）魏斯好賢，以卜子夏、田子方爲師。過段干木之廬，必式之。任李克爲政，用吴起爲西河守。魏由是强於三晉。

二十年（前四〇六）

二十一年（前四〇五）

二十二年（前四〇四）齊康公貸元。

右伏羲氏至周威烈王二十二年，臣今所補。

二十三年（前四〇三）魏文侯斯、韓景侯虔、趙烈侯籍、宋悼公購由元。

（一）初命晉大夫魏斯、韓虔、趙籍爲諸侯。先是，大夫專國者多矣，未有敢自君者。至是，三大夫始受天子之命。禮之紀綱盡矣。

二十四年（前四〇二）燕僖公元。

（一）盜殺楚聲王，國人立其子類。

安王驕**元年**（前四〇一）楚悼王類元。

二年（前四〇〇）

（一）魏人、韓人、趙人伐楚。至桑丘。鄭人圍韓陽翟。

（二）趙烈侯薨，弟武侯立。

三年（前三九九）秦惠公、韓烈侯取、趙武侯元。

四年（前三九八）

（一）楚人圍鄭，鄭人殺其相駟子陽。

甲申**五年**（前三九七）

（一）盜殺韓相俠累。

六年（前三九六）

（一）鄭駟子陽之黨弑繻公，而立幽公之弟乙。

七年（前三九五）宋休公田、鄭康公乙元。

八年（前三九四）

九年（前三九三）

十年（前三九二）晉孝公頃元。

十一年（前三九一）

（一）齊田和遷康公于海上，食一城以奉其祀。

十二年（前三九〇）

十三年（前三八九）

（一）齊田和會魏文侯、楚人、衛人於濁澤，求爲諸侯，文侯爲之請于王，王許之。

十四年（前三八八）

甲午**十五年**（前三八七）

（一）蜀伐秦〔二〕，取南鄭。

（二）趙武侯薨，國人復立烈侯之太子章。

〔二〕「蜀伐秦」，《四庫》本同，然江蘇書局本及《史記》卷五《秦本紀》、《資治通鑑》卷一記作「秦伐蜀」。

十六年（前三八六）秦出公、魏武侯擊、韓文侯、趙敬侯章、齊太公田和元。

（一）初命田和爲諸侯。

十七年（前三八五）

（一）秦庶長改逆獻公于河曲而立之〔一〕，沈出子及其母于淵。秦數有亂，益衰弱，三晉侵奪其河西地。

十八年（前三八四）秦獻公、齊桓公午元。

（一）魏相公叔疾吴起之賢，譖諸武侯。吴起奔楚，楚悼王悦之，以爲相。吴起乃爲明法審令，廢不急之官，罷公族疏遠者，以撫養戰士，故楚國强盛，諸侯畏服，而貴戚怨之。

十九年（前三八三）

二十年（前三八二）

二十一年（前三八一）

（一）楚悼王薨，宗室大臣攻吴起，殺之，并中王尸。肅王即位，誅爲亂者七十餘家。

二十二年（前三八〇）楚肅王臧元。

〔一〕「河曲」，江蘇書局本及《資治通鑑》卷一作「河西」。

二十三年(前三七九)

(一) 齊康公薨,田氏絶其祀。齊桓公薨,齊威王即位,齊始强於天下。

二十四年(前三七八)齊威王因齊元。

甲辰**二十五年**(前三七七)晉靖公俱酒元〔一〕。

二十六年(前三七六)韓哀公〔二〕、魯共公奮元。

(一) 趙、魏、韓共廢晉靖公爲家人〔三〕,而分其地。

烈王喜**元年**(前三七五)

(一) 韓滅鄭,因徙都之。

二年(前三七四)趙成侯種元。

三年(前三七三)

四年(前三七二)衛聲公訓、宋辟公兵、燕桓公元。

五年(前三七一)

〔一〕「酒」,原爲墨丁,今據江蘇書局本、《四庫》本補。

〔二〕「韓哀公」,《四庫》本作「韓哀侯」。

〔三〕「韓」,原作「趙」,今據《四庫》本改。

（一）韓嚴遂弑哀侯，韓人立其子懿侯。

（二）魏武侯薨，無適子，公子罃與公中緩爭立，國内亂。

六年（前三七〇）魏惠王罃、韓懿侯元。

（一）齊威王來朝。

（二）楚肅王薨，弟良夫立。

七年（前三六九）楚宣王良夫、宋公剔成元。

（一）王崩，弟扁立。

（二）韓懿侯、趙成侯因魏之亂伐魏，大敗魏師于濁澤，遂圍魏。趙欲弑罃、立公中緩、割地而退，韓欲兩分之，趙不可。韓怒，以其師夜去。趙師亦歸，魏罃遂滅緩。

顯王扁**元年**（前三六八）

甲寅**二年**（前三六七）

三年（前三六六）

四年（前三六五）

五年（前三六四）

（一）秦獻公敗三晉之師于石門，斬首六萬。天子錫以黼黻。

六年(前三六三)

七年(前三六二)

(一) 秦獻公薨,孝公即位。是時,六國强大,皆擯斥秦,夷翟遇之。楚有巴、巫、黔中,魏有華陰、上郡,秦孝公乃發憤修政,欲興穆公之業。

八年(前三六一)

(一) 秦孝公下令求賢師,羣臣有能出奇計强秦者尊用之。魏相公叔座知衛鞅之賢〔二〕,薦之魏惠王,王不能用。衛鞅西入秦,孝公與語,大悦。

九年(前三六〇)

十年(前三五九)

(一) 秦孝公以衛鞅爲左庶長,鞅欲變法,秦大臣固爭。鞅曰:「民可與樂成,難與慮始。」孝公卒用鞅言,變法令,明爵秩,黜奸慝〔三〕,務耕織,禁墮游,尊戰士,下無功。太子犯法,

〔一〕「侯」,原作「疾」,今據《四庫》本、江蘇書局本改。
〔二〕「座」,《四庫》本作「痤」。
〔三〕「黜」,原爲墨丁,今據《四庫》本補。

鞅黔其師公孫賈〔二〕，刑其傅公子虔。明日，秦人皆趨令，鄉邑大治。

十一年（前三五八）韓昭侯元。

甲子**十二年**（前三五七）

十三年（前三五六）

十四年（前三五五）

十五年（前三五四）魯康公毛元。

（一）秦人敗魏人于元里，取少梁。魏惠王伐趙，圍邯鄲，趙告急于齊。

十六年（前三五三）

（一）齊威王使田忌將兵，以孫臏爲師，以救趙。忌用臏言，直趣大梁，魏釋趙而還自救，與齊師戰于桂陵〔三〕，魏師敗績。臏與魏將龐涓同學兵法，涓自知不如臏，誘而刑之，臏逃入齊，田忌薦之威王，威王用之。

十七年（前三五二）

〔二〕「賈」，原脱，今據江蘇書局本補。
〔三〕「桂」，原爲墨丁，今據楊璋本補。

十八年（前三五一）

（一）韓昭侯以申不害爲相，内修法制，外應諸侯，韓由是興。

十九年（前三五〇）

（一）秦徙都咸陽，初并小都鄉邑，聚以爲縣，縣置令、丞，凡三十一縣。廢井田，開阡陌。皆衛鞅之謀也。

二十年（前三四九）趙肅侯元。

（二）趙威侯薨。公子緤與太子爭立，不勝，奔韓。

二十一年（前三四八）

甲戌**二十二年**（前三四七）

二十三年（前三四六）

（一）衛更貶號曰侯，服屬于三晉。

二十四年（前三四五）魯景公偃元。

二十五年（前三四四）

二十六年（前三四三）

（一）秦益强，天子致伯，諸侯畢賀。秦伯使公子少官會諸侯於逢澤，以朝天子。

二十七年（前三四二）

（一）魏龐涓伐韓，齊田忌救韓伐魏。龐涓釋韓，追齊師。孫臏伏兵于馬陵以邀之，殺龐涓，大敗魏師，獲魏太子申。衛鞅説孝公，因魏敗，逐之使東，則秦可以全據山、河之固，東制諸侯也。

二十八年（前三四一）

二十九年（前三四〇）

（一）秦衛鞅伐魏，魏公子卬禦之。鞅詐魏公子與飲，因執之，以擊魏師，大敗之。魏惠王懼，自安邑東徙大梁，乃恨不用公叔之言。秦封衛鞅爲商君。

三十年（前三三九）楚威王商元。

三十一年（前三三八）

（一）商君相秦，法令苛酷。臨渭論囚，渭水盡赤，秦人上下怨之。孝公薨，公子虔之徒告商君謀反。商君奔魏，魏弗受，内之秦。秦車裂商君，滅其族。

甲申**三十二年**（前三三七）秦惠王元。

三十三年（前三三六）

（一）韓申不害卒。

三十四年（前三三五）

（一）魏惠王、齊威王會于徐州以相王。

三十五年（前三三四）魏後元。

（二）越王無疆伐楚，楚人大敗之，殺無疆，盡取故吴地〔一〕，越以此散。

（三）周人蘇秦説燕文侯與趙合從以拒秦〔二〕，文侯聽之。

三十六年（前三三三）

（一）蘇秦説趙肅侯以六國合從之術云：「秦伐一國，五國共救之。不如約者，五國共伐之。」肅侯使蘇子約韓、魏、齊、楚，皆聽。蘇子并相六國，爲從約長。又恐秦敗從約，乃激怒張儀，入之于秦。秦惠王以儀爲客卿。

三十七年（前三三二）韓宣惠王、燕易王、衛平侯、齊宣王辟彊元。

（一）秦使犀首欺齊、魏，與共伐趙。趙肅侯以讓蘇子，蘇子慙恐，請使燕，必報齊。蘇子去趙，而從約皆解。趙決河水灌，齊、魏之師乃去。

〔一〕「盡」，原作「冬」，今據楊璋本、江蘇書局本改。

〔二〕「從」，原爲墨丁，今據《四庫》本補。

三十八年（前三三一）

三十九年（前三三〇）

（一）魏獻河西之地于秦。

四十年（前三二九）

（一）宋公剔成之弟偃攻剔成，剔成奔齊。

四十一年（前三二八）楚懷王槐、宋康王偃元。

（一）秦公子華、張儀伐魏，取蒲陽。儀言于惠王，復以與魏，又以公子繇爲質。儀因説魏王，盡入上郡十五縣于秦以謝。秦以張儀爲相。

甲午**四十二年**（前三二七）

四十三年（前三二六）

（一）趙肅侯薨，武靈王即位，加故臣肥義秩，克己爲政。

四十四年（前三二五）趙武靈王元。

（一）秦始稱王。

四十五年（前三二四）秦後元，衛嗣君元。

（一）秦張儀平陝，蘇秦自燕奔齊爲間。

四十六年（前三二三）

（一）燕、魏皆稱王〔一〕，趙武靈王獨不肯，曰：「無其實，敢有其名乎？」令國人謂己爲君。

四十七年（前三二二）

（一）秦張儀相魏，欲令魏先事秦而諸侯效之。

四十八年（前三二一）

慎靚王定**元年**（前三二〇）燕王噲元。

（一）衛更貶號曰君，獨有濮陽。

二年（前三一九）

三年（前三一八）魏襄王元。

（一）楚、趙、韓、魏、燕伐秦，攻函谷關。秦人出兵，五國皆敗走。

甲辰**四年**（前三一七）

（一）秦敗韓師於脩魚，斬首八萬，獲申差，諸侯震恐。

（二）魏王因張儀以請成于秦。張儀歸，復相秦。

〔一〕「魏」，原作「衛」，今據《四庫》本改。

（三） 齊大夫有與蘇秦爭寵者，刺秦而殺之。

五年（前三一六）魯平公旅元。

（一） 秦惠王欲伐蜀，張儀以爲不如伐韓。司馬錯曰：「蜀亂易取，而可以廣地富民，天下不以爲貪暴，是我一舉而名實附也。」遂使錯伐蜀，滅之。秦益富强。

六年（前三一五）

（二） 蘇代與燕相子之爲姻，代説燕王噲，以國讓子之，是與堯同名也。王從之。

赧王延元年（前三一四）

（一） 秦敗韓師于岸門，韓太子倉質于秦。

（二） 燕子之專國三年，國内大亂。齊王使人説燕太子平，使攻子之。平與將軍市被圍公宫，攻子之，不克。連戰數月，死者數萬人。齊使章子伐燕，殺燕王噲及子之。

二年（前三一三）齊湣王地元。

（一） 秦患齊、楚從親，乃使張儀説楚懷王，令與齊絶，許賂以地六百里。楚王許之。陳軫諫曰：「秦重楚者，以有齊也。若絶齊，秦必負王。二國之兵將俱至矣。不如陰合而陽絶之。」楚王不聽。秦果負約。

三年（前三一二）

（一）楚王將伐秦，陳軫諫曰：「不如因以一名都賂之，與之伐齊，以取償焉。」不聽，遂伐秦。秦大破楚師于丹陽，斬首八萬，獲屈匄，取漢中。楚復悉兵以襲秦，又敗于藍田。韓、魏乘楚困，皆來襲楚，楚乃割二城以和于秦。

四年（前三一一）韓襄王倉、燕昭王平元。

（一）楚王求張儀於秦，秦與之。楚王用嬖臣靳尚、幸姬鄭袖之言，弗果殺。

（二）燕人立昭王，昭王怨齊，欲報之，乃苦心勞志，撫民求士。郭隗曰：「王欲致士，請從隗始。」王築宫，師事之。於是，樂毅自魏往，劇辛自趙往。

五年（前三一〇）秦武王元。

（一）張儀與秦武王有隙，乃去秦相魏，遂卒于魏。

六年（前三〇九）

七年（前三〇八）

（一）秦甘茂伐韓宜陽，茂曰：「宜陽，大縣也。攻之未易卒拔。臣，羈旅之臣也〔二〕。樗里

〔二〕「羈」，原作「覊」，今據《四庫》本、江蘇書局本改。

子、公孫奭拔韓而議之[一]，王必聽之。」武王曰：「寡人不聽也。」與人盟于息壤而遣之。

甲寅**八年**（前三〇七）

（一）甘茂圍宜陽，五月不拔，樗里子等爭之[二]，王欲罷兵。茂曰：「息壤在彼。」乃益兵而拔之，斬首六萬。

（二）秦武王好力，扛龍文赤鼎，絶脈而死。無子，秦人逆其異母弟稷於燕而立之。

（三）趙武靈王變俗，爲胡服騎射以攻林胡、中山，皆勝之。

九年（前三〇六）秦昭王稷元。

（一）秦昭王母宣太后，楚女也。有異父弟曰魏冉，同父弟曰華陽君芈戎[三]，王同母弟曰高陵君、涇陽君。魏冉自惠王時任職用事，武王薨，諸弟爭立，冉力能立昭王，王以爲將軍，衛咸陽。

十年（前三〇五）

（一）秦庶長壯與大臣、諸公子謀作亂，魏冉誅之，及惠后，武王后出歸魏。王兄弟不善者，

[一]「拔」，《四庫》本作「挾」。
[二]「爭」，原脱，今據江蘇書局本補。
[三]二「父」字，原皆作「母」，今據《史記》卷七二及《資治通鑑》卷三改。

冉皆殺之，威振秦國。王年少，太后臨朝，冉任政，封穰侯。

十一年（前三〇四）

十二年（前三〇三）

十三年（前三〇二）

十四年（前三〇一）

十五年（前三〇〇）

（一）初，楚以秦宣太后之故，倍從約而親秦，使太子横爲質於秦〔二〕。太子私鬭，殺秦大夫，懼而亡歸。秦華陽君伐楚，斬首三萬，殺楚將景缺。楚王使太子質於齊以請和。

十六年（前二九九）

（一）秦伐楚，取八城。秦王更與楚懷王約爲好，會武關，懷王至則劫之，入朝章臺，求巫、黔中郡。懷王不可，因留之。楚人逆太子于齊而立之。

（二）趙武靈王寵姬吴娃生少子何，欲及其生而立之，乃廢太子章，而傳位於何，自稱主父。

十七年（前二九八）趙惠文王何、楚襄王横元。

〔二〕「横」，原作「黄」，今據江蘇書局本及下文周赧王十七年改。

（一）楚人告于秦曰：「賴社稷神靈，國有王矣。」秦人伐楚，斬首五萬，取十六城。

甲子**十八年**（前二九七）

（一）楚懷王亡歸，秦人遮楚道，乃之趙。主父在代，趙人不敢受。將之魏，秦人追及之以歸。

十九年（前二九六）魯湣公賁元。

（一）楚懷王發病，死于秦。楚人憐之，如悲親戚。諸侯由是不直秦。

二十年（前二九五）魏昭王元，韓僖王咎元。

（一）趙主父與齊、魏共滅中山。

（二）吴娃卒，主父憐故太子章，欲分代以王之，猶豫未決。主父與王游沙丘宫，公子章作亂，以主父命召王，肥義先入，章殺之。李兑攻章，章走，主父開之，兑已殺章，因圍主父。主父食雀鷇而死。

二十一年（前二九四）

（一）齊田甲作亂，孟嘗君奔薛。

二十二年（前二九三）

（一）韓公孫喜及魏師伐秦。穰侯薦左更白起於秦王，王以爲將，大敗韓、魏之師於伊闕，斬首二十四萬，獲公孫喜。諸侯大恐。秦王謂楚襄王曰：「願王飭士卒，得一樂戰。」襄王患之，復與秦和親，秦以女妻之。

二十三年（前二九二）

（二）楚襄王逆后于秦。

二十四年（前二九一）

二十五年（前二九〇）

（二）魏入河東地四百里、韓入武遂地二百里于秦。

二十六年（前二八九）

（二）秦大良造白起、客卿錯伐魏，至軹，取城大小六十一。

二十七年（前二八八）

（二）秦稱西帝，齊稱東帝。蘇代謂齊王曰：「秦稱帝而天下安之，王徐稱帝，未後也。若天下惡之，王因勿稱，以收天下之望。」齊王從之。稱二日，復去帝號。頃之，秦王亦去帝號。

甲戌**二十八年**（前二八七）

二十九年（前二八六）

（一）秦司馬錯伐魏，魏獻安邑以和於秦。

（二）宋公偃驕虐無道，與齊、楚、魏戰，勝之，自稱「宋王」，天下謂之「桀宋」。齊閔王及楚、魏伐之，偃走死温，齊遂滅宋。

三十年（前二八五）

（一）齊閔王已克宋而驕，因南割楚之淮北，西侵三晉，欲并天下。諸侯疾之。燕昭王拊循其民二十餘年，欲以報齊。樂毅曰：「齊地廣民衆，未易獨攻也。請約秦、楚、趙、魏、韓共伐之。」王從之。五國皆許諾。

三十一年（前二八四）

（一）樂毅以六國之師大敗齊師于濟西。諸侯皆罷，燕獨追齊師，遂入臨淄。齊湣王走保莒。楚淖齒救齊，因爲齊相，乃陰與燕人約，殺閔王而分齊地。閔王子法章變姓名，爲太史敫家庸〔二〕。

三十二年（前二八三）齊襄王法章元。

（一）淖齒去莒，齊大夫求得法章立之，布告齊國曰：「王已立在莒矣。」

〔二〕「敫」，原作「殷」，今據《四庫》本、江蘇書局本改。

三十三年（前二八二）衛懷君元。

三十四年（前二八一）

（一）楚欲伐周，王使周武公説楚令尹昭子曰：「周地不過百里，然爲天下共主，攻之者爲弑君。然而諸侯猶攻之者，祭器在故也。今楚欲殘天下之共主，居天下之重器。器南，則兵至楚矣。」楚人乃止〔一〕。

三十五年（前二八〇）

（一）秦白起敗趙師，斬首二萬。司馬錯伐楚，楚獻漢北及上庸地于秦。燕樂毅徇齊地，數歲下齊七十餘城，獨莒、即墨未下，圍之。

三十六年（前二七九）

（一）燕昭王薨，惠王即位，素惡樂毅，且疑之。齊即墨將田單縱反間於燕，燕王使騎劫代樂毅將，樂毅奔趙。燕師皆忿，無鬬志。田單乃用詐計，大破燕師，殺騎劫，悉復齊故地。

（二）秦白起伐楚，取鄢、鄧、西陵。

（三）秦王、趙王會于澠。

〔一〕「止」，原作「上」，今據《四庫》本、江蘇書局本改。

三十七年（前二七八）燕惠王元。

（一）秦白起伐楚，拔郢，燒夷陵，楚王兵散，遂不復戰，徙都陳。秦以郢置南郡。

甲申**三十八年**（前二七七）

（一）秦白起定巫、黔中，置黔中郡。

三十九年（前二七六）魏安僖王元。

（一）楚王收東地兵得十餘萬，復西取江南十五邑。

四十年（前二七五）

（一）秦穰侯伐魏，韓暴鳶救魏，穰侯大破之，斬首四萬。魏納八城以和。穰侯復伐魏，走芒卯，入北宅，遂圍大梁。魏納温以和。

四十一年（前二七四）

（一）魏復叛秦，穰侯伐魏，斬首四萬，得三縣。

四十二年（前二七三）魯頃公讎元。

（一）趙賈偃、魏芒卯伐韓，攻華陽。秦白起救韓，大破趙、魏之師于華陽之下，斬首十五萬，取魏卷、蔡陽、長社，魏納脩武以和，又取趙觀津。

（二）秦王欲伐楚，楚使者黄歇上書諫，王乃止，與楚和親。

四十三年（前二七二）韓桓惠王元。

（一）楚左徒黄歇侍太子完爲質於秦。　秦初置南陽郡。

四十四年（前二七一）燕武成王元。

（一）趙田部吏趙奢收税，平原君家不肯出，趙奢殺平原君家用事者九人，平原君欲殺之。奢曰：「君爲趙貴公子，奉公守法則上下平，上下平則趙固而强。君於天下，顧不重乎？」平原君以爲賢，薦之趙王，使治國賦。

四十五年（前二七〇）

（一）秦人伐趙，圍閼與，趙奢救之，大破秦師。　趙封奢爲馬服君。

（二）秦客卿竈伐齊，取剛、壽。　魏人范雎見秦王，言太后、穰侯等專恣於外，重於王，且越韓、魏而伐齊，非計，不若遠交而近攻。　王説，以爲客卿。

四十六年（前二六九）

四十七年（前二六八）

甲午**四十八年**（前二六七）

四十九年（前二六六）

（一）秦范雎益親，用事，乃言太后、穰侯等將不利於國曰：「自古及今，失其國者，皆君務逸游，委政于臣。所委者御下蔽上，以成其私，而君不悟，所以亡也。」秦王乃廢太后，逐穰侯、華陽君、涇陽君於關外，以范雎爲丞相，封爲應侯。

五十年（前二六五）趙孝成王丹元。

五十一年（前二六四）齊王建元。

（一）齊王建即位，其母君王后賢，事秦謹，與諸侯信。秦日夜攻三晉、燕、楚，五國各自救，故建立四十餘年，不受兵。

五十二年（前二六三）

（一）楚襄王有疾，太子在秦，不得歸，黄歇使太子變服亡歸，而自留請死。秦王以歇爲忠而遣之。襄王薨，考烈王即位，以歇爲相，封以淮北，號春申君。

五十三年（前二六二）楚考烈王完元。

（一）秦武安君伐韓，拔野王，上黨道絶。上黨守馮亭以城市邑十七降趙〔二〕，趙王與平原君謀欲受之。平陽君豹曰〔三〕：「聖人甚禍無故之利。此韓嫁禍於我也。」王不聽，發兵取

〔二〕「守」，原作「中」，今據《四庫》本、江蘇書局本改。
〔三〕「陽」，原爲墨丁，今據《四庫》本、江蘇書局本改。

上黨。

五十四年（前二六一）

五十五年（前二六〇）

（一）秦左庶長王齕攻上黨，拔之。上黨民走趙。趙王使廉頗軍長平以拒秦，頗堅壁不戰。應侯因縱反間，以疑頗于趙王。趙王使趙括以代頗將。秦王陰益兵，使武安君將以擊趙，大破之，殺趙括，阬降卒四十萬人。

五十六年（前二五九）

（一）武安君分兵拔皮牢〔二〕，定太原，將進圍邯鄲。韓、魏皆恐，使人説應侯曰：「趙亡則武安君爲三公〔三〕，君能爲之下乎？」應侯乃請許趙割地而罷兵，由是與武安君有隙。頃之，五大夫王陵復伐趙，武安君病，不行。

五十七年（前二五八）

（一）平原君求救於楚，楚王許之。武安君病愈，秦王欲使代王陵。武安君辭，王與應侯强

〔二〕「皮牢」，原作「虎牢」，今據江蘇書局本及《史記》卷五《秦本紀》、卷四三《趙世家》改。

〔三〕「三」，原爲墨丁，今據楊璋本、《四庫》本、江蘇書局本補。

請之，終不肯行，乃使王齕代陵圍邯鄲，終不能拔，軍數不利。魏王使晉鄙救趙，壁於鄴〔一〕，觀望不進。信陵君盜兵符殺鄙，奪其軍。

甲辰**五十八年**（前二五七）燕孝王元。

（一）秦應侯譖武安君，賜死杜郵。魏公子無忌及楚春申君大破秦師于邯鄲下，王齕走。信陵君自留趙，使將將其兵歸。魏王亦怒信陵君，不召也。

五十九年（前二五六）

（一）秦取韓陽城、負黍，赧王恐，背秦，與諸侯合從。秦王使將軍樛攻西周，赧王如秦，頓首受罪，盡獻其邑三十六，口三萬。周自武王以來，凡三十六王，八百六十七歲而亡。

臣光曰：周自平王東遷，日已衰微。至於戰國，又分而爲二。其土地人民不足以比强國之大夫，然而天下猶尊而事之，以爲共主，守文、武之宗祧，緜緜焉久而不絶，其故何哉？植本固而發源深也。昔周之興也，禮以爲本，仁以爲源。自后稷已來，至於文、武、成、康，其講禮也備矣，其施仁也深矣。民習於耳目，浹於骨髓，雖後世微弱，其

〔一〕「壁」，原作「璧」，今據《四庫》本、江蘇書局本改。

民將有陵慢之志，則畏先王之禮而不敢爲。將有離散之心，則思先王之仁而不忍去。此其所以享國長久之道也。不然，以區區數邑，處於七暴國之間，一日不可存，況數百年乎？

秦昭王稷五十二年（前二五五）

（一）秦應侯免相，蔡澤代之。

（二）楚人取魯地，遷魯頃公于莒。

五十三年（前二五四）燕王喜元。

（一）韓王入朝，魏舉國聽令。

五十四年（前二五三）

（一）楚遷于鉅陽。

五十五年（前二五二）衛元君元。

（一）衛懷君朝于魏，魏人殺之，立其弟元君。元君，魏壻也。

（二）秦太子妃華陽夫人無子，庶子二十餘人。夏姬子楚質於趙，陽翟賈人呂不韋爲楚説華陽夫人，令楚爲嗣，華陽夫人許之。

五十六年（前二五一）

（一）王薨，孝文王立，楚爲太子。呂不韋娶美姬，有娠，以獻楚，生子政。

（二）燕王使栗腹約歡于趙，還，言趙可伐，王使栗腹、卿秦伐趙。樂間、將渠諫〔一〕，不聽。趙廉頗大破燕師於宋子，殺栗腹，虜卿秦，遂圍燕，燕謝，得解。

孝文王元年（前二五〇）

（一）王即位三日薨，莊襄王立，尊華陽夫人爲華陽太后，夏姬爲夏太后。

（二）楚滅魯，遷頃公於卞邑，爲家人。

莊襄王楚**元年**（前二四九）

（一）呂不韋爲相國，封河南洛陽十萬户，爲文信侯。

（二）蒙驁伐韓，取成皋、滎陽，置三川郡。

二年（前二四八）

（一）蒙驁伐趙，定太原，取三十七城。

（二）楚春申君以淮北地易吴，以爲封邑。

〔一〕「將渠」，原爲墨丁，今據《四庫》本、江蘇書局本補。

甲寅**三年**（前二四七）

（一）置太原郡。

（二）蒙驁伐魏，魏王兵數敗，乃復召信陵君。信陵君歸，爲將。諸侯爭救魏。信陵君并將五國兵，大破蒙驁於河外，追至函谷關，抑之而還。

（三）王薨，太子政立，年十三，國事皆決於吕不韋，號稱仲父。

（四）晉陽反。

始皇政**元年**（前二四六）

（一）蒙驁擊定晉陽。

（二）作鄭國渠，引涇水灌田，關中益富饒。

（三）秦行萬金於魏，間信陵君。魏王疑之，使人代將兵。信陵君自知再以毀廢，乃日夜縱酒而卒。

二年（前二四五）

（一）麃公攻卷，斬首三萬。

（二）趙相國廉頗伐魏，取繁陽。趙孝成王薨，悼襄王立，使樂乘代之。頗怒，攻乘而奔魏，魏人不能用。趙數困于秦，悼襄王復思得頗，使使者視之。嬖臣郭開賂使者，使毀頗。頗卒于楚。

三年（前二四四）趙悼襄王偃元。

（一）蒙驁伐韓，取十二城。

（二）趙李牧伐燕，取武遂、方城。牧者，趙之北邊良將也。嘗屯代、鴈門，破匈奴十餘萬騎，滅襜襤，敗東胡，降林胡。匈奴遠遁，十餘歲不敢近趙邊。

四年（前二四三）

（一）蒙驁伐魏。

五年（前二四二）魏景閔王增元。

（一）蒙驁伐魏，取酸棗等二十城，置東郡。

（二）燕劇辛伐趙，趙龐煖大破燕師〔一〕，殺劇辛。

六年（前二四一）

（一）諸侯患秦攻伐無已時，故楚、趙、魏、韓、衛共伐秦，春申君爲從約長。至函谷，秦出兵擊之，五國敗走。秦遂伐魏，取朝歌，拔衛濮陽，衛君走保野王。楚自陳徙壽春，以避

〔一〕「龐」，原作「寵」，「煖」，原爲墨丁，今據楊璋本改、補。

秦患。

七年（前二四〇）

（一）伐魏，取汲。

八年（前二三九）

（一）吕不韋舍人嫪毐有寵於太后，封以太原，爲長信侯，政事皆决於毐，勢振秦國。

（二）魏人以鄴與趙。

九年（前二三八）韓王安元。

（一）嫪毐有寵於太后，事覺作亂，捕得，車裂，滅其宗，遷太后於雍。

（二）楚考烈王無子，趙人李園獻妹於春申君，知其娠，納諸王。生子悍，爲太子。王病，朱英謂春申君，必殺李園，不聽。王薨，李園殺春申君，滅其家。

甲子**十年**（前二三七）楚幽王悍元。

（一）吕不韋免相就國，王納茅焦之諫，復迎太后於雍。

（二）大索逐客，楚人李斯上書諫。王召斯還，與圖國事。斯行金玉以間諸侯之君臣，名士可賂者賂之，不可者刺之。上下乖離，乃使良將隨其後，卒并諸侯。

十一年（前二三六）

（一）王翦、桓齮伐趙，取鄴、閼與。

（二）趙悼襄王薨，太子遷立。其母倡也，悼襄王廢太子嘉而立之。

十二年（前二三五）趙幽穆王遷元。

（一）發四郡兵，助魏伐楚。

（二）奪吕不韋國，徙之蜀，不韋飲鴆死。

十三年（前二三四）

（一）桓齮伐趙，大破趙師於平陽，斬首十萬，殺扈輒。趙王更使李牧將以拒秦，大破秦師於宜安，桓齮走。

十四年（前二三三）

（一）桓齮定平陽、武城、宜安。

（二）韓王納地效璽，請爲藩臣。

十五年（前二三二）

（一）伐趙，取狼孟、鄱吾。

（二）燕太子丹質於秦，王不禮焉。丹怒，亡歸，傾身竭財，求勇士以刺王。其傅鞠武諫曰：「行危以求安，計淺而怨深，不量力之能否，臣不知其可也。」丹不聽。

十六年（前二三一）

（一）韓獻南陽郡。

十七年（前二三〇）

（一）内使勝滅韓，虜韓王安，以其地置潁川郡。

臣光曰：韓以微弱之國，居天下之衝，首尾腹背莫不受敵，然猶社稷血食幾二百年，豈非昭侯奉法之謹，賞不加無功，罰不失有罪，後世雖不肖，猶得蒙遺烈以自存乎？嗚呼！有國者，安可以無法哉？

十八年（前二二九）衛君角元。

（一）大興兵，使王翦將伐趙，下井陘，趙李牧、司馬尚禦之。

十九年（前二二八）

（一）趙郭開多受秦間金，言李牧、司馬尚欲反。趙王使趙葱、顔聚代之。牧不受命，捕得斬之，廢司馬尚。王翦擊殺趙葱，遂滅趙。進兵臨燕。趙嘉奔代，自立爲王。

（二）楚幽王薨，弟郝立。郝兄負芻殺之自立。

甲戌**二十年**（前二二七）魏王假、代王嘉、楚王負芻元。

（一）燕太子丹使荆軻刺王，不中。王怒，益發兵，使王翦伐燕，大破燕、代之師于易水之西，遂圍薊〔一〕。

二十一年（前二二六）

（一）王翦伐薊，燕王走保遼東，斬太子丹之首以獻。

（二）王賁伐楚，取十餘城，欲遂滅楚。王翦曰：「楚地廣民衆，非六十萬人不可。」王以爲怯，使李信、蒙恬將二十萬人伐楚。

二十二年（前二二五）

（一）王賁伐魏，引河溝灌大梁。魏王假降，殺之，遂滅魏。

臣光曰：魏文侯以列國大夫，好賢禮士，終爲天下之顯諸侯，至于今稱之。惠王有一商鞅不能用，而棄之於秦，使還爲國害，喪地七百里，竄身大梁，子孫遂微。賢不肖之相望，豈不遠哉？無忌去而魏輕，還而魏重，安僖王猶以爲疑。無忌死而魏亡，賢者之於國，何如哉？

〔一〕「薊」，原作「蒯」，今據《四庫》本、江蘇書局本改。下文同。

（二）李信、蒙恬爲楚所敗，王自請王翦將六十萬人，以復伐楚。

二十三年（前二二四）

（一）楚悉兵以逆王翦，翦堅壁不戰，楚引而東，乃追擊，大破之于蘄南，殺項燕，乘勝略定楚地。

二十四年（前二二三）

（一）王翦滅楚，虜王負芻，因南征百越，降之，置楚郡、會稽郡。

臣光曰：楚自祝融、鬻熊以來，其有國幾何年矣。方其盛也，奄有南海，憑陵諸夏。及懷王放廢忠良，親近讒慝，惑張儀之口，而耳目不能自守，見欺而不悟，亡師而不悔，以失濟失，客死於秦，使其子孫銜涕忍恥，以事仇讎。强之女而不敢辭，陵廟焚而不敢怨。兔逃鼠伏，自屏於陳，東兵不戰，而攻之不解；割地請和，而侵之不止。卒不見赦，而國以淪亡。不亦悲乎！

二十五年（前二二二）

（一）王賁伐遼東，虜燕王喜。還擊代，虜代王嘉，以其地置遼東、代郡。

臣光曰：燕在春秋時，玉帛不通於中國，簡策所書鮮焉。及文侯始大，與諸侯約從以擯秦。王噲慕堯舜，以國授子之而敗死，爲天下笑。求名失實，乃至是乎？昭王刻意勤身，招賢下士，卒用弱燕以報强齊。有志者，功無不成也。惠王信讒，以喪垂成之業，惜哉！燕丹不勝一朝之忿，以犯虎狼之秦，輕慮淺謀，挑怨速禍，使召公之廟不祀忽諸，罪孰大焉？而論者或謂之賢，豈不過哉？夫爲國家者，任官以才，立政以禮，懷民以仁，交鄰以信。是以官得其人，政得其節，百姓懷其德，四鄰親其義。夫如是，則國家安如磐石，熾如焱火。觸之者碎，犯之者焦。雖有彊暴之國，尚何足畏哉？丹釋此不爲，顧以萬乘之國，決匹夫之怒，逞盜賊之謀，功隳身僇，社稷爲墟，不亦悲哉！夫其膝行蒲伏，非恭也；復言重諾，非信也；縻金散玉，非惠也；刎頸決腹，非勇也。要之，謀不遠而動不義，其楚白公勝之流乎？荆軻懷其豢養之私，不顧七族，欲以尺八匕首彊燕而弱秦，不亦愚乎？

又曰：武靈王不顧流俗，變胡服，習騎射，以制林胡，滅中山，大啓土宇，威加强秦，可謂賢君矣。及溺於嬖寵，欲分國以王二子，卒餒死沙丘宫。佚欲之爲敗也如此。夫趙於三晉爲最强，及貪上黨之田，以喪長平之師，用郭開之讒而棄廉頗、李牧，使宗廟不血食，言之可爲長欷矣。

（二）齊自君王后卒，后勝相齊，多受秦間金，約齊王去從朝秦，不爲攻戰之具，秦以故得滅五國，而齊不救。

二十六年（前二二一）

（一）王賁自燕南攻齊，猝入臨淄，民莫敢格者。遂滅齊，虜齊王建。

臣光曰：齊地廣而民衆，負滄海以臨中夏，重以威、宣之賢，國家富强。及湣王驕汰〔二〕，不可盈厭，自取顛沛。苟無田單，齊不國矣。凡游士言從横者，雖更相傾覆，要之合從者，六國之利也。齊爲三晉、燕、楚之根柢，三晉、燕、楚爲齊之藩蔽。秦雖强暴百有餘年，不能一諸侯者，以其表裏相鉤帶也。及齊王建用后勝之謀，信秦間之言，拱手以事秦，不救五國，五國已亡，而齊并爲虜，理勢然也。

（二）王自謂功德兼三皇五帝，故號皇帝〔三〕，除去謚法，欲以傳萬世無窮，不建立子弟爲諸侯，分天下爲三十六郡，徙豪傑於咸陽，悉收天下兵銷之。

二十七年（前二二〇）

〔二〕「湣」，原作「涽」，今據《四庫》本改。

〔三〕「號」，原爲墨丁，今據《四庫》本及《史記》卷六補。楊璋本作「稱」。

（一）始皇巡隴西北地，出雞頭山，過回中。作信宫渭南，又作甘泉前殿。

二十八年（前二一九）

（二）東行郡縣，上鄒嶧山，遂封泰山，禪梁父，東游海上，登瑯邪，使齊人徐市發童男女數千人入海，求蓬萊不死之藥。過彭城，出周鼎。南之衡山、南郡，浮江赭湘山，由武關歸。

二十九年（前二一八）

（二）始皇東游，至博浪沙中，韓人張良爲韓報讐，狙擊始皇，不中。天下大索十日。始皇遂登之罘、瑯邪，還自上黨入。

甲申**三十年**（前二一七）

三十一年（前二一六）

三十二年（前二一五）

（二）始皇之碣石。壞天下堅城，決通隄防。巡北邊，從上郡入。

（二）盧生入海還，奏録圖書，言「亡秦者胡」，乃使蒙恬發兵三十萬，北擊匈奴。

三十三年（前二一四）

（一）發兵取南越地，置南海、桂林、象郡，以謫徙民五十萬人戍五嶺。

（二）蒙恬斥逐匈奴，收河南地，築長城，起臨洮，至遼東，延袤萬餘里。暴師于外十餘年，恬居上郡以治之。

三十四年（前二一三）

（一）丞相李斯建議，令天下有藏《詩》、《書》、百家語者，皆詣守尉雜燒之。有敢偶語《詩》、《書》者棄市，以古非今者族。

三十五年（前二一二）

（一）除直道，道九原，塹山堙谷千八百里。作阿房殿，東西五百步，表南山以爲闕。作者七十餘萬人。嚴刑重賦，民不堪命。諸儒誹謗，始皇坑殺四百二十餘人。長子扶蘇諫，始皇怒，使監蒙恬軍于上郡。

三十六年（前二一一）

（一）徙民河北榆中三萬家。

（二）始皇子二十餘人，少子胡亥最愛。始皇使中軍府令趙高教之法律，高得幸於胡亥，而與蒙恬、蒙毅有隙。

三十七年（前二一〇）

（一）始皇南游雲夢，東上會稽，竝海至之罘。還道病，爲書賜扶蘇，令與喪，會咸陽。書未發，始皇崩，趙高説斯曰：「長子若立，蒙恬必相，君無死所矣。」乃矯詔立胡亥爲太子，賜扶蘇、蒙恬、蒙毅死。

二世胡亥**元年**（前二〇九）楚隱王陳勝、趙王武臣、齊王田儋、燕王韓廣、魏王咎元。

（一）二世東巡郡縣，用趙高策，誅大臣、宗室殆盡。

（二）滅衛。

（三）楚戍卒陳涉起兵於陳，天下豪傑爭應之。

（四）楚、趙、齊、燕、魏皆自立王，項梁起吴，劉季起沛。

二年（前二〇八）楚義帝心、趙王歇、魏王豹、韓王成、齊王市元。

（一）陳涉敗死。

（二）李良殺趙王武臣，張耳、陳餘立趙歇爲王。項梁殺楚王景駒，立楚懷王孫心。章邯破殺齊王儋、魏王咎及項梁，圍趙歇。咎弟豹及儋兄子市、韓成皆自稱王。

（三）誅李斯，以趙高爲丞相。

甲午**三年**（前二〇七）

（一）楚王使宋義、項羽救趙，羽殺義，并其軍，大破秦師于鉅鹿下，虜王離。

（二）趙高以盜賊責章邯，邯恐，以其軍降楚。

（三）楚沛公伐秦，入武關。

（四）二世以盜賊責趙高，高恐，發兵攻二世，二世乞爲黔首不得而死。高立二世兄子嬰爲王，嬰殺高。

臣光曰：孔子曰：「知及之，仁不能守之，雖得之，必失之。」秦之謂矣。善夫賈生之言曰：秦以區區之地，千乘之權，招八州而朝同列，百有餘年，然後以六合爲家，殽、函爲宮，一夫作難而七廟墮，身死人手，爲天下笑者，何也？仁義不施，而攻守之勢異也。

稽古録卷十二

漢高祖邦**元年**（前二〇六）西楚霸王項籍、衡山文王吴芮、臨江王共敖、九江王英布、常山王張耳、齊王田榮、雍王章邯、燕王臧荼[一]、殷王司馬卬、河南王申陽、韓王鄭昌元。

（一）冬，沛公至霸上，秦王子嬰降。

（二）項羽入關，欲擊沛公，張良講解[二]，得止。

（三）春，羽陽尊楚王爲義帝，徙之郴。羽自稱西楚霸王，分天下，以王諸侯。以沛公爲漢王，徙趙王爲代王，齊王爲膠東王，燕王爲遼東王，魏王爲西魏王，而立楚將英布爲九江王，共敖爲臨江王，吴芮爲衡山王，秦將章邯爲雍王，司馬欣爲塞王，董翳爲翟王，趙將張耳爲常山王，司馬卬爲殷王，申陽爲河南王，齊將田都爲齊王，田安爲濟北王，燕將臧荼爲燕王。諸侯由是不服。

[一]「荼」，原作「茶」，今據《四庫》本、江蘇書局本改。以下徑改。
[二]「講」，原作「購」，今據江蘇書局本改。

（四）田榮擊殺田市、田都、田安，并王三齊〔一〕。

（五）臧荼擊滅遼東王廣。

（六）漢王用韓信策，還定三秦。

（七）項王殺韓王成，而立鄭昌。

二年（前二〇五）代王陳餘、齊王廣、韓王信元。

（一）冬，項籍弑義帝。

（二）陳餘逐張耳，復立趙王歇。　歇立餘爲代王。

（三）項王擊殺田榮。

（四）河南王、殷王來降。

（五）韓王孫信滅韓，立信爲韓王。

（六）春，漢王以諸侯伐楚，入彭城。　項王大破漢兵，獲太公、呂后。

（七）秋，韓信滅魏。

三年（前二〇四）

〔一〕「并」，原作「拜」，今據《四庫》本、江蘇書局本改。

（一）冬，韓信滅代及趙，復立張耳爲趙王，燕、齊皆聽命。

（二）英布來降。

（三）夏，項王圍漢王於滎陽。用陳平反間，逐楚謀臣范增。紀信詐降，漢王乃得脱出，軍宛、葉間。彭越反梁地，項王東擊之。反拔滎陽，殺周苛，又東擊彭越。

四年（前二〇三）

（一）冬，王大破楚軍汜水上，殺曹咎、司馬欣。項王還，與漢臨廣武而軍，射王傷胷。

（二）韓信滅齊，破殺楚將龍且，因自立爲齊王。

（三）秋，楚兵疲，食盡，與漢割鴻溝以和。王用陳平、張良策，復追楚。

五年（前二〇二）

（一）冬，大破項王於垓下，滅之。

臣光曰：世稱項王不王秦而歸楚，故失天下。觀其擁百萬之衆，西入函谷，擅天下之勢，裂山河以王諸侯，自謂可以逞其私心而人莫敢違，安行無禮，忍爲不義，欲以一夫之力服億兆之心。才高者見疑，功大者被絀。推此道以行之，雖得百秦之地，將能免於敗亡乎？

（二）立齊王信爲楚王，彭越爲梁王。

（三）春，諸侯共尊漢王爲皇帝，都洛陽。令天下皆罷兵。

（四）婁敬説帝徙都關中，從之。

（五）秋，燕王臧荼反，滅之，立盧綰爲燕王。

六年（前二〇一）

（一）冬，帝會諸侯于陳，執楚王信，廢爲淮陰侯。

（二）悉封兄弟、庶子以大國，以鎮服天下。

（三）夏，尊太公爲太上皇。

（四）徙韓王信於太原。秋，匈奴圍馬邑，信降匈奴。

七年（前二〇〇）

（一）冬，匈奴圍帝于平城，七日不火食，用陳平秘計得免。

（二）春，徙都長安。

（三）與匈奴約和親。

八年（前一九九）

（一）冬，帝擊韓王信餘寇於東垣。過趙，趙相貫高謀爲逆，不果。

（二）春，帝如洛陽。

九年（前一九八）

（一）冬，初徙郡國豪傑，以實關中。

（二）帝如洛陽。

（三）貫高事覺，廢趙王敖爲宣平侯。

甲辰**十年**（前一九七）

（一）夏，太上皇崩。

（二）秋，代相陳豨反，帝自擊之，至邯鄲。

十一年（前一九六）

（一）冬，遣將軍周勃擊豨。

（二）淮陰侯信謀反，伏誅。

（三）或告彭越謀反，越坐廢死。

（四）夏，帝還長安。遣太中大夫陸賈拜秦南海尉趙陀爲南越王。

（五）秋，淮南王布反，帝自擊之。

十二年（前一九五）

（一）冬，布敗走，死長沙。

（二）周勃斬陳豨。

（三）燕王綰陰與豨通，事覺，亡入匈奴。

（四）夏，帝崩。初，帝以太子仁弱，欲以少子趙王如意代。羣臣固爭，乃止。

（五）帝豁達寛仁，知人善任使，故能平一海内。又使叔孫通制禮儀，蕭何次律令。雖日不暇給，規摹宏遠矣。

惠帝盈**元年**（前一九四）

（一）冬，太后殺趙王如意及其母戚姬。帝由是不意〔一〕，稱病不聽政。

二年（前一九三）

（一）冬，齊王來朝，獻城陽郡爲魯元公主湯沐。

（二）夏，大旱。

（三）秋，相國蕭何薨，以齊相曹參代之。

三年（前一九二）

（一）春，大發民城長安。

〔一〕「意」，《四庫》本作「樂」，江蘇書局本作「起」。

（二）夏，立閩越君繇爲甌王。

（三）發諸侯徒隸城長安。

四年（前一九一）

（一）冬，立皇后張氏。

（二）春，除挾書律。

五年（前一九〇）

（一）春，發男女十四萬五千人城長安。秋，城成。

六年（前一八九）

七年（前一八八）

（一）秋，帝崩，無子。太后詐取他人子，名之爲孝惠子，殺其母，立以爲帝。太后臨朝稱制，立兄子台爲呂王，太傅王陵免。

甲寅**高后**雉**元年**（前一八七）

（一）夏，立所名孝惠子五人皆爲侯王〔二〕。

〔二〕「王」，原脱，今據楊璋本、江蘇書局本補。

二年（前一八六）

（一）秋，行八銖錢〔一〕。

三年（前一八五）

（一）夏，江、漢溢，流四千餘家。秋，伊、洛、汝水溢，流千餘家。

四年（前一八四）

（一）夏，少帝知太后殺其母，出怨言，太后幽殺之〔二〕。詔羣臣曰：「皇帝久病昏亂，其廢之。」更立常山王義爲帝。以太后稱制故，不改元，義亦所名孝惠子也。

五年（前一八三）

（一）春，南越王反，自稱南越武帝。

（二）秋，發河東、上黨騎士屯北地，備匈奴。

六年（前一八二）

（一）夏，匈奴寇狄道。

〔一〕「八」，原作「五」，今據江蘇書局本及《資治通鑑》卷一三改。

〔二〕「殺」，原爲墨丁，今據楊璋本、江蘇書局本補。

（二）行五分錢。

七年（前一八一）

（一）冬，匈奴寇狄道。

（二）春，趙幽王友幽死於邸，徙梁王恢爲趙王。夏，趙王恢自殺。太后廢其嗣，立其兄子呂禄爲趙王。

（三）秋，燕靈王建薨，太后殺其子，立兄孫呂通爲燕王。

（四）南越侵長沙，遣隆慮侯周竈將兵擊之。

八年（前一八〇）

（一）秋，太后病，使呂産、呂禄將南北軍。太后崩，産、禄欲作亂。齊王襄發兵以誅諸呂，産使大將軍灌嬰擊之，嬰留滎陽不行。大尉周勃使人詐呂禄，奪其軍。使朱虚侯章擊呂産，殺之。悉誅諸呂，廢少帝，迎立高帝子代王恒。

文帝恒元年（前一七九）

（一）春，立皇后竇氏。

（二）立子啓爲太子。

（三）秋，丞相周勃謝病，免。

（四）陸賈使南越，越復去帝號稱臣。

二年（前一七八）

甲子**三年**（前一七七）

（一）夏，匈奴寇北地，遣丞相灌嬰將兵擊之。衛將軍軍長安。

（二）帝幸太原。

（三）濟北王興居反。

（四）秋，大旱。

（五）帝自太原還。

（六）將軍柴武擊濟北王，殺之。

四年（前一七六）

五年（前一七五）

（一）夏，除盜鑄錢令，更造四銖錢。

六年（前一七四）

（一）冬，帝弟淮南厲王長謀反發覺，徙蜀，道死。

七年（前一七三）

八年（前一七二）

九年（前一七一）

（一）夏〔一〕，大旱。

十年（前一七〇）

（一）冬，帝幸甘泉。

十一年（前一六九）

（一）冬，帝幸代。春，至自代。

（二）匈奴寇狄道。

十二年（前一六八）

（一）冬，河決東郡、酸棗，潰金隄。

甲戌**十三年**（前一六七）

（一）夏，詔除肉刑，以笞代，重者笞五百。

（二）又詔除民田租。

〔一〕「夏」，江蘇書局本作「春」。

十四年（前一六六）

（一）冬，匈奴單于將十四萬騎入蕭關，燒回中宫，候騎至雍。帝遣三將軍屯隴西、北地、上郡，衛將軍周舍、車騎將軍張武屯渭北，大將軍張相如、將軍欒布擊匈奴。匈奴出塞，師還。

十五年（前一六五）

（一）夏，帝幸雍，始郊見五帝畤。

十六年（前一六四）

（一）夏，分齊爲六國，立悼惠王子六人；淮南爲三國，立厲王子三人，皆爲王。是時，諸侯驕恣，賈誼知其必爲患，請稍裁抑，帝不能用。

後元年（前一六三）

二年（前一六二）

（一）夏，帝幸雍，還幸棫陽宫。

（二）匈奴和親。

三年（前一六一）

（一）春，帝幸代。

（二）秋，大雨，藍田山水出，流五百餘家。漢水溢，壞民室八十餘家，所殺三百餘人。

四年（前一六〇）

（一）夏，帝幸雍。

五年（前一五九）

（一）春，帝幸隴西，又幸雍。

（二）秋，幸代。

六年（前一五八）

（一）冬，匈奴三萬騎入上郡，三萬騎入雲中。使將軍李勉屯飛狐口〔二〕，蘇隱屯句注，張武屯北地。又使劉禮屯霸上，徐厲屯棘門，周亞夫屯細柳，以備胡。月餘，匈奴退，軍皆罷。

（二）夏，大旱，蝗。

甲申**七年**（前一五七）

（一）夏，帝崩。帝寬惠恭儉，百姓富樂。

景帝啓**元年**（前一五六）

〔二〕「李」，江蘇書局本作「令」。

（一）夏，復收民田半租。

二年（前一五五）

（一）御史大夫晁錯患諸侯强大，請以過稍削其支郡，諸侯怨怒。

三年（前一五四）

（一）春，吴王濞、楚王戊、膠西王卬、趙王遂、濟南王辟光、菑川王賢、膠東王雄渠反，南連越，北連匈奴，天下震動。帝誅晁錯，遣太尉周亞夫將三十六將軍擊之。吴、楚攻梁不克，亞夫擊破之。七國皆滅。於是始貶削諸侯權，宗室寖微。

四年（前一五三）

（一）夏，立栗姬子榮爲皇太子。

五年（前一五二）

六年（前一五一）

七年（前一五〇）

（一）春，帝怒栗姬，廢太子榮爲臨江王。夏，立膠東王徹爲皇太子〔二〕，太子母王氏爲皇后。

〔二〕「皇」，原作「王」，今據江蘇書局本改。

取平陽公主女陳氏爲太子妃。

中元年（前一四九）

二年（前一四八）

甲午**三年**（前一四七）

（一）夏，旱。秋，蝗。

四年（前一四六）

（一）夏，蝗。

五年（前一四五）

六年（前一四四）

（一）夏，帝行幸雍。

（二）夏，詔減笞法，不過二百。自是，笞者始得全。

（三）匈奴入鴈門、武威、酒泉[一]、上郡，取苑馬。吏卒戰死者三千餘人。

後元年（前一四三）

〔一〕「武威酒泉」，《漢書》卷五《景帝紀》作「武泉」。顏師古注云：「武泉，雲中之縣也。」江蘇書局本據改爲「武泉」。

二年（前一四二）

（一）春，匈奴入鴈門，殺太守。發車騎、材官屯鴈門。

三年（前一四一）

（一）春，帝崩。帝守文帝之業，家給人足。太子即位，年十六。

武帝徹**建元元年**（前一四〇）

（一）春，行三銖錢。

二年（前一三九）

三年（前一三八）

（一）春，河決平原，大饑，人相食。

（二）秋，閩越圍東甌，東甌來告急。帝使太中大夫嚴助發會稽兵救之，未至，閩越走。

（三）秋，起上林苑。

甲辰**四年**（前一三七）

（一）夏，旱。

五年（前一三六）

（一）春，罷三銖錢，行半兩錢。初置五經博士。

（二）夏，蝗。

六年（前一三五）

（一）秋，閩越圍南越。南越守天子約，不敢發兵。遣大司農韓安國將兵出會稽，大行王恢出豫章救之。兵未逾嶺，閩越王弟餘善殺王降漢，乃罷兵。南越遣太子入侍。

元光元年（前一三四）

（一）冬，初令郡國貢孝廉一人。

（二）春，車騎將軍李廣屯雲中，程不識屯鴈門，以備匈奴，六月，罷。

二年（前一三三）

（一）冬，帝幸雍。

（二）自漢興，與匈奴和親，匈奴數敗約，漢驅之出塞而止。至是，王恢始建議伐匈奴，令馬邑豪聶壹誘致單于。夏，遣韓安國等五將軍伏兵三十餘萬於馬邑旁。單于入塞，覺之，亡去。漢追至塞，不及而罷。誅王恢。

三年（前一三二）

（一）春，河徙，自頓丘東南入於渤海。夏，河決濮陽，汎濫十六郡，發卒十萬救河。

四年（前一三一）

（一）中郎將唐蒙使南越，見蒟醬、笻竹杖，請通西南夷以制越。

五年（前一三〇）

（一）夏，發巴蜀卒通西南夷道，傜役費用甚多，皆閉昆明，道不得成。巴蜀民始愁苦。

（二）又發卒萬人，治鴈門險阻。

（三）秋，螟。

六年（前一二九）

（一）冬，初算商車。

（二）春，穿漕渠通渭。

（三）匈奴入上谷，遣將軍公孫敖出代，公孫賀出雲中，李廣出鴈門，衛青出上谷。青頗斬首虜，諸將皆無功。李廣爲匈奴所得，逃歸。

（四）夏，大旱，蝗。

（五）帝幸雍。

（六）秋，匈奴盜邊，遣韓安國屯漁陽。

元朔元年（前一二八）

（一）春，立衛皇后。

（二）赦。

（三）秋，匈奴入遼西，殺太守，入漁陽、鴈門，敗都尉。遣衛青出鴈門，李息出代，獲首虜數千級。

（四）東夷穢貊君南閭等二十八萬口降，置滄海郡。

甲寅**二年**（前一二七）

（一）春，令諸侯王得分郡邑封子弟爲侯。

（二）匈奴入上谷、漁陽，遣衛青、李息出雲中，西至符離，獲首虜數千級，收河南地，置朔方、五原郡。遣校尉蘇建築朔方城。夏，募民徙朔方十萬户。

（三）徙郡國豪傑於茂陵。

三年（前一二六）

（一）夏，匈奴單于入代，殺太守，入鴈門，殺略千餘人。

（二）西南夷道累年不通，御史大夫公孫弘請罷之，專意朔方。秋，罷西南夷屯，築朔方城。

四年（前一二五）

（一）冬，帝幸甘泉。

（二）匈奴入代、定襄、上郡，殺數千人。

五年(前一二四)

(一)春,大旱。

(二)遣衛青出高闕,公孫賀、蘇建、李蔡出朔方,李息、張次公出右北平,凡十餘萬騎擊匈奴。青圍右賢王,僅以身免,獲裨王十餘人、男女萬五千餘人。還,即軍中拜青大將軍,三子皆封侯,諸將侯者六人。

六年(前一二三)

(三)秋,匈奴入代,殺都尉。

(一)春,遣衛青率公孫敖等六將軍凡十餘萬騎,出定襄,斬首虜三千級。還,休士馬於定襄、雲中、鴈門。夏,衛青復將六將軍出逾漠北,大克獲。右將軍蘇建及前將軍趙信以三千騎獨遇單于,戰敗,信降匈奴,建僅以身免。

元狩元年(前一二二)

(一)冬,帝幸雍。

(二)淮南王安、衡山王賜謀反,伏誅。

(三)大雪,民多凍死。

(四)夏,立子據爲太子。

（五）匈奴入上谷，殺數百人。

二年（前一二一）

（一）冬，幸雍。

（二）春，驃騎將軍霍去病出隴西擊匈奴，過焉耆山，斬獲甚衆。夏，又出北地，過居延，獲三萬餘級。匈奴入鴈門，張騫、李廣出右北平。騫失期，廣爲匈奴所圍。

（三）秋，昆邪王以其衆四萬餘人來降，置武威、酒泉郡。匈奴由是稍衰。

三年（前一二〇）

（一）夏，大旱。

（二）秋，匈奴入定襄、右北平，殺略千餘。是時，縣官費衆，倉庫空竭，貧民流徙，縣官無以賑之。帝寵貴河南人卜式以諷百姓，莫有應者。

（三）減隴西、北地、上郡戍卒半。

（四）責吏卒穿昆明[一]。

四年（前一一九）

[一]「昆明」，江蘇書局本於此下有一「池」字。

（一）春，作白金、皮幣，銷半兩錢。

（二）置均輸鹽鐵官。

（三）夏，衛青將四將軍出定襄，霍去病出代，各萬餘騎、步兵數十萬。青到漠北，圍單于，斬首萬九千級，追至闐顔山乃還。去病與右賢王戰，斬首七萬餘級，封狼居胥山而還。

五年（前一一八）

六〔一〕**年**（前一一七）

甲子**元鼎元年**（前一一六）

二年（前一一五）

（一）夏，大水。

（二）關東饑，下巴蜀粟〔二〕，以賑江南。

三年（前一一四）

（一）冬，初令人告緡。

〔一〕「六」，原脱，今據江蘇書局本補。

〔二〕「巴」，原作「邑」，今據《四庫》本、江蘇書局本改。

（二）夏，關東饑，人相食。

四年（前一一三）

（一）冬，帝幸雍，遂幸汾陰，初祠后土。

（二）幸洛陽。

（三）膠東人欒大以方技見上。月餘，佩四金印，拜五利將軍，待以不臣之禮，使入海求神藥。於是，燕、齊迂怪之士爭言有禁方，能神仙者以萬數。

（四）夏，得寶鼎汾陰，迎置甘泉。

五年（前一一二）

（一）帝幸雍，遂踰隴，登崆峒而還。初立泰畤於甘泉，親祠太一。

（二）夏，南越相吕嘉反，殺其王及漢使者。秋，遣路博德等五將軍五道擊之。

（三）列侯坐酎金失侯者百六十人。

（四）欒大詐覺，伏誅。

（五）西羌反。

六年（前一一一）

（六）匈奴入五原。

（一）冬，將軍李息將十萬卒擊西羌，平之，以其地爲五郡。

（二）帝幸緱氏。

（三）秋，東越王餘善反，將軍韓説擊之。

元封元年（前一一〇）

（一）冬，帝北巡上郡，至朔方，登單于臺，勒兵十八萬，匈奴讋不敢出，乃入塞，罷兵歸甘泉。

（二）東越殺王餘善降，悉徙其民於江淮。

（三）春，帝幸嵩高，遂東巡。夏，封太山，禪肅然，坐明堂，巡海上，至遼西碣石，歷北邊，還甘泉。

二年（前一〇九）

（一）冬，帝幸雍。

（二）春，幸緱氏，遂至東萊。候神人不見，乃禱萬里沙，過祠太山。發卒數萬人自臨塞決河，築宣防宮，導河北行，爲二渠。

（三）作通天臺、甘泉前殿。始廣諸宮室。

（四）朝鮮王右渠反，遣將軍楊僕、荀彘擊之。

三年（前一〇八）

（一）夏，朝鮮王來降[一]，以其地爲四郡。軍還，荀彘坐爭功，棄市，陽僕贖爲庶人。

（二）秋，武都氐人反，分徙其人於酒泉。

甲戌

四年（前一〇七）

（一）冬，帝幸雍，通回中道，遂北出蕭關，歷獨鹿、鳴澤，自代而還。幸河東。

（二）夏，大旱，民多渴死。

（三）秋，匈奴寇邊，遣拔胡將軍郭昌屯朔方。

五年（前一〇六）

（一）冬，帝南巡至南郡，祀虞舜於九疑。登灊天柱山，自潯陽浮江，舳艫千里，薄樅陽而出。竝北至琅邪，竝海。春，還至太山，增封。因朝諸侯，受計於明堂。夏，還甘泉。

（二）初置刺史部十三州。

六年（前一〇五）

（一）冬，帝幸回中。

〔一〕「王來」，楊璋本、江蘇書局本作「殺王」。

（二）春，作首山宫於蒲坂。

（三）帝幸河東。

（四）益州昆明反，遣郭昌將兵擊之。

（五）秋，大旱，蝗。

太初元年（前一〇四）

（一）冬，帝幸太山，祠上帝，禪嵩里，望祀蓬萊。還，受計甘泉。

（二）春，起建章宫，千門萬户。

（三）夏，正律曆，以寅月爲正首。

（四）遣公孫敖築受降城於塞外[一]。

（五）秋，帝幸安定。

（六）帝聞大宛有善馬，求之不得，使將軍李廣利將數萬人伐大宛。

二年（前一〇三）

（一）春，帝幸河東。

〔一〕「築」，原爲墨丁，今據楊璋本、《四庫》本、江蘇書局本補。

（二）籍吏民馬補車騎馬。

（三）秋，蝗。

（四）遣浚稽將軍趙破奴將二萬騎出朔方擊匈奴，不還。

三年（前一〇二）

（一）春，帝東巡海上。夏，還，增封太山，禪石閭。

（二）遣光禄大夫徐自爲築五原塞外列城，西北到盧朐山。遊擊將軍韓説將兵屯之，强弩都尉路博德築居延城。

（三）秋，匈奴單于入定襄、雲中，殺略數千人，破壞光禄諸亭障，又入張掖、酒泉，殺都尉。

四年（前一〇一）

（一）春，大宛殺王毋寡降，得馬三千餘疋而還。於是，外國震恐，爭遣使入朝貢，以窺漢之廣大。上每巡狩，常從胡客，多爲侈靡以誇示之。

（二）冬，幸回中。

天漢元年（前一〇〇）

（一）春，幸甘泉、河東。

（二）夏，大旱。

（三）秋，謫戍屯五原。

二年（前九九）

（一）春，帝幸東海，還幸回中。

（二）夏，李廣利將三萬騎出酒泉擊匈奴，斬首萬餘級。都尉李陵以步卒五千出居延，與單于戰，斬首萬餘級，力盡，降匈奴。

（三）東方盜賊羣起，遣繡衣使者暴勝之等分道捕逐，僅能克之。

三年（前九八）甲申

四年（前九七）

太始元年（前九六）

二年（前九五）

三年（前九四）

四年（前九三）

征和元年（前九二）

二年（前九一）〔一〕

三年（前九〇）

（一）春，帝幸雍，遂至安定、北地。匈奴入五原、酒泉，李廣利將七萬人出五原，商丘成將二萬人出西河，馬通將四萬騎出酒泉。

（二）夏，丞相劉屈氂坐與李廣利謀立昌邑王爲嗣，皆族誅。廣利戰不利，遂將其衆降匈奴，歸者千人中唯一二。

四年（前八九）

（一）春，帝幸東萊，臨大海。又幸太山，脩封。夏，還甘泉。

（二）是時，天下疲於兵革，上亦悔之，下哀痛之詔，深陳既往之悔，禁苛暴，止擅賦，務本勸農，民稍蘇息。

後元元年（前八八）

（一）春，幸甘泉，遂幸安定。

（二）夏，侍中僕射馬何羅謀反，伏誅。

〔一〕天漢三年至征和二年，原脱，紀事無可補，今惟補足年份。

甲午**二年**（前八七）

（一）春，帝幸五柞宫。

（二）戾太子既死，皇子燕王旦、廣陵王胥多過失，帝欲立少子弗陵，恐母后亂國，乃先誅其母鉤弋夫人。上疾篤，立弗陵爲太子，年七歲。霍光、金日磾、上官桀受遺詔輔政。上崩。

（三）冬，匈奴入朔方。

昭帝弗陵**始元元年**（前八六）

（一）夏，益州反，遣水衡都尉吕破胡擊之。

（二）秋，大水。

（三）燕王旦自以年長不得立，與齊王澤、中山王長謀反。事覺，秋，澤、長等伏誅，旦以至親勿治。

二年（前八五）

（一）冬，發習戰射士詣朔方，屯田張掖郡。

三年（前八四）

四年（前八三）

（一）春，立皇后上官氏。后，霍光外孫，上官桀之孫也。以后父安爲驃騎將軍。

（二）冬，大鴻臚田廣明擊益州。

五年（前八二）

（一）春，夏陽男子張延年詣闕，詐稱衛太子，京兆尹雋不疑收案誅之。

（二）秋，田廣明破益州，斬首捕虜三萬人。

六年（前八一）

（一）夏，大旱。

（二）秋，罷榷酤。

元鳳元年（前八〇）

（一）春，武都氐人反，遣執金吾馬適擊之。

（二）夏，上官桀與霍光爭權，詐爲燕王旦上書言光罪。帝知其詐，益親厚光，有毁光者輒怒之。桀乃與蓋長公主、桑弘羊謀殺光，廢帝，立燕王。事覺，皆族誅，光威震天下。

二年（前七九）

三年（前七八）

甲辰**四年**（前七七）

（一）冬，遼東烏桓反，遣度遼將軍范明友擊之。

（一）夏，平樂監傅介子使樓蘭，因斬其王首而歸，以威示西域。

五年（前七六）

六年（前七五）

（一）夏，烏桓復犯塞，遣范明友擊之。

元平元年（前七四）

（一）夏，帝崩，無嗣，霍光迎武帝孫昌邑王賀立之。即位，淫亂，光復白太后廢之，誅昌邑羣臣二百餘人，迎衛太子孫病已於民間，以爲昭帝嗣，時年十八，更名詢。冬，立皇后許氏。

宣帝詢**本始元年**（前七三）

（一）春，霍光稽首歸政，帝不許，事皆先聞光，然後奏御。公卿皆以定策安宗廟功增邑受封。

二年（前七二）

三年（前七一）

（一）春，霍光夫人顯酖殺許后。

（二）夏，旱。

（三）匈奴侵烏孫，遣田廣明等五將軍、兵十五萬，與烏孫合擊匈奴，獲名王已下四萬餘級。冬，單于自擊烏孫，值大雪，人畜死者什七八。因以饑饉，諸國羈屬者皆瓦解，攻盜不能治，匈奴遂衰。

四年（前七〇）

（一）春，立皇后霍氏，光女也。

地節元年（前六九）

二年（前六八）

（一）春，霍光薨，以光子禹爲左將軍，兄子雲爲侍中，奉車都尉山領尚書事，皆封侯。

（二）上始親政事，勵精爲治。

（三）夏，立許后子奭爲皇太子〔一〕。

甲寅**三年**（前六七）

四年（前六六）

（一）帝知霍氏毒殺許后事，稍斥退其親黨。秋，霍禹憂懼，謀反，族誅，廢霍后，連坐誅滅

〔一〕「立」，原脱，今據《四庫》本、江蘇書局本補。

者數十家。

元康元年(前六五)

二年(前六四)

(一) 春,立皇后王氏。

三年(前六三)

四年(前六二)

神爵元年(前六一)

(一) 春,上幸甘泉、河東。

(二) 先零羌豪楊玉反,遣後將軍趙充國討之。

(三) 秋,大旱。

(四) 趙充國誘罕、幵種羌以擊先零,大破之。罷騎兵,留萬人屯田,稍以爵賞壞其支黨。

二年(前六〇)

(一) 夏,羌人斬楊玉首降。

(二) 衛司馬鄭吉擊車師,破之,匈奴大亂,日逐王將其衆萬餘人,詣吉降。

(三) 初置西域都護,中西域而立幕府,以鎮撫諸國。漢之號令班西域矣。

（四）匈奴遣名王奉獻和親。

三年（前五九）

四年（前五八）

（一）夏，匈奴單于遣弟呼留若王來朝。

甲子**五鳳元年**（前五七）

（一）春，上幸甘泉。

（二）冬，左馮翊韓延壽棄市。

二年（前五六）

（一）春，上幸雍。

（二）秋，匈奴幄衍單于爲其衆所叛，自殺。五單于爭立，更相殘滅。冬，匈奴呼遬累單于率衆來降，封爲列侯。

三年（前五五）

（一）春，上幸河東。

（二）置河西屬國都尉，以處匈奴降者。

四年（前五四）

(一) 春，匈奴呼韓邪稱臣，遣弟谷蠡王入侍。以邊塞無寇，減戍卒什二。

(二) 大司農丞耿壽昌奏言：「故事，歲漕關東穀四百萬斛以給京師，用卒六萬人。宜糴三輔、弘農、河南、上黨、太原郡，足給京師，可減關東漕卒之半。」從之。

甘露元年(前五三)

(一) 春，上幸甘泉。

(二) 呼韓邪單于遣子右賢王入侍，呼韓邪兄左賢王自立爲郅支單于，亦遣子入侍。冬，呼韓邪單于遣弟左賢王來朝賀。

二年(前五二)

(一) 春，珠崖郡亂。夏，遣護軍都尉張禄擊之。

三年(前五一)

(一) 春，上幸甘泉。

(二) 呼韓邪單于爲郅支所破，稱臣入朝，遣衛將軍、車騎將軍將萬六千騎，送單于還幕，南保光禄城。郅支初以呼韓邪不能復還，乃西收右地。聞漢兵至，懼，引兵西滅呼偈、堅昆、丁令而都之。

四年(前五〇)

黃龍元年（前四九）

（一）春，上幸甘泉。呼韓邪單于來朝。

（二）冬，帝崩。帝綜覈名實，信賞必罰，官不數遷，是以吏稱其職，民安其業。

元帝奭**初元元年**（前四八）

（一）春，立皇后王氏。

（二）匈奴來告饑，轉雲中、五原穀二萬斛以給之。

（三）以太子太傅蕭望之爲前將軍，少傅周堪爲光禄大夫，及宗正劉更生，皆寵任用事。

甲戌**二年**（前四七）

（一）春，上幸甘泉。夏，立子驁爲皇太子。

（二）冬，中書令石顯譖蕭望之下獄，自殺，及周堪、劉更生，皆被廢逐。公卿已下畏顯，皆重足而立。

三年（前四六）

（一）春，珠崖反，用待詔賈捐之議，廢其郡。

四年（前四五）

（一）夏，旱。罷建章、甘泉衛士，令就農。

(一) 春，上幸甘泉、河東。

五年（前四四）

(一) 春，上幸雍。

(二) 郅郊單于怨漢擁護呼韓邪〔一〕，殺漢使者谷吉。自以負漢深，又聞呼韓邪益强，乃西奔。康居王以女妻郅郊，尊禮之，欲倚其威，以脅諸國。

(三) 罷鹽鐵官。

永光元年（前四三）

(一) 春，上幸甘泉。

二年（前四二）

(一) 秋，西羌反，遣右將軍馮奉世擊之。奉世請兵四萬人，期一日可克〔二〕。帝與之萬二千人，不克。益至六萬人〔三〕，乃克之。

三年（前四一）

〔一〕「郊」，原作「支」，今據《四庫》本及上文改。下同。

〔二〕「一日」，江蘇書局本作「一月」。

〔三〕「至」，原作「王」，今據楊璋本、江蘇書局本改。《四庫》本作「兵」。

（一）冬，以用度不足，復鹽鐵官。

四年（前四〇）

（一）春，帝幸雍。

（二）冬，罷祖宗廟在郡國者。

五年（前三九）

（一）春，帝幸甘泉，遂至河東。

（二）冬，幸長楊，大獵。

（三）毀太上皇、孝惠廟園。

建昭元年（前三八）

（一）春，帝幸雍。

甲申**二年**（前三七）

（一）春，帝幸甘泉，遂至河東。

（二）冬，大雪，深五尺。

（三）魏郡太守京房譏刺石顯，顯譖殺之。

三年（前三六）

（一）郅郅益强，西域皆畏服之〔二〕。冬，都護甘延壽、副校尉陳湯矯詔發城郭軍兵四萬人，襲擊郅郅，獲閼氏、太子、名王以下六十餘人，威振西域。丞相、御史及石顯皆害其功，軍還，爵賞不行〔三〕。

四年（前三五）

（一）春，以討郅郅功告祠郊廟。

五年（前三四）

（一）秋，帝寢疾，盡復祖宗園廟舊祀。

竟寧元年（前三三）

（一）春，呼韓邪單于來朝，請罷備邊卒。郎中令侯應以爲不可，乃止。

（二）夏，帝崩。帝優游不斷，漢業始衰。太子即位，尊王皇后爲太后，以太后弟衛尉鳳爲大司馬、大將軍，領尚書事。王氏始專政。

成帝驁**建始元年**（前三二）

〔二〕「畏」，原作「長」，今據《四庫》本、江蘇書局本改。

〔三〕「爵」，原脱，今據《四庫》本補。

（一）夏，封舅譚、商、立、根、逢五人爲關内侯。

（二）冬，作長安南北郊，罷甘泉泰畤、河東后土祠。

二年（前三一）

（一）春，罷雍五畤。

（二）立皇后許氏。

（三）夏，大旱。

三年（前三〇）

（一）秋，關中雨四十餘日。

四年（前二九）

（一）春，罷中書宦官。初置尚書員五人。

（二）初，河決金堤，兖、豫諸郡。冬，河隄使者王延世塞之，二十六日而成。

河平元年（前二八）

（一）春，匈奴復株累單于新立，遣右賢王伊祈黄渾來朝。伊祈黄渾乞降，光禄大夫谷永、議郎杜欽以爲不可受。從之。果詐降者。

甲午**二年**（前二七）

三年（前二六）

（一）春，單于來入朝。

四年（前二五）

（二）王鳳嫉丞相王商之賢，誣以罪。商嘔血死。

陽朔元年（前二四）

（一）冬，京兆尹王章言王鳳過惡，章坐死，妻子徙合浦。自是天下莫敢譏斥王氏。

二年（前二三）

三年（前二二）

（一）夏，潁川鐵官徒申屠聖等百八十人劫庫兵爲羣盜，遣使討平之。

（二）秋，王鳳薨，以鳳從弟音爲大司馬、車騎將軍秉政。鳳弟譚素倨，故鳳不薦譚，而薦音自代也。

四年（前二一）

鴻嘉元年（前二〇）

（一）春，帝幸昌陵。

（二）初作昌陵。

二年（前一九）

（一）春，帝幸雲陽。

（二）徙郡國豪傑五千餘户于昌陵。

三年（前一八）

（一）冬，許后坐姊爲媚道廢。陽阿公主侍者趙飛燕及其女弟始得幸。姊弟專妬，帝由是絶嗣。

（二）廣漢人鄭躬作亂。

甲辰 **四年**（前一七）

（一）秋，河決勃海、青河，用李尋議，遂不塞。

（二）鄭躬黨浸廣，至萬餘人。冬，詔發廣漢、蜀郡二萬兵擊滅之。

永始元年（前一六）

（一）夏，封舅曼子莽爲新都侯。莽善飾名譽，士多稱之。

（二）立趙飛燕爲皇后，女弟爲昭儀，封太后姊子淳于長爲侯。

（三）昌陵作數年不成，府庫空竭，天下徧被其勞。秋，罷昌陵。

二年（前一五）

（一）春，王音薨，以鳳弟商爲大司馬輔政。

三年（前一四）

（一）冬，尉氏人樊竝、山陽鐵官徒蘇令皆劫略吏民，賊殺長史，詔討平之。

（二）復甘泉太畤[一]、河東后土、雍五畤祠。

四年（前一三）

（一）春，帝幸甘泉、河東。

元延元年（前一二）

（一）春，帝幸雍。

（二）冬，王商薨，弟根代爲大司馬。

（三）時人多譏切王氏，帝亦疑焉，故丞相張禹常爲帝師，帝虚心問禹。禹曰：「鄙儒亂道誤人。」帝由是不疑王氏。

（四）是歲，後宮許美人、曹才人皆生子，趙昭儀妬殺之。

二年（前一一）

〔一〕「復」，原爲墨丁，今據楊璋本、《四庫》本、江蘇書局本補。

（一）春，帝幸甘泉、河東。
（二）冬，幸長楊，縱胡人校獵。
（三）烏孫末振將殺大昆彌而病死，右中郎將段會宗誅其太子番丘。

三年（前一〇）

（一）春，帝幸雍。

四年（前九）

（一）春，帝幸河東、甘泉。
（二）帝以定陶王子欣爲賢，王祖母傅太后亦私事趙后、昭儀及王根。三人皆欲自託，爭稱譽之。

綏和元年（前八）

（一）春，立欣爲皇太子。
（二）帝幸雍。
（三）夏，廢丞相、御史大夫官，置三公。
（四）冬，王根病免，王莽告淳于長及紅陽侯立罪而去之。莽代根爲大司馬，乃折節散財交士以立名，聲傾諸父焉。

（五）初罷刺史，置州牧。

甲寅**二年**（前七）

（一）春，帝幸甘泉、河東。還，暴崩。趙昭儀自殺。

（二）哀帝即位，尊王太后爲太皇太后，趙后爲皇太后，父定陶恭王爲恭皇，祖母傅太后爲恭皇太后，母丁太后爲恭皇后。於是丁、傅用事[一]，而王氏稍黜。王莽以病免，王根、王立皆以罪廢逐。

哀帝欣**建平元年**（前六）

（一）春，傅太后誣中山馮太后祝詛上，馮太后自殺，馮氏死者十七人。

二年（前五）

（一）春，罷司空及州牧，復御史大夫、刺史官。

（二）夏，尊恭皇太后曰帝太太后、恭皇后曰帝太后，尋崩。

（三）秋，待詔夏賀良以妖妄誅。

（四）丞相朱博自殺。

〔一〕「丁」，原作「下」，今據《四庫》本、江蘇書局本改。

（五）帝屢誅大臣，欲强主威，以則武、宣，而嬖幸用事，賞罰益紊矣。

三年（前四）

（一）冬，待詔息夫躬誣告東平王雲與后祝詛上，皆自殺。

四年（前三）

（一）夏，幸臣董賢封爲高安侯，上爲賢起第，如天子禮。武庫禁兵、上方珍寶，其上等皆在賢家，乘輿所服乃其副。

（二）尊帝太太后爲皇太太后。

元壽元年（前二）

（一）春，皇太太后崩。

（二）帝欲益封董賢，丞相王嘉封還詔書，上大怒，收嘉下獄，嘔血死。秋，以董賢爲大司馬，領尚書事，勢傾海内。

（三）單于求朝，帝不許，楊雄諫，乃許之。

二年（前一）

（一）春，匈奴單于、烏孫大昆彌來朝。

（二）夏，復置三公官。

（三）帝崩，無嗣，元后召新都侯莽，委以尚書事及殿中兵。董賢自殺。元后以莽爲大司馬，迎元帝孫中山王衎立之。孝成趙后、孝哀傅后皆廢絀，自殺。平帝年九歲，太后臨朝稱制。

平帝衎**元始元年**（一）

（一）春，羣臣請尊王莽爲太傅、安漢公，莽乃奏紹封諸侯，惠賜庶民，以取悦上下之人。又引劉歆等爲羽翼，云欲興禮樂致太平，上以欺太后，下以惑衆庶，權與人主侔矣。

二年（二）

（一）夏，旱。

（二）安漢公已下獻田宅，賦貧民。秋，莽遣人諭説江湖，賦令自出。又賂單于，令改名，遣女入侍，所以誑耀媚事太后，下至旁側長御，方故萬端。

三年（三）

（一）春，納莽女爲皇后。

（二）夏，莽奏定上下車服及田宅之制、學校之禮。

（三）莽世子宇非莽隔絶衛氏，以血灑莽門。莽殺宇，盡誅衛氏，因連引郡國豪傑不附己者及紅陽侯立，皆殺之。死者以百數，海内震恐。

甲子**四年**（四）

（一）春，立皇后秦氏[一]，加莽號曰宰衡。

（二）莽諷西羌，令獻地，置西海郡。增法五十條，犯者徙西海。徙者以千萬數，民始愁怨。又更易百官及郡縣名、制度，天下多事，吏不能紀[二]。吏民上書亟請加賞於莽者，前後四十八萬七千餘人。

五年（五）

（一）春，加莽九錫。

（二）帝崩。莽取宣帝曾孫之子嬰，年二歲，託云卜相最吉，立之[三]。是月，前煇光謝囂奏瑞石文告安漢公莽爲皇帝，於是吏民爭獻符瑞。元后怒而力不能沮，乃令莽如周公故事，稱「攝皇帝」，禮儀一如天子，吏民皆稱臣。

漢孺子嬰居攝元年（六）

（一）春，立嬰爲皇太子，曰孺子。

（二）夏，安衆侯崇起兵，欲誅莽，攻宛，不克而死。

[一]「秦氏」，《四庫》本、江蘇書局本作「王氏」。

[二]「紀」，原作「犯」，今據《四庫》本、江蘇書局本改。

[三]「立之」，二字原在下句「前煇光」之下，據楊璋本、江蘇書局本乙正。

（三）西羌反，逐西海太守。

二年（七）

（一）春，護羌校尉竇況擊破西羌。

（二）夏，改造錯刀、契刀、大錢。

（三）秋，東郡太守翟義起兵誅莽，立嚴鄉侯信爲天子，衆十餘萬。三輔盜賊趙明、霍鴻等竝起，衆且十萬。莽皇懼，作大誥，言將復辟之意，遣王邑等八將軍擊信、義，滅之。

初始元年（八）

（一）春，邑還軍，擊斬明、鴻等，於是莽自以獲天人之助，謀即真矣。

（二）冬，莽以符命，進稱「假皇帝」，以應天命，云俟孺子加元服，復于明辟。梓潼人哀章又獻天璽、金策，莽遂即皇帝位，以十二月爲正月。

新王莽建國元年（九）

（一）春，莽封孺子爲定安公。

（二）令人不得私賣買田及奴婢，有敢非井田聖制及挾五銖錢言大錢當罷者〔一〕，流諸四裔。

〔一〕「田」，原作「里」，今據楊璋本、江蘇書局本改。

於是農商失業，民涕泣於道路。又改易蠻夷印綬，匈奴始怨叛。

二年（一〇）

（一）秋，戊己校尉史陳良、終帶殺校尉，劫略吏民，自稱漢大將軍，亡入匈奴。

（二）更名匈奴單于曰「降奴服于」。

（三）甄豐子尋、劉歆子棻復獻符命，莽怒，殺之，連坐死者數百人。

三年（一一）

（一）河決清河，召能治水者數百人，問以治河之術，卒無所施行。

四年（一二）

五年（一三）

（一）元后崩。

（二）西域焉耆叛，殺都尉。

甲戌**天鳳元年**（一四）

（一）置州牧、郡監。

二年（一五）

（一）冬，以災害減吏禄。

（二）莽多遣中郎、繡衣執法，監察州郡。其人乘權勢，更相奏舉，章交道路。莽不能察其是非，獄訟連年不決。莽自以專權得漢政，不委信臣下。有司受成苟免，因緣爲姦，競爲貪苛。縠糴常貴，百姓窮困，始爲盜賊焉。

三年（一六）

（一）春，地震。莽下詔曰：「地有動有震，震者害，動者不害。夫坤其動也闢，其靜也翕。一翕一闢，萬物生焉。」其自誣飾，皆此類也。山崩壅涇水，羣臣上壽，以爲土填水，匈奴滅亡之兆。羣下從諛，亦如之。

四年（一七）

（一）琅邪女子吕母起兵，殺縣長。

五年（一八）

（一）琅邪人樊崇起兵於莒。時青、徐盜賊蠭起，皆附於崇，衆至數萬人，擊破探湯侯田況，殺萬餘人，所過殘滅，號曰「赤眉」。

六年（一九）

（一）莽遣大司馬嚴尤等十三將軍，將四十萬衆，齎三百日糧，欲同時出塞，逐匈奴，内之丁令，分其地，立呼韓邪十五子。嚴尤苦諫，免爲庶人。又募伎術之士以萬數。師久屯不行，運轉不已，天下騷然，以至於亡，終不能出塞。

地皇元年（二〇）

（一）莽自言受命三萬六千歲，作九廟，提封百頃，黄帝廟方四十丈，高十七丈，餘廟半之。費用巨百萬，卒徒死者以萬數。

（二）南方饑饉，緑林賊起，數月至七八千人。

二年（二一）

（一）秋，關東大饑。

（二）緑林賊破荆州，收衆至五萬餘〔一〕。時，民皆饑愁，州郡不能慰安，又不得擅發兵，以故盜賊寖多。唯翼平連率田況發兵擊之，多所摧破。況請毋出大將以擾民，唯選牧尹，明其賞罰，賊必可平。莽疑況，召之還。

三年（二二）

（一）蝗，饑，民相食。

〔一〕「衆」，原作「還」，「五」，原作「亡」，今均據江蘇書局本改。

（二）緑林散爲下江、新市、平林兵。莽遣將孔仁、嚴尤、陳茂擊下江等兵，王輔〔一〕、廉丹擊赤眉，丹戰死。

（三）漢宗室劉縯起兵，舂陵、新市、平林皆附之。莽將甄阜、梁丘賜破縯於小長安。縯弟秀説下江、平林下之。

漢淮陽王玄**更始元年**（二三）漢梁王永、淮南王李憲元。

（一）新市、平林共立劉聖公爲帝。

（二）夏，劉秀大破莽將王尋、王邑兵百萬於昆陽。郡縣爭應漢，旬月徧天下。

（三）隗囂起隴右。

（四）公孫述起蜀。

（五）更始拔宛，聽譖，殺劉縯。

（六）秋，三輔豪傑共殺王莽。

臣光曰：高祖奮布衣，提三尺劍，八年而成帝業。其收功之速如是，何哉？惟其知

〔一〕「王輔」，據《後漢書》卷四一《劉玄傳》，當作「王匡」，蓋避宋太祖趙匡胤諱而改。

人善任使而已。故高祖自謂：「鎮國家，撫百姓，不如蕭何。運籌策，決成敗，不如子房。戰必勝，攻必取，不如韓信。三者皆人傑，吾能用之，所以取天下。」韓信亦曰：「陛下不善將兵，而善將將。」斯言盡之矣。呂氏之亂，漢氏不絶如綫，然而卒不能爲患者，外有宗藩之强，内有絳、灌之忠也。文、景之時，天下家給人足，幾致刑措。後世皆知稱慕，莫能及之。夫民之情，何嘗不欲安樂而富壽哉？文、景能勿擾而已矣。孝武喜淫侈，慕神僊，宫室無度，巡游不息，窮兵於四夷，嚴刑而重賦。迹其行事，視秦皇何遠哉？止以崇儒重道，求賢納諫，故其成敗若此之殊也。孝昭以童稚之年，辯霍光之忠，確然不可動，何天資之明也！然光猶專政而不歸，此則光之罪矣。孝宣綜覈名實，信賞必罰，使吏稱其職，民安其業，方之孝武，功烈優焉。孝元優游不斷，漢業始衰。孝成荒於酒色，委政外家。孝哀狠愎不明，嬖幸盈朝。陵夷至於孝平，以幼沖嗣位。王莽因之，遂移漢祚。莽恃其詐慝，煩民玩兵，罪盈怨積，而天下叛之矣。

（七）冬，更始北都洛陽，政令無紀，諸將恣横，民皆思莽朝。

（八）以劉秀爲大司馬，徇河北。

（九）卜者王郎稱帝於邯鄲，燕、趙皆應之。

（十）廬江太守李憲自稱淮南王。

甲申**二年**（二四）成公孫述元。

（一）春，更始遷都長安，隗囂入朝。

（二）夏，劉秀擊滅王郎。更始召秀還，秀不應命，殺尚書令謝躬，略有河北之地。

（三）冬，赤眉西趣長安，劉秀亦遣鄧禹徇關中。

（四）梁王劉永與青、徐賊張步、董憲連兵專據東方〔一〕。

（五）公孫述自稱蜀王。

〔一〕「專」，原爲墨丁，今據《四庫》本、江蘇書局本補。

稽古録卷十三

漢光武帝秀**建武元年**（二五）漢劉盆子建世，漢盧芳、成龍興元。

（一）夏，帝即位於鄗。

（二）隗囂逃還天水。

（三）赤眉立劉盆子爲帝。

（四）秋，赤眉克長安，殺更始。

（五）冬，帝都洛陽。

（六）鄧禹入關，至栒邑。

（七）竇融起河西。

（八）劉永、公孫述、安定盧芳皆稱帝。

二年（二六）

（一）春，赤眉焚長安，西掠郡縣。　鄧禹入長安。

（二）秋，漁陽太守彭寵反。

（三）蓋延拔睢陽，劉永走，張步請降。

（四）赤眉復入長安，鄧禹出屯雲陽。帝遣馮異代禹將。

（五）赤眉食盡，大掠東還。

三年（二七）燕王彭寵、齊王張步元。

（一）春，帝自邀赤眉於宜陽，赤眉不戰而降。

（二）馮異進定關中。

（三）彭寵自稱燕王。

（四）夏，劉永復入睢陽，以張步爲齊王，步復叛從永。

（五）秋，岑彭平揚州。

（六）蓋延斬劉永。永子紆保垂惠。

（七）來歙説隗囂，下之。

（八）李憲稱帝。

四年（二八）漢劉紆元。

（一）秋，將軍馬武、王霸圍劉紆。

（二）馬成圍李憲。

（三）隗囂使馬援見帝，援歸，盛稱帝美，遣子入侍。

五年（二九）

（一）春，彭寵爲奴所殺。其子午立，國師韓利殺午以降。

（二）夏，秦豐降。

（三）帝征龐萌、董憲，破之。

（四）吴漢拔郯，虜劉紆。

（五）冬，耿弇擊張步，大破之。帝幸劇，張步降。

（六）岑彭説交阯牧鄧讓，與諸郡皆降。初立太學，治經典。

（七）盧芳入塞，居九原。

六年（三〇）朔寧王隗囂元。

（一）春，馬成斬李憲。

（二）吴漢獲龐萌、董憲。

（三）帝益厭兵，數騰書隴蜀，説以禍福。公孫述使田戎、任滿侵荆州。夏，帝遣耿弇等自隴道伐蜀，隗囂發兵拒，破弇等。囂欲徇三輔，不克，遂稱臣於蜀，蜀封囂朔寧王。

七年（三一）

（一）帝以天下漸平，乃革王莽僞薄之化，察言觀行，明試以功。於是吏稱其職，民安其業，風俗淳厚焉。

（二）隗囂將全梁守洛陽〔一〕，漢兵不得進。

八年（三二）

（一）春，來歙襲取洛陽，斬全梁。隗囂攻之，數月不拔。夏，帝自征囂。至漆，囂衆大潰，走保西境。竇融及河西五太守將兵與帝會高平。

（二）潁川盜賊起。秋，帝還，平潁川。

（三）冬，蜀兵救囂，囂復入冀。諸將食盡，還屯長安。

九年（三三）

（一）春，隗囂卒，子純立。

（二）隴右饑。

（三）冬，來歙、馮異入天水，破蜀將王輔、田弇〔二〕，諸縣悉降。

〔一〕「洛陽」，《後漢書》卷一《光武紀》作「略陽」。李賢注云：「縣名，屬天水郡。」江蘇書局本據《資治通鑑》卷四二改，下文同。又，「全梁」，《資治通鑑》作「金梁」。

〔二〕「輔」，袁宏《後漢紀》卷六等作「匡」，當爲避宋太祖諱。

（四）以馬援爲隴西太守，逐羌虜出塞。

（五）吴漢討盧芳，不克。

甲午**十年**（三四）朔寧王純元。

（一）秋，帝自征隗純，純降。

（二）吴漢擊破盧芳平城下，芳亡入匈奴，其衆皆降。

十一年（三五）

（一）春，帝幸南陽，使吴漢、岑彭、臧宫自荆門，來歙、蓋延自武都伐蜀。漢等擊走田戎，斬任滿。夏，來歙拔武都，走王元。蜀遣人刺殺歙。冬，岑彭乘勝長驅至武陽，蜀人又刺殺之。吴漢自夷陵入犍爲。

十二年（三六）

（一）春，吴漢擊破公孫述從弟永於魚涪津，遂進逼成都〔一〕。秋，述將謝豐、袁吉以兵十餘萬出戰，敗死。久之，漢食盡欲還，用張堪策，毁軍以誘述。述出戰，被創歸，以兵屬延岑而死。岑以城降。

〔一〕「遂」，原作「還」，今據楊璋本、江蘇書局本改。

（二）竇融及五太守來朝，上印綬。

十三年（三七）

十四年（三八）

十五年（三九）

（一）春，吴漢以兵徙鴈門、代郡、上谷民於中山以避胡。

（二）盧芳自匈奴入高柳。

十六年（四〇）

（一）春，交阯女子徵側、徵貳反，九真、日南、合浦羣盜起。

（二）盧芳降，封爲代王。

十七年（四一）

（一）夏，帝幸滎陽、潁川、章陵。

（二）陰貴人有寵，生東海王莊，郭皇后怨恚。上怒，冬，廢郭后，立陰貴人爲后。

十八年（四二）

（一）春，蜀郡人史歆反，詔吴漢、臧宮擊平之。

（二）夏，伏波將軍馬援擊交阯至浪泊，側、貳等走。

（三）冬，帝幸南陽。

（四）盧芳復亡入匈奴，死胡中。

十九年（四三）

（一）春，馬援斬側、貳，進擊九真等，皆平之。

（二）太子彊以母廢，内不自安，固請避位。上狐疑久之，乃聽。冬，封彊爲東海王，立莊爲皇太子。

（三）帝幸南陽。

甲辰**二十年**（四四）

（一）秋，匈奴寇右北平。

二十一年（四五）

（一）秋，鮮卑寇遼東，太守祭肜大破之。

（二）鄯善、莎車等十六國請置都護，上以中國初定，不許。

二十二年（四六）

（一）春，帝幸長安。

（二）匈奴國内亂，諸將臧宫等爭請擊之，帝不許。

二十三年（四七）

（一）春，南部蠻夷反，將軍劉尚擊平之。

（二）匈奴日逐王比自稱南單于，請脩舊約，入居塞内，稱臣入朝，許之。比擊北單于，卻地千里，匈奴始分。

（三）冬，武溪蠻反，殺劉尚。

二十四年（四八）

二十五年（四九）

（一）春，烏桓大人郝旦等内附。

（二）冬，遣馬援、馬武、耿舒擊武谿蠻。

二十六年（五〇）

（一）春，馬援大破蠻軍于臨鄉，攻壺頭，會夏熱，吏士疫死者多。耿舒等共譖援，上大怒，遣梁松代之，未至而援卒，軍士死者太半。謁者宋均勒兵成列，稱詔降賊，賊即共斬大帥降，均爲置長吏而還。

二十七年（五一）

二十八年（五二）

（一）春，始遣諸王就國。

（二）沛王輔客劉鯉殺式侯恭，輔坐繫獄三日。由是捕諸王賓客，死者千餘人。

二十九年（五三）

（一）春，幸魯濟南。冬，復幸魯。

甲寅**三十年**（五四）

（一）鮮卑大人於仇賁率種人貢獻，封賁爲王。是時，南北單于更相攻伐，而鮮卑始强盛。

三十一年（五五）

（一）春，上登封太山，降禪梁父。

中元元年（五六）

（二）夏，幸長安。

（三）起明堂、辟雍、靈臺。

二年（五七）

（一）春，帝崩。帝既定天下，精勤爲治，保全功臣，不令與政，尊尚儒術，百姓乂安。

（二）太子即位，以母弟東平王蒼輔政。

（三）西羌反，遣中郎將竇固及馬武擊之。

明帝莊**永平元年**（五八）

（一）春，東海王彊薨。彊自廢絀，尤恭謹，帝遇之益厚，兄弟之間，始終無間。

（二）秋，西羌破走，餘種悉降，徙之三輔。

二年（五九）

（一）春，上初祠明堂，登靈臺，冕服皆用周制。

（二）立皇后馬氏，子炟爲太子。后，援之女，恭儉不妬忌，不以私家干朝廷。太子，賈貴人之子，帝令后母養之，慈孝皆如所生。

（三）冬，上臨辟雍，養三老、五更。

（四）幸長安。

三年（六〇）

（一）冬，上幸南陽。

四年（六一）

五年（六二）

（一）春，東平王蒼以輔政久，固請歸藩，許之。

（二）冬，上幸鄴。

六年（六三）

（一）冬，上幸魯。

甲子**七年**（六四）

八年（六五）

九年（六六）

十年（六七）

（一）夏，上幸南陽。

十一年（六八）

十二年（六九）

（一）夏，發卒數十萬，遣司空掾王吳修汴渠。築隄，自滎陽東至千乘海口千餘里，朞年而成。

十三年（七〇）

（一）春，上幸滎陽，巡汴渠，遂至太行，幸上黨。

（二）冬，楚王英謀反，廢徙丹陽，自殺。窮治其獄連年，内及京師諸侯，外連州郡豪傑，坐死及徙者以千數。

十四年（七一）

十五年（七二）

（一）春，上幸彭城，又幸琅邪及魯東平、定陶。

（二）冬，匈奴寇河西。

十六年（七三）

（一）春，遣竇固等四將軍，各將萬騎擊匈奴。固出敦煌至蒲類海，耿秉出居延度漠六百里，祭肜、吴常出朔方九百餘里而還。固遣假司馬班超使西域，西域皆歸附，因留居盤橐城以鎮撫之。

甲戌**十七年**（七四）

（一）冬，竇固、耿秉將萬餘騎擊車師，車師王請降，固遂奏復置西域都護，以陳穆爲都護。耿恭、關寵爲戊己校尉。恭屯金蒲城，寵屯柳中城，相去千餘里。烏孫大昆彌子入侍。

十八年（七五）

（一）春，詔竇固罷兵還，北匈奴率焉耆、龜兹共攻殺陳穆。耿恭徙居疏勒城，匈奴圍之。

詔耿秉發敦煌、酒泉兵擊車師以救恭[一]。

（二）秋，帝崩。帝勤儉好禮，館陶公主爲其子求郎，不許，而賜錢十萬。故能不墮光武之業，天下治安。

章帝炟**建初元年**（七六）

（一）春，耿秉擊破車師，分兵至疏勒，迎耿恭等還，西域遂絶。有詔召班超還，超至于闐，王侯已下皆涕泣，不聽超還，超復屯西域。

二年（七七）

（一）夏，有司奏請封諸舅爲侯，馬太后不許。諸外戚有干禁者，太后輒以法按治之。

（二）秋，盧水羌反，遣車騎將軍馬防、長水校尉耿恭擊破之。

三年（七八）

（一）春，立皇后竇氏，融曾孫。后兄弟四人憲、景、篤、瓌始有寵，賞賜日盛。

（二）班超上書求助，詔假司馬徐幹將千人詣超。

四年（七九）

[一]「救」，原作「赦」，今據楊璋本、江蘇書局本改。

（一）夏，立皇子慶爲太子。

（二）明德馬太后崩。

五年（八〇）

六年（八一）

七年（八二）

（一）夏，廢皇太子慶爲清河王。慶母曰宋貴人，竇后惡之，誣以巫蠱，賜死，遂廢慶而立梁貴人子肇爲皇太子。后又構貴人父梁竦殺之，貴人以憂卒。

（二）秋，上幸河内、魏郡，西幸長安。

八年（八三）

（一）冬，上幸陳留、梁國、淮陽、潁陽。

甲辰**元和元年**（八四）

（一）秋，上幸章陵。冬，幸江陵。

二年（八五）

（一）春，上幸泰山及魯東平，遂幸魏郡、河内，登太行。

（二）班超發諸國兵擊莎車，降之。

三年（八六）

（一）冬，西羌寇張掖、隴西、金城。

章和元年（八七）

（一）春，護羌校尉傅育追叛羌出塞，遇害。

（二）秋，上幸九江，又幸彭城及壽春。

（三）冬，北匈奴爲鮮卑所破，降者十餘萬。南單于上言，願與耿秉等出兵，破北成南，并爲一國，令漢家長無北顧之憂。帝欲從之，師未出而帝寢疾。

二年（八八）

（一）春，帝崩。帝明敏寬和，東京繼體之治，稱明、章焉。

（二）太子即位，年十歲，竇太后臨朝，將軍竇憲内管機密，三弟竝據大位。憲大作威福，權侔人主。冬，憲與耿秉將三萬騎擊匈奴，大臣袁安等固爭，不能得。

和帝肇**永元元年**（八九）

（一）夏，竇憲、耿秉自朔方出塞三千里，斬首大獲，銘燕然山而還。即拜憲爲大將軍，兄弟皆列九卿。

二年（九〇）

（一）夏，耿秉出塞，大破北匈奴於涿邪山。月氏攻班超，超擊破之[一]。

（二）秋，竇憲出屯涼州。

（三）北單于請入朝，南單于及烏桓、鮮卑共擊殺北單于，衆遠遁漠北，北匈奴地遂空。竇憲欲立北匈奴降者谷蠡王爲單于，置兵擁護，袁安固諫，乃止。

三年（九一）

（一）冬，上幸長安。

（二）龜兹等國皆降，以班超爲西域都護，復置戊己校尉。

（三）竇氏宗黨驕横，帝陰與清河王慶及宦者鄭衆謀之。

四年（九二）

（一）夏，帝幸北宫，召百官，使執金吾衛南北宫，閉城門，捕竇憲壻射聲校尉郭舉、衛尉鄧疊誅之。收憲印綬，令與兄弟皆就國。憲及弟景、篤皆自殺，宗族免歸故郡。帝始親政事，以鄭衆爲大長秋，宦官用權自此始。

五年（九三）

〔一〕「超擊」，原無，今據江蘇書局本補。

甲午**六年**（九四）

（一）秋，京都旱。

（二）南單于安國起兵，攻其左賢王師子，中郎將杜崇、度遼將軍朱徽將兵誅之，立師子爲單于。帝後知崇、徽擾亂匈奴，致其背誕，乃誅崇、徽。

七年（九五）

（一）春，班超發龜兹等八國兵七萬人討焉耆、尉黎，誘焉耆王廣、尉黎王汎斬之，西域遂平。遣椽甘英使諸國，西過條支，臨西海而還。

八年（九六）

（一）春，立皇后陰氏。

（二）秋，蝗。

九年（九七）

（一）秋，蝗。

（二）章德竇太后崩。

（三）隴西羌犯塞，執金吾劉尚將三萬騎擊平之。

十年（九八）

十一年（九九）

十二年（一〇〇）

十三年（一〇一）

（一）冬，班超上書求代，詔召還，以校尉任尚代之。

十四年（一〇二）

（一）夏，皇后陰氏坐巫蠱廢。

（二）冬，立貴人鄧氏爲皇后。后，鄧禹孫也。

十五年（一〇三）

（一）冬，上幸章陵。

甲辰**十六年**（一〇四）

元興元年（一〇五）

（一）冬，帝崩。帝柔而不立，漢道始衰。

（二）帝數失皇子，皇子生者養於民間。及崩，鄧后收皇子於民間。長子勝有痼疾，幼子隆始生百餘日。鄧后乃引兄隲等定策禁中，立隆爲皇太子。是日，即帝位，鄧后爲太后臨朝，封勝爲平原王。

殤帝隆**延平元年**（一〇六）

（一）夏，鄧隲爲車騎將軍。

（二）秋，帝崩，太后立清河王慶子祜爲帝，年十三。

（三）西域諸國反，任尚自疏勒退保龜兹。

（四）冬，清河王慶薨。

安帝祜**永初元年**（一〇七）

（一）春，青、兖、豫、徐、冀、并六州饑。

（二）夏，西羌叛，鄧隲率師擊之。

（三）初，上立非大臣意，冬，司空周章謀誅鄧隲兄弟，廢太后及上，而立平原王，事覺自殺。

（四）騎都尉王仁將兵迎任尚等還入塞，遂棄西域。

二年（一〇八）

（一）冬，鄧隲與羌戰于平襄。　羌詐降，既而復叛，侵擾邊郡，并、涼遂虚。　詔召隲還，迎拜隲大將軍，諸弟皆據重位。

三年（一〇九）

（二）郎中杜根諫太后不宜久攝政，太后怒，以縑囊撲殺之，已而復蘇，亡命民間。

（一）春，王仁將兵討涼州。

（二）京師饑，人相食。

（三）夏，以用度不足，令吏民入錢穀[一]，爲關内侯。

（四）烏桓寇代郡。

（五）冬，南單于擅叛，行車騎將軍、大司馬何熙討降之。

四年（一一〇）

（一）春，匈奴寇常山。

（二）時，西北有事，民饑，國用不足，鄧隲欲棄涼州[二]，郎中虞詡以爲不可，乃止[三]。

（三）西羌寇漢中。

五年（一一一）

（四）夏，太后母新野君薨，鄧隲等棄官行服，遂罷輔政。

六年（一一二）

[一]「穀」，原作「各」，今據《四庫》本、江蘇書局本改。

[二]「隲欲」，原脱，今據江蘇書局本補。

[三]「詡」，原脱，今據江蘇書局本補。

七年(一一三)

(一)高句麗王宫卒。先是，宫數寇幽部、玄菟，太守姚光請擊之，尚書陳忠以爲不若弔恤其孤，因責讓赦罪，從之，句麗請服。

甲寅**元初元年**(一一四)

二年(一一五)

(一)夏，立皇后閻氏。

(二)秋，西羌寇三輔，右扶風种暠、南安太守杜佐皆戰没。冬，遣中郎將任尚將兵屯三輔。是時三輔屯兵二十萬，民棄農桑，户無聊生。懷令虞詡説尚，令二十人共市一馬，以與羌戰，大破之，餘種悉降。

三年(一一六)

四年(一一七)

(一)夏，司馬袁敞失鄧氏指，自殺。

五年(一一八)

(一)秋，鮮卑寇代郡。

六年(一一九)

（一）夏，京師旱。

（二）秋，鮮卑入塞，北單于與車師後部王攻敦煌，長史索班殺之，遂略有北道諸國。以軍司馬班勇爲西域長史，屯樓蘭。勇發鄯善及車師前部兵擊後部王，大破之，斬後部王及匈奴使者。

永寧元年（一二〇）

（一）夏，立皇子保爲太子。太子母李氏爲閻后所殺。

（二）西羌寇張掖。

建光元年（一二一）

（一）春，高句麗寇玄菟。

（二）和熙鄧太后崩。或譖鄧太后兄弟嘗謀廢立〔二〕，乃免鄧氏宗族，皆歸故郡，鄧隲自殺。帝始親政事。宦者李閏、江京及乳母王聖皆用事。

（三）秋，鮮卑、高句麗寇玄菟。

（四）冬，西羌寇張掖、武威。

〔二〕「太后」，原爲墨丁，今據《四庫》本補。

延光元年（一二二）

（一）秋，高句麗王降。

（二）羌寇涼州。

（三）冬，鮮卑寇鴈門，又寇九泉。

二年（一二三）

（一）春，敦煌太守張璫上平西域三策，陳忠亦以爲宜增四郡屯兵，以撫西域，制匈奴，從之。

（二）夏，封王聖爲野王君，聖女婿劉瓌爲朝陽侯。司空楊震上書極諫，不從。

甲子**三年**（一二四）

（一）春，帝幸泰山、東平、魏郡、河内。

（二）中常侍樊豐譖太尉楊震，策免，震自殺。豐又與王聖、江京譖太子乳母，殺之。太子思戀不已。聖等懼，與閻后兄顯共譖太子。秋，廢太子爲濟陰王。

（三）冬，帝幸長安。

四年（一二五）

（一）春，帝幸宛，有疾，道崩。

（二）閻后立章帝孫北鄉侯懿。閻后臨朝秉政，以閻顯爲車騎將軍，誅王聖、樊豐。

（三）冬，北鄉侯薨，閻顯、江京等更召諸王子欲立之。中常侍孫程等奉濟陰王誅顯及京，遷太后於離宮。濟陰王即帝位，年十一。

順帝保**永建元年**（一二六）

（一）春，安思閻后崩。

（二）中常侍張防譖司隸校尉虞詡下獄，浮陽侯孫程、祝阿侯張賢等切諫。秋，免程等官，皆就國。

二年（一二七）

（一）春，鮮卑寇遼東。

（二）西域長史班勇請兵擊焉耆，詔發河西四部兵三千人詣之，無功而還。

三年（一二八）

（一）秋，鮮卑寇漁陽。

四年（一二九）

五年（一三〇）

（一）夏，京師旱。

六年（一三一）

陽嘉元年（一三二）

（一）春，立皇后梁氏，梁竦曾孫也。父商，爲侍中、屯騎校尉。

（二）冬，鮮卑寇遼東。

二年（一三三）

（一）夏，爵乳母宋娥爲山陽君。尚書左雄請歲以錢千萬給阿母，而勿加封爵，不從。

甲戌**三年**（一三四）

（一）秋，羌寇漢陽。冬，寇武都。

四年（一三五）

（一）夏，以梁商爲大將軍，輔政。

永和元年（一三六）

（一）冬，武陵太守上書，蠻夷懷漢恩，請入貢比漢民。尚書虞詡以爲不可，弗聽。

二年（一三七）

（一）春，武陵蠻夷以貢非舊約，果反。

（二）夏，宋娥有罪，歸里舍。

（三）秋，日南蠻反，敗交阯刺史。議者欲遣大將軍發荆、楊、兖、豫兵四萬人擊之，李固以爲遣將發兵，煩擾無益，不如精擇牧守，委任而責成功，從之。交阯獲安。

（四）冬，帝幸長安。

三年（一三八）

四年（一三九）

五年（一四〇）

（一）夏，南單于寇河西，帝遣使諭降之。單于謝罪，中郎將陳龜遣令自殺[一]。龜下獄，誅。

（二）秋，羌寇金城及三輔。以護羌校尉馬賢爲征西將軍討之。

（三）冬，遣護匈奴中郎將將兵討南匈奴叛者，斬首二千餘級，叛者請降。

六年（一四一）

（一）春，馬賢討羌，至姑射山而還。

（二）秋，梁商薨，以商子河南尹冀爲大將軍輔政。

（三）羌寇武威。冬，遣行車騎將軍、執金吾張喬屯兵三輔。

〔一〕「遣」，江蘇書局本作「迫」，義勝。

漢安元年（一四二）

（一）夏，立匈奴立義王爲南單于。

（二）梁后寵盛，梁冀兄弟權侔人主，宗族滿朝，二千石多非其人，盜賊縱横。諫議大夫周舉建議遣八使張綱、杜喬等按行州郡，澄汰長吏貪汙者。綱因劾奏梁冀。帝雖信綱言，亦不罪冀。

二年（一四三）

（一）冬，令郡國中都官繫囚犯大逆以下皆出縑贖罪。

甲申**建康元年**（一四四）

（一）夏，立皇子炳爲太子。太子母曰虞姬。

（二）秋，徐、揚州盜賊羣起，遣御史中丞馮放督州郡兵討之。

（三）帝崩。帝之初立，宦官之力也。由是寵之，遂專政事。

（四）太子即位，年二歲，梁太后臨朝。

沖帝炳**永嘉元年**（一四五）

（一）春，帝崩。

（二）清河王蒜年二十餘，最有名德，太尉李固等欲立之。梁冀欲立幼主，以久其權，乃與太后定策禁中，迎章帝曾孫之子建平侯纘立之，年八歲。夏，鮮卑寇代郡。

質帝纘**本初元年**（一四六）

（一）帝聰警，頗言梁冀跋扈，遂遇酖崩。李固、杜喬復欲立清河王，羣臣皆以爲然。冀與太后謀，先策免固，乃立章帝孫蠡吾侯志爲帝，時年十五。冀專秉大政。

桓帝志**建和元年**（一四七）

（一）秋，立皇后梁氏，太后之妹也。

（二）九月，甘陵人劉文謀立清河王蒜，蒜閉門拒之。事覺，文伏誅，蒜坐徙桂陽，自殺。冀因誣李固、杜喬與文通謀，皆下獄死。天下冤之。

二年（一四八）

（一）秋，京師大水。

（二）梁冀廣納賂，大治苑第，所用親黨徧於天下，所在貪暴，過於盜賊。四方調發貢獻，半入冀家，先輸上第，而乘輿乃得其次。愛監奴秦宮，勢振百僚，刺史二千石皆謁辭之。

三年（一四九）

和平元年（一五〇）

（一）春，太后詔歸政於帝，帝始稱制。

（二）順烈梁皇后崩。

元嘉元年（一五一）

二年（一五二）

永興元年（一五三）

甲午**二年**（一五四）

永壽元年（一五五）

（一）春，司、冀大饑，人相食。

（二）夏，匈奴叛，中郎將張奂擊降之。

二年（一五六）

（一）秋，鮮卑寇雲中。

三年（一五七）

延熹元年（一五八）

（一）夏，京都蝗。

二年（一五九）

（一）夏，鮮卑寇遼東。

（二）秋，皇后梁氏崩。

（三）帝與宦者單超等謀誅梁冀。秋，帝御前殿，勒兵誅冀及其宗族。公卿以下，坐冀親黨，或死或免，朝廷爲之一空。

（四）立鄧貴人爲皇后。

（五）封單超等五人爲侯，以超爲車騎將軍。

（六）帝幸長安。

（七）西羌寇邊。

三年（一六〇）

（一）春，羌寇張掖，護羌校尉段熲等討平之。

四年（一六一）

（二）秋，泰山賊盜羣起。冬，中郎將宗資討平之。

（一）夏，羌寇金城、安定、漢陽、武威，中郎將皇甫規大破之。規因奏案涼州刺史、太守倚貴戚爲貪者，皆抵罪，羌人聞之喜，一時降者二十餘萬。論功未畢，宦官左悺譖規，下獄坐論。

五年（一六二）

（一）夏，武陵蠻夷反，車騎將軍馮緄討之。冬，武陵蠻夷降。

六年（一六三）

（一）秋，武陵蠻夷反，寇掠數郡。荆州刺史度尚討，大破之。

甲辰**七年**（一六四）

（一）春，皇后鄧氏以驕妬廢。

（二）夏，匈奴寇邊，中郎將度尚擊之。

（三）冬，立皇后竇氏。

八年（一六五）

（一）夏，以后父竇武爲大將軍。

（二）鮮卑、烏桓寇邊，護匈奴中郎將張奂討平之。

（三）是時，宦官親黨布滿内外，所在貪暴。太尉陳蕃、司隸校尉李膺等戮力救時，舉善黜惡。宦者告膺等結爲朋黨，誹謗朝廷，連諸名士范滂等下獄，免官者三百餘人。

九年（一六六）

永康元年（一六七）

（一）春，西羌寇三輔，夫餘寇玄菟。

（二）冬，帝崩，無嗣，竇武召御史劉儵謀之。儵盛稱章帝曾孫之子解瀆亭侯宏，武乃與太后定策禁中，遣使迎宏於河間，立以爲嗣，時年十二。

靈帝宏**建寧元年**（一六八）

（一）秋，竇武及太傅陳蕃謀去諸宦官，太后不聽，其謀頗泄。中常侍曹節等脅太后，取璽綬，請帝御前殿，勒兵誅武、蕃及其宗黨。

（二）冬，鮮卑寇幽州。自是，每歲犯塞。

二年（一六九）

（一）春，尊帝母董貴人爲孝仁皇后。

（二）秋，江夏、丹陽蠻夷反。

（三）宦官因陳、竇之謀，諷有司奏諸鉤黨者，請下州郡考治。於是誅李膺、范滂等百餘人。凡海内賢俊之士，皆被禁錮。郭泰聞之，私慟曰：「人之云亡，邦國殄瘁，漢室滅矣。」

三年（一七〇）

四年（一七一）

（一）秋，立皇后宋氏。

熹平元年（一七二）

（一）夏，桓思竇后崩。

二年（一七三）

甲寅三年（一七四）

四年（一七五）

五年（一七六）

（一）夏，永昌太守曹鸞上書訟黨人曰：「謀反大逆尚蒙赦宥，黨人何罪，獨不開恕？」鸞坐檻車送棄市。於是申黨人之例，父子、兄弟、門生、故吏皆免官禁錮。

六年（一七七）

（一）夏，鮮卑寇邊，烏桓校尉夏育請發幽州兵出塞討之，故護羌校尉田晏因王甫求爲將。甫建議使晏與匈奴中郎將臧旻及育各將卒萬餘人，三道出擊鮮卑。大臣多以爲不便，不聽。秋，晏、旻、育兵大敗，死者萬數。

光和元年（一七八）

（一）春，初置鴻都門〔二〕，諸生能爲尺牘、詞賦及工書篆者皆得充員，至數千人。或出典州

〔二〕「鴻都門」，江蘇書局本於此下補一「學」字。

郡，入爲尚書、侍中。

（二）冬，皇后宋氏以無寵廢。

二年（一七九）

（一）秋，匈奴中郎將張修擅斬單于呼徵，更立右賢王羌渠爲單于。張修抵罪。

（二）黄門令王甫、大長秋曹節專權任勢，太尉段熲附之。司隸校尉楊球奏收甫，熲下獄誅。又欲收節，節譖球於上而殺之。

三年（一八〇）

（一）春，赦。

（二）冬，立皇后何氏，以后異母兄進爲河南尹，苗爲越騎校尉。

四年（一八一）

（一）春，置騄驥廄，調郡國馬一匹至百萬。

（二）夏，赦。

（三）冬，帝幸廣成苑。

五年（一八二）

（一）春，大疫。

（二）詔三公以民言舉刺史、二千石貪汙爲蠹害者〔二〕。

（三）夏，旱。

六年（一八三）

（一）鉅鹿張角以鬼道惑衆，十餘年間，弟子十餘萬人，青、徐、幽、冀、荊、揚、兗、豫之人皆奉之。司徒楊賜等請禁捕，以絶亂源，不聽。

甲子**中平元年**（一八四）

（一）春，角與其黨所在起兵，天下震動，號黄巾賊。遣中郎將皇甫嵩、朱儁發州郡兵擊之。

（二）夏，牓鴻都門，賣公卿以下官。

（三）皇甫嵩、朱儁大破黄巾，斬首數萬，張角兄弟皆死。然自是盜賊競起，朝廷不能制。

（四）冬，金城人邊章、韓遂反。

二年（一八五）

（一）春，邊章、韓遂及羌胡寇三輔〔三〕。

〔二〕「蠹」，原作「蠡」，今據江蘇書局本改。

〔三〕「及」，原作「反」，今據江蘇書局本改。

（二）賦民田，畝十錢，以脩宫室。

（三）冬，司空張温、中郎將董卓擊破邊章、韓遂。

（四）帝好爲私藏，積私錢至數千萬，羣臣及州郡爭爲貢獻，刻剥齊民，發十獻一，民不堪命，皆相聚爲盜賊。

三年（一八六）

四年（一八七）

（一）夏，狄道人王國反。秋，詔發幽州烏桓，使涿令公孫瓚將之，以擊源州。故中山相張純率烏桓以反，幽州人爭附之，衆十餘萬。

五年（一八八）

（一）夏，涼州刺史耿鄙合六郡兵討王國，不勝而死。國遂圍漢陽，殺太守傅燮。

（二）秋，置西園三軍及典軍校尉。

（三）冬，帝大發兵，講武平樂觀，躬擐甲胄。既罷，以兵屬大將軍何進。

（四）詔左將軍皇甫嵩、前將軍董卓屯右扶風，以討王國。

六年（一八九）

（一）春，王國、張純皆敗死。夏，帝崩，皇子辯立。

（二）何進謀誅諸宦官，召并州牧董卓。秋，中常侍張讓、段珪殺進，進黨袁紹、袁術勒兵悉誅諸宦官[二]。讓、珪劫少帝幸小平津，讓、珪赴水死。董卓尋至，廢少帝，立其弟協，酖殺何太后，卓自爲相國。

獻帝協**初平元年**（一九〇）

（一）春，後將軍袁術、冀州牧韓馥、豫州刺史孔伷、兖州刺史劉岱、勃海太守袁紹、陳留太守張邈、廣陵太守張超、東郡太守橋瑁、長沙太守孫堅、驍騎校尉曹操等皆起兵，以討董卓。推紹爲盟主。卓懼，遷都長安。諸軍憚卓兵强，觀望莫進。頃之食盡[三]，衆散。諸將更相猜貳。劉岱殺橋瑁，孫堅殺荆州刺史王叡、南陽太守張咨。袁術表堅爲豫州刺史。堅擊破董卓軍，進屯大谷。詔以劉表爲荆州刺史，屯襄陽。

二年（一九一）

（一）春，袁紹欲立幽州牧劉虞爲帝，虞大怒，不許。

（二）夏，董卓西入關。

[二]「進」，字原脱，今據江蘇書局本補。

[三]「頃」，楊璋本作「久」。

（三）孫堅入洛陽。袁紹使人説韓馥以冀州讓紹。秋，紹領冀州牧。

（四）以曹操爲東郡太守。

（五）袁術使孫堅攻劉表，表將黄祖擊殺之〔一〕。

三年（一九二）

（一）夏，司徒王允與董卓將吕布共殺卓，卓將李傕、郭汜、樊稠、張濟合兵陷長安，殺王允，吕布走。傕、汜、稠共秉朝政，濟屯弘農。

（二）公孫瓚南攻，袁紹大破瓚於界橋。

（三）黄巾入兖州，殺劉岱，州人迎曹操爲刺史。

四年（一九三）

（一）春，袁術入陳留，爲曹操所敗，奔壽春。

（二）徐州刺史陶謙殺曹操父嵩。秋，操攻謙，破其兵於彭城下。

（三）冬，劉虞攻公孫瓚，不能克，反爲所殺。

甲戌**興平元年**（一九四）

〔一〕「表」，原脱，今據楊璋本、江蘇書局本補。

（一）曹操再攻陶謙，未還，張邈及操將陳宫迎吕布爲兖州牧。操還擊布，不克。操退屯鄄城，布屯山陽。

（二）益州牧劉焉卒，子璋嗣位。

（三）袁術使孫策攻楊州刺史劉繇，取江東。

二年（一九五）

（一）李傕殺樊稠，因與郭汜相攻連月。傕劫帝幸其營，張濟自陝來和傕、汜，帝得東歸。既而傕悔之，追敗王師於曹陽。白波帥李樂、河内太守張楊迎帝幸安邑。

（二）陶謙卒，州人迎劉備爲刺史。吕布敗走，歸備。

建安元年（一九六）

（一）夏，張楊等送帝還洛陽。沮授説袁紹迎帝都鄴，紹不從。秋，曹操用荀彧計，迎帝都許，以操爲司空。

（二）袁術與劉備爭徐〔一〕，吕布乘虚襲下邳，自稱刺史。備敗，奔曹操。

（三）孫策克會稽。

〔一〕「與」，原作「以」，今據《四庫》本、江蘇書局本改。

二年（一九七）

（一）春，曹操討張濟子繡於宛，繡擊敗之。

（二）秋，以袁紹爲大將軍，都督冀、青、幽、并四州。

三年（一九八）

（一）春，李傕、郭汜敗死。

（二）曹操圍張繡於穰。

（三）夏，以劉備爲豫州刺史。

（四）袁紹北擊公孫瓚，荀彧説曹操因此時取吕布。秋，曹操圍布於下邳，布求援袁術，術不救。

（五）鍾繇都督關中諸軍事，撫諭諸將，皆遣子入侍。

（六）袁術稱帝於壽春。

四年（一九九）

（一）春，曹操擒吕布，袁紹滅公孫瓚。

（二）曹操擊破袁術，術走，病死。

（三）袁紹選精兵十萬，將攻許，沮授諫，不聽。

（四）冬，張繡降。

（五）曹操拒袁紹於官渡，紹求援於劉表，表不應，亦不助操。

（六）孫策攻拔廬江、豫章、廬陵。

（七）劉備屯下邳，與董承謀誅曹操。

五年（二〇〇）

（一）春，曹操殺董承。

（二）劉備據徐州叛，操自將擊，拔之，備奔袁紹。

（三）田豐説袁紹乘虚襲許，紹不從。

（四）夏，孫策出畋，爲其讎所傷，以兵授弟權而死。

（五）秋，袁紹濟河擊曹操。冬，操擊紹，大破之，紹僅以身免，操由是威振天下。

六年（二〇一）

（一）劉備爲袁紹寇掠汝南。冬，操擊劉備，備奔劉表，表使備屯新野。備聞處士諸葛亮賢，三就其廬見之，遂以爲謀主。

（二）袁紹愛少子尚，欲立爲後，乃出長子譚爲青州刺史。沮授諫，不聽，曰：「禍其始此矣。」

七年（二〇二）

（一）夏，袁紹卒，別駕審配矯紹命，立尚爲嗣。譚自稱車騎將軍，屯黎陽。譚、尚始有隙。

（二）秋，曹操擊袁譚。

八年（二〇三）

（一）春，譚兵敗，操追至鄴而還。

（二）秋，曹操擊劉表。袁譚攻袁尚，不勝，走平原，尚就圍之。譚遣別駕辛毗乞降於操以請救。操自西平還救譚。冬，操至黎陽，尚解圍，還鄴。

（三）孫權擊江夏太守黄祖，破之。

甲申**九年**（二〇四）

（一）春，袁尚留審配守鄴，復攻譚。曹操進軍圍鄴，決漳水灌之。秋，尚還救鄴，操擊，大破之，尚走中山。操拔鄴，斬審配。操自爲冀州牧，屯於鄴。

（二）袁譚略州郡，攻袁尚，尚走故安，就其兄熙。曹操責譚以負約而討之，譚奔南皮。

十年（二〇五）

（一）春，曹操拔南皮，斬袁譚，冀州悉平。

（二）袁熙、袁尚爲其將所攻，走烏桓。夏，黑山賊帥張燕降。

（三）烏桓反，曹操擊平之。

（四）冬，袁紹甥并州刺史高幹反。

十一年（二〇六）

（一）春，操擊幹，拔壺關。幹奔劉表，不至，死。

（二）烏桓蹋頓與袁尚頻入寇。

十二年（二〇七）

（一）夏，曹操北征蹋頓，出盧龍塞五百餘里。秋，大破蹋頓於白狼山，斬之。袁熙、袁尚奔遼東，公孫康斬熙、尚，送首。初，董卓以康父度爲遼東太守，度見天下亂，遂自稱平州牧，用天子禮。度卒，康襲位。

（二）孫權擊黄祖，虜其人民。

十三年（二〇八）

（一）春，曹操爲丞相。

（二）孫權拔江夏，斬黄祖。

（三）劉表立少子琮爲嗣，以長子琦爲江夏太守。秋，曹操征表，未至，表卒，琮以荆州降。操擊劉備於當陽，敗之。操兵號八十萬，勢震江東。冬，孫權用其將周瑜計，與備合兵，大破操於赤壁。立劉琦爲荆州牧。

十四年（二〇九）

（一）春，周瑜圍曹仁於江陵，仁棄城走。劉琦卒，劉備自爲荆州牧。孫權以妹妻備，備至京口謝。周瑜勸權徙備於吴，權不從。瑜又欲因曹操敗，西取蜀，未行，會病卒，薦魯肅代。

十五年（二一〇）

（一）秋，曹操征孫權，軍合淝。冬，還軍譙。

十六年（二一一）

（一）孫權使魯肅屯陸口。

（二）劉備以關羽屯江北。

（三）曹操以馬騰爲衛尉，留其子超屯槐里。

十六年（二一一）

（一）韓遂、馬超反，屯潼關。秋，曹操擊遂、超，破之，遂、超走，還涼州。操留夏侯淵鎮長安。

（二）孫權徙治建鄴。

（三）益州别駕張松陰與劉備謀取益，説劉璋使召備討張魯，從事王累等固諫，不聽。備將萬人入蜀，璋益其兵，使討魯。

十七年（二一二）

（一）夏，孫權城石頭及濡須。

（二）冬，曹操擊孫權。

（三）荀彧卒於壽春。

（四）劉備屯葭萌，張松謀泄，劉璋殺松。備還兵攻璋，所向皆克。諸葛亮、張飛、趙雲自荆州泝江取白帝及江陽。

十八年（二一三）

（一）春，曹操攻濡須，不克而還。

（二）夏，封操爲魏公，加九錫，置百官。

（三）秋，聘操三女爲貴人。

（四）馬超率羌胡擊隴上郡縣，殺涼州刺史韋康。曹操使夏侯淵討之。

甲午**十九年**（二一四）

（一）春，韋康故吏楊阜等攻馬超，超奔張魯，又奔劉備。

（二）夏侯淵擊韓遂，遂走。

（三）劉備圍成都數十日，劉璋出降，遷於公安。劉備入成都。

（四）冬，夏侯淵斬枹罕賊朱建[一]。

（五）皇后與父完謀誅操，操殺后及皇子并完族百餘人。

二十年（二一五）

（一）春，立曹操女爲皇后。

（二）夏，斬韓遂。

（三）秋，曹操擊張魯，魯降。

（四）孫權求長沙、零陵、桂陽三郡於劉備，備不與。權使呂蒙擊取之。備自至公安，權屯陸口，未戰，備聞曹操拔漢中，乃復與權和親。冬，曹操留夏侯淵屯漢中而還。

二十一年（二一六）

（一）夏，進曹操爵爲王。

（二）曹操殺尚書崔琰，囚僕射毛玠。

（三）秋，南單于朝魏，魏留之，使右賢王監其國。

〔一〕「枹」，原作「抱」，今據楊璋本、《四庫》本、江蘇書局本改。

（四）冬，曹操擊孫權。

二十二年（二一七）

（一）春，攻濡須，孫權請降，操留從弟仁屯居巢而還。

（二）冬，曹操立子丕爲太子。初，操愛少子臨菑侯植，欲立之。太中大夫賈詡等諫，乃止。

二十三年（二一八）

（一）春，太醫令吉本等起兵許中〔一〕，攻丞相長史王必營，不克而死。

（二）夏，代郡、上谷烏桓反，曹操使其子鄢陵侯彰擊破之。

（三）劉備攻漢中。秋，曹操西擊備，至長安。

二十四年（二一九）

（一）春，劉備襲殺夏侯淵。曹操自長安南擊備，備拒險不戰累月。操還，備遂取漢中。

（二）秋，備自稱漢中王，還成都。

（三）關羽圍曹仁於樊，于禁等七軍皆没。冬，操自至摩陂，使徐晃救仁。孫權使吕蒙襲公安，斬關羽，遂取荆州。

〔一〕「吉」，原作「告」，今據楊璋本、《四庫》本、江蘇書局本改。

魏文帝丕黄初元年（二二〇）

（一）春，太祖薨，太子嗣王位，改元延康。

（二）夏，酒泉、張掖反，金城太守蘇則討平之。

（三）秋，王南征，次于譙。

（四）劉備將孟達降。

（五）冬，王受漢禪，徙都洛陽，封漢帝爲山陽公。

臣光曰：新室之末，民心思漢，如渴之望飲，饑之待餔也。是以諸劉奮臂一呼，而遠近響應。曾未期年，元惡授首。更始入洛之初，天下已服矣。而素無人君之器，紀綱不脩，諸將暴横，不旋踵而亡，固其宜也。光武以仁厚之德，濟英傑之志，昆陽之役，驅烏合之衆，掃滔天之敵，使海内幡然變而爲漢。宜陽之師不戰而赤眉束手，百萬之盜一朝而散，皆希世之奇功也。至於待王郎、劉盆子止於不死，取良吏卓茂以爲太傅，戒馮異以安集關中，不務戰攻取勝，雖當草創之際，可謂有帝王之遠略矣。天下已定，不失舊物，乃偃武脩文，崇德報功，勤政治，養黎元，興禮樂，宣教化，表行義，勵風俗。繼以明、章，守而不失。於是東漢之風，忠信廉耻，幾於三代矣。及孝和以降，政令寖弛〔二〕，外戚專權，近習放恣，然猶有骨鯁忠烈之臣忘身以徇國，故雖衰而不亡，豈非建武、永平之餘烈歟！至於桓、靈，而紀綱大壞，廢錮英俊，賊虐忠正。嬖幸之黨，中外盤結。鬻獄賣官，濁亂四海。何進見殺，袁紹不勝其憤，遂燔燒宫闕，肆行誅殺，外召董卓以脅朝廷。於是虺蛇雖除，而虎貙入室矣。卓貪愎殘忍，廢主遷都，州郡紛然稱兵以討之。卓死而天下大亂，漢室遂亡。哀哉！

二年（二二一）漢昭烈帝備章武元。

（一）夏，劉備稱帝。

（二）孫權徙治武昌。

（三）甄夫人死。

（四）蜀張飛爲左右所殺。

（五）秋，蜀主自將擊孫權，軍於秭歸。權遣將陸遜拒之，軍於夷陵。

（六）權遣使來稱藩，詔封權吴王，加之九錫。

〔二〕「寖」，原作「寢」，今據《四庫》本、江蘇書局本改。

（七）冬，帝東巡。

三年（二二二）吴大帝孫權黄武元。

（一）春，幸許昌。

（二）夏，吴陸遜大破蜀軍於猇亭，蜀主僅以身免。

（三）秋，蜀將黄權來降。

（四）立皇后郭氏。

（五）冀州饑。

（六）帝責吴任子不至，遣將軍曹休等擊吴。

（七）冬，帝幸宛。

（八）吴、蜀復和親。

（九）蜀漢嘉守黄元反。

四年（二二三）漢安樂思公禪建興元。

（一）春，曹休等罷還。

（二）蜀人斬黄元。

（三）夏，蜀主殂於永安，太子禪立，年十七，丞相亮秉政。

（四）秋，帝幸許昌。

甲辰**五年**（二二四）

（一）秋，帝幸許昌。爲水軍以擊吴。至廣陵，吴人爲疑城以拒之，帝還。

六年（二二五）

（一）春，蜀諸葛亮渡瀘水，擊牂牁、益州、越嶲、永安四郡，平之。

（二）并州刺史梁習討鮮卑軻比能，大破之。

（三）冬，帝復爲水軍以擊吴。至廣陵，大寒，水冰，舟不得入江而還。

（四）吴番陽彭綺反。

七年（二二六）

（一）夏，帝疾甚，立甄夫人子叡爲太子。帝崩，大將軍曹真、司馬懿等受遺詔輔政。明帝即位，自親政事，以真等爲三公，或以方任處之。

（二）秋，吴王圍江夏，不克。

（三）吴諸葛瑾、張霸寇襄陽，司馬懿擊破之，斬霸。

魏明帝叡**大和元年**（二二七）

（一）春，吴人獲彭綺。

（二）蜀諸葛亮出屯漢中，以圖中原。
（三）冬，立毛后。
（四）吴將韓琮來降。
（五）新城太守孟達反，遣司馬懿擊之。

二年（二二八）
（一）春，斬達。
（二）蜀諸葛亮寇邊，天水、南安、安定皆應之，關中震動。帝幸長安。將軍張郃擊破亮於街亭，亮誅其將馬謖而還。
（三）秋，曹休與吴陸遜戰，敗於石亭。
（四）冬，蜀諸葛亮圍陳倉，不克。
（五）遼東公孫淵囚其叔父恭。

三年（二二九）吴黄龍元。
（一）春，蜀人取武都、陰平。
（二）夏，吴王稱帝，與蜀約中分天下。
（三）秋，吴徙都建業，使陸遜佐太子登守武昌。

四年(二三〇)

(一) 春,作合肥新城。

(二) 詔禁絶浮華。免尚書諸葛誕等官。

(三) 議考課法。

(四) 吴廷尉隱蕃叛,誅。

(五) 五谿蠻侵吴,吴潘濬討之。

(六) 卞太后崩。

(七) 秋,遣曹真自斜谷,司馬懿自漢水擊蜀。會大雨,班師。

(八) 帝幸許昌。

五年(二三一)

(一) 春,蜀諸葛亮寇祁山〔一〕,遣司馬懿鎮關中以禦之。懿軍敗於鹵城,亮食盡而退。張郃追亮至木門,戰死。

(二) 秋,初聽諸侯王入朝。

〔一〕「祁」,原作「祈」,今據江蘇書局本改。

（三）蜀，中都護李平有罪，徙梓潼。

（四）冬，吴將孫布詐降，揚州刺史王凌迎之，爲吴所敗。

六年（二三二）吴嘉禾元。

（一）春，帝愛女淑薨，爲之厚葬，立廟。

（二）帝幸許昌。

（三）吴太子登入朝[一]，吴主因留建業。

（四）秋，帝幸摩陂。

（五）治許昌宫。

（六）冬，吴主遣使詣公孫淵，至成山，汝南太守田豫擊取之。

（七）吴陸遜寇廬江，不克。

青龍元年（二三三）

（一）春，帝幸摩陂。

（二）公孫淵稱臣於吴，吴主封淵燕王，加九錫，遣使者張彌、許晏將萬人詣淵。張昭等諫，

〔一〕「子」，原作「守」，今據《四庫》本、江蘇書局本改。

不聽。

（三）將軍秦元明擊破鮮卑，軻比能走漠北〔一〕。

（四）冬，公孫淵斬吴使者首以獻。

（五）吴主攻新城，不克。

甲寅**二年**（二三四）

（一）春，山陽公薨。

（二）蜀諸葛亮以十萬衆自斜谷入寇，吴主亦舉兵寇合肥、襄陽、廣陵。司馬懿與亮相拒於渭南。秋，亮卒，蜀師退。蜀尚書令蔣琬代亮秉政。

（三）帝幸壽春，吴師亦退。

（四）吴潘濬平五谿蠻。

三年（二三五）

（一）春，郭太后崩。

（二）蜀楊儀有罪，自殺。

〔一〕「漠北」，原作「漢比」，今據《四庫》本、江蘇書局本改。

（三）帝大治宫室，羣臣楊阜等切諫，雖不之罪，亦不聽。

（四）冬，帝幸許昌。

（五）幽州刺史王雄遣人刺殺軻比能，鮮卑由是衰散。

（六）立皇子芳爲齊王。芳實非帝子。

四年（二三六）

（一）春，吴張昭卒。

（二）冬，帝幸許昌。

景初元年（二三七）

（一）春，改定魏曆，以建丑月爲正。

（二）秋，吴朱然寇江夏。冬，全琮襲六安。皆不克。

（三）吴諸葛恪招撫山越，得甲士四萬。

（四）公孫淵反，自稱燕王。幽州刺史毌丘儉討之，遇雨而還。

（五）毛后以罪賜死。

二年（二三八）漢延熙、吴赤烏元。

（一）春，遣司馬懿擊公孫淵。秋，拔襄平，斬淵。

（二）冬，帝寢疾。

（三）立皇后郭氏。

（四）詔燕王宇及夏侯獻、曹肇等輔齊王芳爲嗣。中書監孫資、劉放惡獻、肇，以曹爽、司馬懿代之。

（五）蜀蔣琬出屯漢中。

三年（二三九）

（一）春，帝崩。帝及文帝皆勤吏治而好通才，故俗尚刻薄，賤守節焉。

（二）太子即位，年八歲。

（三）曹爽用其黨何晏等計，陽尊司馬懿爲太傅。爽兄弟竝典兵、侍從，勢震四方。懿謝病以避之。

（四）冬，復以建寅月爲正。

魏邵陵厲公芳**正始元年**（二四〇）

（一）春，旱。

（二）蜀越巂反，太守張嶷討平之。

（三）冬，吴饑。

二年（二四一）

（一）夏，吴全琮寇淮南，諸葛恪攻六安，朱然圍樊，諸葛瑾取柤中。征東將軍王淩破全琮於芍陂，司馬懿救樊，吴師還。

（二）吴太子登卒。

（三）蜀大司馬蔣琬欲自漢、沔以舟師伐魏，蜀人以爲不可，乃止。

三年（二四二）

（一）春，吴王立子和爲太子，封少子霸爲魯王。

（二）秋，吴陸凱討朱崖、儋耳。

四年（二四三）

（一）春，吴諸葛恪寇六安。

（二）冬，蜀蔣琬自漢中還住涪，以費禕爲大將軍。

甲子**五年**（二四四）

（一）春，曹爽之黨以爽素無威名，勸爽發兵十餘萬與征西將軍夏侯玄自駱谷擊蜀。蜀人守險不戰，師不得進。夏，糧盡而還，關中爲之虚耗。由是天下益惡爽。

（二）蜀董允守尚書令。

六年（二四五）

（一）春，吴丞相陸遜卒。

七年（二四六）

（一）春，吴朱然寇柤中。

（二）毌丘儉擊高句麗，屠九郡，高句麗王宫出走。

（三）秋，吴分荆州爲二郡，使吕岱、諸葛恪督之。

（四）冬，蜀蔣琬、董允卒，蜀主始親聽政，宦人黄皓用事。

八年（二四七）

（一）蜀費禕與涼州刺史姜維共録尚書事。

九年（二四八）

（一）夏，蜀費禕出屯漢中。

嘉平元年（二四九）

（一）春，曹爽兄弟從帝出謁高平陵，司馬懿發兵閉門，奏爽罪惡。帝還，懿收爽及其黨，悉誅之。

（二）秋，蜀姜維寇雍州。將軍郭淮、陳泰擊走之。

（三）王淩謀起兵，立楚王彪，以討司馬懿，不果。

二年（二五〇）

（一）吴，魯王霸謀去太子和而代之，全公主亦譖和。秋，吴主廢和，賜霸死。冬，立少子亮爲太子。

（二）將軍王昶出江陵，王基出西陵，州泰出秭歸以擊吴。吴陸凱拒之，師還。

（三）蜀姜維寇西平，不克。

三年（二五一）吴太元元。

（一）夏，王淩事覺，司馬懿自水道奄至壽春。淩窮迫出降，自殺。賜楚王彪死，悉集諸宗室置鄴。

（二）吴立潘后。

（三）秋，司馬懿卒，以其子師録尚書事。

（四）冬，吴主寢疾，召諸葛恪於武昌，委以國政。

（五）蜀費禕北駐漢壽。

四年（二五二）吴侯官侯亮建興元。

（一）春，立張后。

（二）夏，吴大帝殂，太子亮立，年九歲。冬，吴太傅諸葛恪脩東興隄。詔王昶出江陵，毌丘儉出武昌，胡遵、諸葛誕圍東興，與諸葛恪戰於東關。遵、誕兵大敗。

五年（二五三）

（一）春，郭循刺殺蜀費禕。

（二）吴諸葛恪復發兵二十萬寇淮南。

（三）夏，蜀姜維寇狄道，陳泰禦之，維退。

（四）諸葛恪圍新城，士卒病死以萬數。秋，引兵去。吴侍中孫峻誘恪殺之，又殺故太子和，徙齊王奮於章安。

甲戌**魏高貴鄉公**髦**正元元年**（二五四）吴五鳳元。

（一）春，中書令李豐、后父緝及夏侯玄謀殺司馬師，皆族誅，廢張后。

（二）夏，蜀姜維寇隴西。

（三）帝與左右謀誅司馬師，不克。秋，師廢帝，迎立文帝孫高貴鄉公。

二年（二五五）

（一）春，鎮東將軍毌丘儉、揚州刺史文欽反，渡淮據項城。司馬師擊殺儉。吴孫峻襲壽春，文欽降吴。

（二）司馬師卒于許昌，以師弟昭爲大將軍。

（三）秋，蜀姜維圍雍州刺史王經於狄道，陳泰、鄧艾救之，維去。

甘露元年（二五六）吴太平元。

（一）秋，蜀大將軍姜維寇祁山〔一〕，將軍鄧艾大破維於段谷。

（二）吴吕據及文欽寇青、徐，會孫峻卒，以政事付從弟綝，綝召據等還。據聞綝代峻，大怒，不受命。冬，綝擊殺據，又殺大司馬滕胤。

二年（二五七）

（一）夏，詔召鎮東大將軍諸葛誕爲司空，誕據壽春叛，降吴。吴將全懌、全端及文欽入壽春。司馬昭奉太后及帝，將兵二十六萬以討誕，圍壽春，破吴將朱異。冬，懌、端出降。

（二）蜀姜維出駱谷，將軍司馬望、鄧艾禦之。

三年（二五八）漢景耀、吴景帝休永安元。

（一）春，諸葛誕殺文欽，諸軍拔壽春，斬誕。蜀軍聞之，亦退。

（二）吴主與太常全尚謀誅孫綝，尚泄其謀。秋，綝廢吴主爲會稽王，立其兄琅邪王休爲吴

〔一〕「祁」，原作「祈」，今據楊璋本、江蘇書局本改。

主。冬，吴主與將軍張布共誅滅綝。

四年(二五九)

魏元帝奂**景元元年**(二六〇)

(一)夏，高貴鄉公率殿中兵以誅司馬昭，不克，崩於軍中。昭迎燕王宇之子常道鄉公奂立之。

(二)吴作丹陽湖、浦里塘。吴黜會稽王亮爲候官侯，亮自殺。

二年(二六一)

(一)春，吴人使其將鄧由等詐降，以誘征南將軍王基。基知而不逆，由果不至。

三年(二六二)

(一)秋，吴立朱后及太子𩅦[一]。

(二)冬，蜀姜維寇洮陽，鄧艾敗之於侯和。維與黄皓有隙，因留沓中，不敢歸。

(三)蜀罷漢中諸國。

(四)詔以鍾會爲鎮西將軍。

(五)敕青、徐、兖、豫、荆、楊作船，謀以伐蜀。

[一]「朱」，原作「宋」，今據下文及楊璋本、江蘇書局本改。

四年（二六三）漢炎興元。

（一）夏，吴交趾吕興叛。

（二）詔鍾會、鄧艾伐蜀。會拔漢中，艾破姜維於强川。維退守劍閣，會不能進。會欲還，艾不可。

（三）冬，吴丁奉寇壽春。

（四）鄧艾自陰平入蜀，破蜀將諸葛瞻於緜竹。蜀主出降，吴師退。

臣光曰：昭烈以敗亡之餘，羈旅漢南，而能屈體英傑，要結同志，摧沮勍敵，因敗爲功。顛沛之際，不忘德義，美矣。劉璋昧弱，侮而兼之，遂奄有巴蜀，君臨一隅。安樂公才雖下中，然委任賢相，抗衡中國。及姜、黄用事，面縛爲虜，宜矣。

甲申**咸熙元年**（二六四）吴歸命侯皓元興元。

（一）春，鍾會譖鄧艾殺之。

（二）司馬昭奉帝幸長安，鍾會尋反，死。

（三）吴，陸抗圍巴東，不克。

（四）秋，吴景帝殂，大臣濮陽興、張布立太子和之子皓。皓既立，族誅興、布。

（五）交趾、日南、九真皆來降。

晉武帝炎**泰始元年**（二六五）吴甘露元。

（一）秋，太祖薨，太子炎嗣爲晉王。

（二）吴主殺景后朱氏及其二子，使大臣丁固、諸葛靚守建業，徙都武昌。

（三）冬，王受魏禪，封魏帝爲陳留王。

臣光曰：漢室不綱，羣雄麋擾。乘輿播蕩，莫之收省。太祖獨奉迎而相之，披荆棘以立朝廷，則其名義固足以結民心矣。加之英威明略，過絶於人，驅策賢豪，糞除姦宄，於是張繡屈膝，吕布授首，公路野死，本初覆亡，劉琮獻地，韓、馬遁逃，中原肅清，戎狄請服。然則魏取天下於盗手，而非取之于漢室也。惜其狹中多詐，猜忌賢能，此海内所以不盡服也。及文帝受禪，明帝繼業，内綏外禦，不廢前功。而明帝於彌留之際，姦臣牽率，嗣子幼弱，寄託非人。曹爽驕戇，黨與輕佻。禍自内興，遂衰微不振，以至於易姓。悲夫！

二年（二六六）吴寶鼎元。

（一）春，立皇后楊氏。

（二）冬，吴永安山賊施但等劫吴主弟永安侯謙[一]，以攻建業。丁固、諸葛靚擊破之，謙自殺。

（三）吴王還都建業。

三年（二六七）

（一）春，立子衷爲太子。

（二）夏，吴主作顯明宫，開苑囿，起土山，二千石以下皆入山督木石。

四年（二六八）

（一）秋，吴主出東關，使丁奉寇合肥。

五年（二六九）吴建衡元。

（一）春，以僕射羊祜鎮襄陽[二]。祜薦王濬爲巴郡太守，以謀伐吴。

（二）冬，吴丞相陸凱卒。

（三）吴監軍虞汜自荆州，李勗自建安擊交趾。

六年（二七〇）

[一] 「但」，《四庫》本、江蘇書局本作「但」。

[二] 「祜」，原作「祐」，今據《四庫》本、江蘇書局本改。

（一）春，吴李勗以建安道不通，引軍還，坐族誅。

七年（二七一）

（一）春，吴主自將大衆出華里，欲入寇，遇大雪而還。

（二）虞汜破交趾，殺晉所置吏，復取交趾、日南、九真[一]。

八年（二七二）吴鳳皇元。

（一）春，納車騎將軍賈充女爲太子妃。

（二）夏，益州牙將張松殺刺史皇甫晏，詔以王濬爲刺史，擊平之。

（三）秋，吴將步闡以西陵來降，吴陸抗擊殺之。

九年（二七三）

（一）吴主好祥瑞，侍中韋昭非之，怒，殺昭。吴主奢淫無度，愎諫好殺，或剥人面皮。人有忤視者，輒鑿其目，民不聊生。

甲午**十年**（二七四）

（一）秋，楊后崩，遺言請納叔父駿之女。帝許之。

〔一〕「復」，原作「役」，今據楊璋本、江蘇書局本改。

（二）吴大司馬陸抗卒。

咸寧元年（二七五）吴天册元。

（一）吴主燒鋸，殺中書令賀劭。

二年（二七六）吴天璽元。

（一）秋，吴京下督孫楷來奔。

（二）冬，立皇后楊氏，駿女也。

三年（二七七）吴天紀元。

四年（二七八）

（一）冬，羊祜卒，以河南尹杜預都督荆州。

五年（二七九）

（一）杜預、王濬請伐吴，太尉賈充、太傅荀顗以爲不可，中書令張華以爲可。帝用華言。冬，遣琅邪王伷出徐州，將軍王渾出牛渚，王戎出武昌，胡奮出夏口，杜預趣江陵，王濬下巴蜀〔一〕，凡二十餘萬衆伐吴。

〔一〕「濬」，原作「渾」，今據《四庫》本、江蘇書局本改。

太康元年(二八〇)

(一)春，王濬所向城戍皆下，杜預拔公安。諸將以嚮夏水潦，疾疫方作，請班師，預固執不可。夏，王渾大破吴兵於板橋，斬其丞相張悌。王濬入石頭，吴主詣濬降。渾與濬爭功，互相論奏[一]，帝兩無所是非。

臣光曰：孫破虜以孤遠之兵，決忠憤之志，首犯賊鋒，深蹂洛川，汛埽陵寢，有足多者。討逆以童子提一旅之衆，揮馬箠而下江東，耆儒宿將，狼狽失據，開地千里，真英才也。大帝承父兄之烈，師友忠賢，以成前志。赤壁之役，決策定慮，以摧大敵。非明而有勇，能如是乎？遂奄有荆、楊，傳於南海，傳祚累世，宜矣。候官、景帝，皆明慧取決，有先世之風。歸命驕愎殘虐，浮於桀、紂，求欲不亡，得乎？

二年(二八一)

(一)太子闇弱，不辨菽麥，侍中和嶠、衛瓘屢以爲言。荀顗及尚書令荀勗常保護之，故得不廢。文帝子齊王攸有俊德，人所屬望，勗惡之。

[一]「互」，原作「立」，今據《四庫》本、江蘇書局本改。

三年(二八二)

(一)冬,勗言於帝,以攸爲大司馬、都督青州,遣之國。

四年(二八三)

(一)春,太子妃賈氏手殺孕妾〔一〕,帝怒,欲廢之。楊后曰:「妬者,婦人之常情。」乃止。

齊王攸憂憤嘔血薨。

甲辰**五年**(二八四)

(一)秋,杜預卒于襄陽。

六年(二八五)

七年(二八六)

八年(二八七)

九年(二八八)

(一)春,鮮卑慕容廆請内屬,拜廆鮮卑都督,廆徙居青山。

十年(二八九)

〔一〕「妃」,原作「后」,今據江蘇書局本改。

惠帝衷**永熙元年**（二九〇）

（一）夏，武帝崩，遺詔以后父楊駿爲太傅輔政。帝自平吴以來，沉湎酒色，不思國家久遠之策。俗以老、莊放誕相高，而鄙經術禮法之士。識者知天下將亂云。惠帝即位。

（二）秋，立子遹爲太子。

元康元年（二九一）

（一）春，賈后殺楊駿及其親黨，遷太后於金墉，以汝南王亮爲太宰，與太保衛瓘對掌朝政。賈后又使楚王瑋殺亮、瓘〔一〕，因而誅瑋。秋，以梁王肜録尚書事。

二年（二九二）

（一）春，楊太后乏食崩。

（二）賈后黨侍中賈謐、尚書郭章用事，朝士爭附之。

三年（二九三）

甲寅**四年**（二九四）

（一）冬，慕容廆徙居大棘。

〔一〕「使」，原作「思」，今據楊璋本、《四庫》本、江蘇書局本改。

五年（二九五）

（一）武庫火。

六年（二九六）

（一）春，張華爲司空，掌朝政。秋，氐帥齊萬年及羌胡反，寇涇陽，衆號十萬。冬，遣將軍周處等討之。

七年（二九七）

（一）春，周處及氐戰，敗死於六陌。

八年（二九八）

（一）賈后謀害太子，左衛率劉卞説張華以四率兵奉太子入朝，因録尚書事，執賈后廢之，華不從。

九年（二九九）

（一）冬，賈后誣太子謀反，廢徙金墉城，由是人間疾惡賈氏益甚。趙王倫諂事賈、郭，得車騎將軍。或説倫腹心孫秀曰：「朝廷人人欲爲太子報讎，公輩受福不久矣。不如先之。」倫、秀告張華，華不可。

永康元年（三〇〇）

（一）春，賈后殺太子於許昌。

（二）夏，趙王倫、梁王肜領兵入宫，誅賈謐、郭章，賜賈后死，斬張華。倫爲相國，如宣帝輔魏故事。肜爲太宰，立太子之子臧爲太孫。

（三）秋，淮南王允發兵誅倫，不克而死。

（四）冬，立皇后羊氏。

永寧元年（三〇一）

（一）春，趙王倫篡位，遷帝於金墉，殺太孫臧。齊王冏、河間王顒、成都王穎共起兵以誅倫。夏，將軍王輿殺孫秀，迎帝復位，賜倫死，詔以冏爲大司馬輔政。

（二）益州刺史趙廞反。詔以張軌爲涼州刺史。

太安元年（三〇二）

（一）春〔二〕，趙廞殺賨人李庠〔三〕，庠兄特攻殺廞。詔以羅尚爲益州刺史，尚欲誅特。夏，特攻尚於成都，自稱益州牧。

〔二〕「春」，原作「秋」，今據楊璋本、江蘇書局本改。

〔三〕「賨」，原爲墨丁，今據楊璋本、江蘇書局本補。

（二）秋，立皇弟子覃爲太子。

（三）冬，河間王顒起兵，以討齊王冏。長沙王乂執冏，殺之。

二年（三〇三）成景帝李特建初元。

（一）春，羅尚破斬李特，特弟流代領其衆。秋，流卒，以衆付特子雄，雄遂逐尚，據成都。

（二）河間王顒、成都王穎表長沙王乂罪惡。乂劫帝，與顒、穎相攻。兵交洛陽，詔令不出四門。冬，東海王越執乂，殺之。

甲子**永興元年**（三〇四）漢光文帝劉淵元熙、成武帝雄建興元。

（一）春，以穎爲太弟。秋，越奉帝攻穎，敗於湯陰，越奔下邳。穎以帝歸鄴。東瀛公騰及都督幽州王浚共攻穎，穎奉帝奔洛陽。

（二）匈奴劉淵據離石，稱大單于。

（三）李雄稱成都王。

（四）冬，河間王顒劫帝幸長安，立皇弟熾爲太弟。

二年（三〇五）

（一）秋，穎將公師藩、汲桑、羯胡石勒起兵趙、魏，兖州刺史苟晞討斬藩。

（二）廣陵相陳敏起兵，據揚州。

（三）冬，穎衆入洛陽，東海王越以宣帝曾孫琅邪王叡爲安東將軍，領揚州。

（四）劉淵陷河東、平陽，徙都蒲子。李雄稱帝。

光熙元年（三〇六）成晏平元。

（一）春，東海王越遣將宋胄逼洛陽，成都王穎走河北，胄引兵西迎大駕。河間王顒兵敗，走入太白山。夏，帝還洛陽。冬，遇毒崩。穎、顒皆爲人所殺。

懷帝熾**永嘉元年**（三〇七）

（一）春，陳敏爲其將顧榮所殺。

（二）東海王越出鎮許昌。

（三）以南陽王模鎮長安，東瀛公騰鎮鄴。汲桑攻鄴，殺騰。秋，苟晞擊殺桑〔一〕。

（四）琅邪王叡自下邳徙建康。

（五）賊帥石勒、王彌皆降劉淵。

二年（三〇八）漢永鳳元。

（一）夏，王彌逼洛陽，諸將擊破彌於七里澗，彌自轘關奔劉淵，淵以彌爲征東大將軍，石勒

〔一〕「苟晞」，下文及各本或作「苟晞」，或作「苟晞」，今統一作「苟晞」，下文徑改。

爲平東將軍，居樂平。冬，劉淵稱漢帝。

（二）張軌感風，疾作，子茂攝州事。

三年（三〇九）漢河瑞元。

（一）春，劉淵徙都平陽。

（二）漢將劉景拔黎陽。

（三）夏，石勒略鉅鹿、常山，衆十餘萬，以張賓爲謀主。

（四）東海王越還京師。

（五）冬，劉聰、劉曜、劉景、王彌合兵圍洛陽〔二〕，越擊走之。

四年（三一〇）漢昭武帝聰光興元。

（一）秋，劉淵卒，子和立，欲盡討諸兄弟，弟聰殺和自立。

（二）石勒南侵洛陽，遂至襄陽，欲保據江漢，張賓以爲不可，乃還。

（三）冬，東海王越自將討勒。索頭猗盧自雲中入鴈門，并州刺史劉琨以五縣處之。

五年（三一一）漢嘉平、成玉衡元。

〔二〕「劉曜」，下文及各本或作「劉曜」，或作「劉曜」，今統一作「劉曜」，下文徑改。

（一）春，東海王越薨于甯平，石勒追擊其軍，盡屠。

（二）夏，王彌、劉曜、石勒合兵陷洛陽，帝蒙塵于平陽。

（三）秋，漢將趙染陷長安，殺南陽王模。將軍索綝、賈匹復取長安〔二〕。

（四）琅邪王叡督五州，置百官。

（五）石勒攻苟晞、王彌，取之。

六年（三一二）

（一）春，司空荀藩奉武帝孫秦王子業入長安，立爲太子。

（二）秋，漢將劉粲攻劉琨，拔晉陽，索頭猗盧救琨，敗漢兵。琨表猗盧爲代公。

（三）石勒引兵至淮南，遇霖雨，還徇河北，取襄國居之，又擊王浚將段六眷，禽之。

愍帝子業**建興元年**（三一三）

（一）春，劉聰使懷帝着青衣行酒，舊臣有哭者，聰惡之，遂害帝。

（二）夏，太子即位。

（三）石勒以從弟虎爲魏郡太守，鎮鄴。勒欲取王浚，先卑辭厚禮以事之，許推爲天子。

〔二〕「復」，原作「履」，今據江蘇書局本改。

甲戌**二年**（三一四）

（一）春，石勒襲幽州，取王浚斬之。

（二）夏，索綝擊破趙染，染走。染又與劉曜入寇，敗麴允於馮翊。

（三）詔以張軌爲涼州牧、西平公。軌尋薨，子寔襲位。

（四）賊帥杜弢寇掠汝南。

三年（三一五）漢建元元。

（一）秋，鎮東將軍王敦遣荆州刺史陶侃、相州刺史甘卓擊弢，斬之。敦始自選置荆、揚、江、湘、交、廣六州長史，寖有跋扈之迹〔一〕。

（二）詔以代公猗盧爲代王，食代、常山郡。

（三）劉聰拜石勒爲陝東伯，得專征伐，封拜牧守列侯以下。

四年（三一六）漢麟嘉元。

（一）春，劉琨遣將姬澹將兵二萬討石勒。澹兵敗，琨長史李弘以并州降勒，琨走，依幽州刺史段匹磾。

〔一〕「寖」，原作「寢」，今據《四庫》本、江蘇書局本改。

（二）冬，劉曜圍長安，城中食盡，帝出降。曜以索綝爲不忠，斬之。

臣光曰：宣帝始以重望高才，策名魏室，西卻諸葛，東舉公孫。若以忠順終之，足爲良臣矣。遭爽、晏忌疾，乘間而發，專制朝柄，誅鉏異己，平昔之美，掃地盡矣。及景、文相繼，遂遷魏祚。武帝席卷全吴，纘禹舊服，恃其治安，荒於酒色。以開基之始，不爲遠圖。崇尚浮華，敗棄禮法。惠帝昏愚，不辨菽麥，譬如萬金之寶，委之中衢，無人守之，安得不爲他人有乎？禍生於閨闥，成於宗室。骨肉相殘，而胡、羯、氐、羌、鮮卑爭承其弊，剖裂中原，齏醢生民，積骸成丘，流血成淵，幾三百年，豈不哀哉！

（三）代王猗盧爲其子六脩所殺，國人立其弟子鬱律。

元帝叡建武元年（三一七）

（一）春，初稱晉王，置百官，以王導爲驃騎將軍，録尚書事。

（二）劉聰倖臣郭猗、王沈譖太弟乂，殺之。

（三）冬，劉聰害愍帝，以劉曜爲相國。

太興元年（三一八）前趙劉曜光初元。

（一）春，王即位，立子紹太子。

（二）劉聰卒，子粲立，段匹磾殺劉琨。

（三）秋，祖逖督諸軍屯雍丘，以圖中原。漢司空靳準譖諸大臣而殺之，因弒劉粲自立。冬，劉曜、石勒合兵討準，滅之。曜自立爲帝。

二年（三一九）晉王保建康、後趙明帝石勒元。

（一）春，劉曜以石勒爲太宰，封趙王。既而悔之，殺勒使者，始與勒絶。夏，曜徙都長安，改稱趙。

（二）冬，石勒自稱趙王、大單于，使張賓執朝政，石虎督諸軍。

（三）帝引劉隗、刁協爲腹心，始與王敦有隙。

（四）南陽王保稱晉王於祁山。

三年（三二〇）

（一）春，石虎攻厭次，冀州刺史邵續出戰，爲虎所禽。

（二）晉王保爲其將張春所殺，别將陳安殺春，降劉曜。秋，梁州刺史周訪卒，以甘卓代之。

（三）又以譙王丞爲湘州刺史[一]，以備王敦。

[一]「丞」，原爲墨丁，今據楊璋本、《四庫》本、江蘇書局本補。

（四）張寔爲妖人劉弘所殺，弟茂襲位。

四年（三二一）

（一）春，石虎拔厭次，執段匹磾以歸。

（二）秋，以僕射戴淵都督兖、豫、冀、雍、并五州，鎮壽陽；丹陽尹劉隗都督青、徐、幽、平四州，鎮泗口。豫州刺史祖逖略定河南地，聞王、劉構隙，知功不成，冬，憤恚而卒。詔以弟約代領其衆。

永昌元年（三二二）

（一）春，王敦舉兵向闕，帝命王導將兵拒之。導兵敗於栗州，刁協死，劉隗奔石勒。詔以敦爲丞相，都督中外。敦殺周顗及戴淵。

（二）晉王保將陳安自稱涼王。夏，王敦還武昌，殺譙王丞及甘卓，帝以憂崩。

明帝紹**太寧元年**（三二三）

（一）夏，王敦徙屯蕪湖，將相岳牧皆出敦門，四方貢獻皆入敦府。

（二）秋，石虎拔青州，殺刺史曹嶷。

甲申**二年**（三二四）

（三）劉曜攻斬陳安，進臨張茂，茂稱藩於曜。

（一）春，石虎寇兗州，刺史劉遐退保泗口。夏，張茂卒，兄子駿襲位。

（二）王敦病甚，帝用丹陽尹温嶠謀，下詔討之。秋，敦遣將錢鳳將兵逼建康。帝兵五千，敦兵三萬，會敦卒，其衆自潰，錢鳳、王含、王應皆死。

（三）冬，石生屯洛陽，祖約退保壽陽。

三年（三二五）

（一）春，立子衍爲太子。

（二）夏，石勒將石良寇兗州，殺刺史。自淮以北，司、豫、兗州皆没於勒。

（三）以陶侃都督雍、梁、荆、湘四州。

（四）帝崩。帝明敏有斷，時年二十七。太子即位，年五歲，庾太后臨朝，后兄中書令亮秉政。先是，王導爲政寬和，亮以嚴猛代之，衆頗怨懼。

成帝衍咸和元年（三二六）

（一）夏，大水。

（二）庾亮以遺詔裒進大臣，而不及陶侃、祖約。侃、約不悦。亮懼，秋，以温嶠爲江州刺史，以備陶侃。

（三）冬，石勒將石聰寇壽陽，祖約求救，亮不許。歷陽太守蘇峻救之，聰走。

二年（三二七）

（一）庾亮惡蘇峻兵强，欲召之，王導及尚書令卞壼皆以爲不可〔二〕。亮不聽，召峻爲大司農。峻疑不赴，乞補一荒郡，不許。峻乃與祖約謀起兵誅執政。冬，峻襲姑熟，屠慈湖。温嶠欲入援京師，亮不許，曰：「吾憂西方，過於歷陽。」

三年（三二八）後趙太和元。

（一）春，蘇峻陷建康，庾亮奔潯陽。峻自稱録尚書，以祖約爲太尉。温嶠推陶侃爲盟主，同討峻、約。夏，峻劫帝幸石頭〔三〕。

（二）石聰拔壽陽，祖約走保歷陽。

（三）石虎伐劉曜，至蒲坂。秋，曜大破虎於高堠，遂圍洛陽。

（四）陶侃、温嶠攻石頭，蘇峻出戰而死。其徒推峻子碩爲主。

（五）冬，石勒大破劉曜兵，禽曜歸，殺之。

四年（三二九）

〔二〕「壼」，原作「壺」，今據《四庫》本、江蘇書局本改。

〔三〕「峻」，原作「嶠」，今據《四庫》本、江蘇書局本改。

(一) 春，劉曜太子熙奔上邽，石生克長安。

(二) 祖約降於石勒，勒殺之[一]。蘇碩兵敗，走死。

(三) 秋，石虎滅劉熙，徙氏、羌十五萬落於冀州。

臣光曰：劉淵以匈奴遺種，乘晉室之衰，奄有河、汾。天下蠭起之衆，輻湊而歸之，石勒、王彌皆北面爲臣。聰承其故業，遂陷兩都，執辱二帝，矜夸淫縱，殘暴無親。幸以病終，墳草未生，家爲屠肆矣。曜以疎族，屢建大功，專制關中。遭靳準之亂，興師討賊，遂承漢業。及揚戈隴阪，則陳安授首；投甲西河，則張茂稱藩。亦戎狄之雄俊也。然始與靳氏約降則非義，終滅其家則非信，使石勒因而自絕則非智。乃知三者其德而能成功者，鮮矣。及乘高堠之捷以圍金墉，一戰而跌，生爲禽虜，雖其輕易以取禍，亦不幸而夭亡也。

(四) 冬，將軍郭默矯詔殺江州刺史劉胤。

五年(三三〇) 趙建平元。

(一) 夏，饑疫。

(二) 陶侃討郭默，斬之。侃徙鎮武昌。

[一] 「勒」，原脱，據江蘇書局本補。

（三）石勒稱大趙天王，行皇帝事。秋，勒即帝位，使營鄴宮。以其子宏爲大單于，石虎爲中山王。虎自以功多怨怒，徐光、程遐勸勒除之，勒不從。

（四）冬，趙郭祇拔襄陽，太守周撫走還武昌。

六年（三三一）

（一）夏，大旱。

七年（三三二）

（一）夏，大水。

（二）秋，陶侃使將軍桓宣擊趙，復取襄陽，以宣爲荆州刺史，復脩祖逖之政。

（三）冬，帝遷居新宫。

八年（三三三）

（一）春，蜀李壽陷寧州，取南中之地。

（二）夏，慕容廆薨，子皝立〔二〕。皝弟仁據遼東以叛〔三〕。

〔二〕「立」，原脱，今據江蘇書局本補。

〔三〕「皝」，原脱，今據江蘇書局本補。

（三）秋，石勒卒。石虎殺徐光、程遐及勒后劉氏、勒子堪。太子弘請讓位，不許。

（四）冬，石生據長安，石明以洛陽叛，虎皆擊滅之。

（五）石聰以譙來降。

甲午**九年**（三三四）趙海陽王弘延熙元。

（一）夏，陶侃薨，庾亮代鎮武昌。

（二）秋，李雄卒，舍其子而以兄子李班爲嗣。

（三）冬，石虎廢弘而殺之，自稱居攝趙天王。

（四）李雄子李越殺李班，而讓其弟期，期以李越爲相國，以從父漢王壽鎮涪〔一〕。

（五）段蘭破慕容皝於柳城。

咸康元年（三三五）趙武帝虎建武、成邛都幽公期玉恒元。

（一）夏，石虎寇歷陽，石遇圍襄陽，京師大震。虎兵遇饑、疫而還。

（二）秋，旱。

（三）冬，慕容皝乘凍攻慕容仁，殺之。代人逐翳槐而立猗㐌之子紇郍，翳槐奔趙。

〔一〕「王」，原作「皇」，今據《四庫》本、江蘇書局本改。

二年（三三六）

（一）春，立皇后杜氏。

（二）旱。

（三）冬，石虎作大武殿，基高二丈八尺，教宫人占星及馬射，百工伎巧皆與外同。虎荒于酒色，國事皆委之太子邃。

三年（三三七）

（一）春，石虎稱大趙天王，太子邃以其弟宣有寵於虎，謀殺之。秋，虎誅邃，以宣爲太子。

（二）冬，慕容皝自稱燕王，置百官，遣使稱藩於趙，請兵以伐段氏。會段遼攻薊，虎自將兵十餘萬伐之。

四年（三三八）漢昭文帝壽漢興、代昭成帝拓跋什翼犍建國元。

（一）春，虎大破段遼，拔令支，遣將納翳槐於代，紇郍奔燕。虎以慕容皝不會令支〔一〕，移兵討之，圍柳城。皝遣子恪擊破之，又破趙將麻秋於密雲山。

（二）李期驕暴，欲殺李壽，壽起兵襲破成都，廢期自立，更號曰漢。

〔一〕「支」，原作「支」，今據楊璋本改。

（三）代王翳槐卒，弟什翼犍立。

五年（三三九）

（一）秋，王導卒，中書監庾冰代導秉政。

（二）石虎以太子宣爲大單于，建天子旌旗，遣將夔安寇沔南。將軍毛寶戰没，安掠七萬户而還。

（三）冬，庾亮卒，庾翼代鎮武昌。

（四）石虎將伐燕，治兵于鄴，戎士五十萬。

六年（三四〇）

（一）春，慕容皝破趙石城於邊西，遣使獻捷，册封皝爲燕王。皝又伐高句麗，高句麗請和。

七年（三四一）

（一）春，杜后崩。

（二）燕王皝襲趙幽州，入高陽，虜三萬餘户而還。遷都柳城，更命曰龍城。又伐高句麗，焚九都。高句麗王出走，虜其母、妻及民五萬餘口。

八年（三四二）

（一）春，高句麗王稱臣於燕以請和。

（二）夏，帝疾甚，庾冰以皇子丕幼，且懼易世之後，親屬愈疎，請以帝弟琅邪王岳爲嗣，帝許之。帝崩，岳立。

（三）冬，立皇后褚氏。

（四）石虎大發諸州兵百餘萬，將入寇。

康帝岳**建元元年**（三四三）

（一）春，石虎用太史趙攬言，大閱而罷。遣其將張伏都擊張駿，駿主簿謝艾擊破之。秋，李壽卒。

（二）蜀建寧、上庸等五郡皆叛入于趙。

（三）宇文歸將莫淺渾伐燕，燕王皝擊破之。

甲辰**二年**（三四四）漢歸義侯勢太和元。

（一）春，燕王皝以慕容翰爲前鋒，伐宇文歸，歸走漠北，拓地千里。

（二）秋，帝有疾，庾冰欲立會稽王昱，何充請立皇子聃。帝崩，聃即位，年一歲，褚太后臨朝，以昱録尚書。

（三）冬，庾冰卒。庾翼發六州兵將與燕、涼共伐趙，聞帝崩、冰卒，乃還，屯夏口。

穆帝聃**永和元年**（三四五）

(一)春，以褚太后父裒爲兖州刺史。

(二)秋，庾翼卒，以徐州刺史桓温代鎮武昌。

(三)李勢弟廣以勢無子，求爲太弟，不許。大將鮮思明諫，勢怒，殺廣及思明。思明曰：「國之不亡，以我在也。」

二年(三四六)漢嘉寧元。

(一)漢將李奕反，死。

(二)冬，桓温率所督六州之兵伐漢。

(三)張駿卒，子重華立。

三年(三四七)

(一)春，桓温留大兵於彭模，以七千人直抵成都，李勢降。

(二)秋，趙麻拔攻涼州，謝艾擊破之。

(三)石虎用沙門吴進言，發六十萬人晝夜修城，死者數萬。太子宣出祭山川，從戎卒八萬。虎曰：「我父子如此，非天崩地陷，當復何愁？」宣弟秦公韜有寵於虎，宣惡之。

四年(三四八)

(一)秋，宣使盜殺韜，欲因虎臨喪而弑之。事覺，虎燒宣。虎幼子世，年十歲，其母劉曜女也，虎愛之，乃舍其長子燕公武、彭城公遵，而立世爲太子，以劉氏爲后，故東宫衛士皆謫戍涼州。

（二）燕王䜪薨。

五年（三四九）趙太寧、燕景昭帝儁元。

（一）春，石虎即帝位，東宫衛士作亂，姚弋仲擊斬之。虎卒，子世立。夏，世兄遵與姚弋仲、蒲洪、冉閔自河内率兵入鄴，殺世而立遵。奪蒲洪雍州，洪怒，據枋頭，自稱三秦王。

（二）秋，褚裒聞趙亂，伐趙，大敗而還。

（三）石遵欲殺冉閔。冬，閔殺遵，立其弟鑒。鑒復欲殺閔，閔遂囚鑒，盡殺諸胡。

六年（三五〇）趙新興王祗永寧、魏悼武天王冉閔永興元。

（一）春，冉閔殺石鑒，稱魏帝於鄴。石祗稱帝於襄國。

（二）夏，祗使石琨擊魏，魏將王泰擊敗之。

（三）苻洪爲麻秋所鴆[一]，其子健殺秋，因率衆入關，逐趙將杜洪，據長安。

七年（三五一）秦明帝苻健皇始元。

〔一〕「苻」，原作「符」，今據《四庫》本、江蘇書局本改。以下此字逕改，不出校。

（一）秦苻健自稱秦天王。冉閔圍襄國，石祗求救於燕及姚弋仲。燕悦綰及姚襄救之。閔敗，奔還鄴。祗追之，反爲閔所敗。

（二）夏，趙將劉顯殺祗降魏。

臣光曰：石勒以胡羯餓隷，崛起皂櫪之間，連百萬之衆，横行天下，翦喪晉室，東禽苟晞，北取王浚，西逐劉琨，南舉兖、豫，皆如俯拾地芥。劉曜席戰勝之威，長驅伊、洛，有并吞山東之志。勒舉鞭一麾，曜惛然就縛，遂兼其國，奄有中區，羌、氐咸服。其才不有過人者，能如是乎？虎以悍戾之資，濟貪狡之志，賊虐其孤，而剽奪其位，恃其詐力，以凌人暴物，窮奢極欲，不可盈饜。自以爲非天崩地陷，則抱子弄孫，無復後憂。及夫父子相殘，兄弟相攻，尸浮漳濱，家無噍類。積惡不已，捨滅亡何適哉？

（三）梁州刺史司馬勳伐秦，不克。

八年（三五二）燕元璽元。

（一）春，慕容恪伐魏，虜冉閔，殺之。

（二）姚弋仲卒，其子襄爲秦所破，來降。夏，豫州刺史謝尚與襄共伐秦。及秦主戰潁上，尚、襄大敗，乃留襄屯淮南。

（三）秋，燕慕容評拔鄴，虜魏太子智。

（四）冬，燕王儁初稱帝，徙都鄴。

九年（三五三）

（一）冬，中軍將軍殷浩伐秦，以姚襄爲前鋒。既而疑襄，遣使止之。襄反擊浩，浩兵大敗，走保譙城。襄收其資仗，屯芍陂。桓温表免浩官。

（二）冬，張重華卒，其庶兄祚廢重華子曜靈而自立，殺謝艾。

甲寅**十年**（三五四）涼長寧侯祚和平元。

（一）春，張祚稱涼帝。

（二）初，會稽王昱輔政，引殷浩爲宰相，欲以敵桓温。温因浩敗，奏免浩官，而自伐秦。夏，破秦太子萇於藍田，進次霸上，三輔郡縣皆降。會食盡，反爲萇所敗，乃還。秋，萇卒，秦主立萇弟生爲太子〔二〕。

十一年（三五五）秦越厲王生壽光元，涼沖公玄靚建興四十三〔三〕。

〔二〕「生」，原爲墨丁，今據楊璋本、《四庫》本、江蘇書局本補。
〔三〕「四十三」，原爲墨丁，今據楊璋本、《四庫》本、江蘇書局本補。

（一）夏，姚襄自稱大單于。

（二）秦主健卒，太子生立。

（三）張祚惡其將張瓘、宋混，欲殺之。瓘、混起兵攻姑臧，殺祚，復立重華之子玄靚爲涼州牧、西平公，瓘爲撫軍將軍秉政。

十二年（三五六）

（一）春，秦主以讒殺司空王墮。秦主猜忌殘暴，勳舊忠良害之略盡，臣下皆朝不謀夕。

（二）姚襄寇許昌、汝南。秋，桓温自江陵討之，大破襄兵於伊水，襄奔平陽。温遂入洛陽，脩復陵廟，遣將軍毛虎戍之而還。

（三）冬，慕容恪拔廣固，虜段龕。

升平元年（三五七）秦宣昭帝堅永興、燕光壽元。

（一）夏，姚襄合諸羌進據黄落，秦廣平王眉、東海王堅擊斬之。襄弟萇率衆降秦，秦主忌眉之功，殺之。又欲殺堅，堅與其將吕婆樓等共弑秦主而自立。

（二）秋，立皇后何氏。

二年（三五八）

（一）春，秦張平反，秦主自討，降之，以平子蚝爲將。

（二）秦主任處士王猛以國政，太后弟苟强譖之，秦主怒，斬强，由是人無能間者。

（三）秋，遣中郎將謝萬屯下蔡，郄曇屯高平，諸葛攸屯武陽，以圖北伐。

三年（三五九）秦甘露元。

（一）夏，涼張瓘謀殺宋混，廢張玄靚而自立。混攻殺瓘，混爲尚書令秉政。

（二）冬，謝萬等與燕大司馬慕容恪戰，萬等大敗。

四年（三六〇）燕幽帝暐建熙元。

（一）春，燕王儁殂，太子暐立。朝廷聞之，以爲中原可圖，桓温曰：「慕容恪在，憂方大耳。」

（二）燕太師慕容根説恪廢燕王而自立，恪不從。又勸燕王誅恪，因欲篡位，燕王殺之。

五年（三六一）

（一）夏，涼宋混卒，弟澄代爲政。

（二）帝崩，褚太后復立成帝子琅邪王丕。

（三）秋，立皇后何氏。涼張邕殺宋澄而代之。冬，張玄靚叔父天錫復殺邕而代之。

稽古録卷十四

晉哀帝丕**隆和元年**（三六二）

（一）秋，桓温表求北伐，不許。

興寧元年（三六三）

（一）夏，進桓温大司馬，都督中外。

（二）涼張天錫殺玄靚而自立。

甲子**二年**（三六四）

（一）帝因餌長生藥有疾，褚太后復覽萬幾。

三年（三六五）秦建元元。

（一）春，帝崩。太后立帝弟琅邪王弈。

（二）燕太宰恪攻拔洛陽，虜將軍沈勁。

海西公弈**太和元年**（三六六）

（一）夏，旱。

（二）秋，桓温移鎮姑熟。

二年（三六七）

（一）夏，燕太原王恪卒。臨絶，謂燕主曰：「吴王垂有文武長才，陛下若任之以國，可以少安。不然，二虜將有窺窬之志。」

（二）秋，秦并州牧晉公柳及秦主母弟雙皆舉兵反。

三年（三六八）

（一）秦主使王猛及將軍楊威世分討柳、雙。秋，皆斬之。

四年（三六九）

（一）夏，桓温伐燕，破燕將慕容厲於黄墟。燕太傅評欲奔和龍，吴王垂自請擊温，大破温於枋頭。會秦兵救燕，温遂遁還。評忌垂有功，欲害之。冬，垂奔出秦。燕叛秦，秦王猛、鄧羌攻燕洛陽，拔之〔一〕。

五年（三七〇）

（一）桓温歸罪於西中郎將袁真。

〔一〕「拔」，原作「救」，今據江蘇書局本改。《四庫》本作「取」。

（一）春，真據壽陽叛，降於秦，尋卒，子瑾代之。夏，秦王猛將兵六萬伐燕，燕太傅評將兵三十餘萬禦之。秋，桓温圍壽陽，秦王猛拔晉陽。冬，猛大破評於渭源，遂進圍於鄴。秦主自將兵六十萬助之。鄴潰，燕王奔昌黎，秦人追而獲之。

臣光曰：慕容氏世爲君長，保有海隅，及廆始大。屬晉室版蕩，諸夏之民皆襁負歸之。廆拊循勞來，收其髦俊，以贊國政。遠奉王命，以示大順，務農積穀，秣馬厲兵，以窺鄰國之釁。故能斬將刈旗，大啓土宇。皝承其遺烈，恢大前功。於是吞段遼，并宇文，俘高麗，翦夫餘，蠶食幽、并，而與强趙爲敵矣。及石氏内亂，儁乘時而動，驅厲精蓄鋭之兵，以掃離散土崩之衆，無不順風而靡。遂走王午，服張平，戮段龕，禽冉閔，左縈右拂，而幽、并、青、冀悉定矣。暐之立也，太宰恪佐之。内脩政事，養士愛民。外開封疆，威行鄰敵。及評爲政，妬宗室勳賢之人，逐之以資鄰敵。君闇臣鄙，以當苻堅、王猛之威，安得不亡乎？

簡文帝昱咸安元年（三七一）

（一）春，桓温斬袁瑾。

（二）夏，秦苻雅伐氐，氐主楊纂降。

（三）冬，桓温入朝，用郄超計，廢海西公，立丞相會稽王昱爲帝，又殺武陵王晞。詔加温爲丞相。

二年（三七二）

（一）春，秦慕容桓據遼東叛，討平之。

（二）夏，秦以王猛爲丞相，陽平公融爲冀州牧。

（三）秋，立皇子昌明爲太子。

（四）帝崩。

（五）遺詔以桓温輔政，如諸葛亮故事。

（六）温望帝臨崩禪位，見遺詔不悦，疑侍中謝安、王坦之爲之。

孝武帝昌明**寧康元年**（三七三）

（一）春，温入朝，伏甲欲誅王、謝〔二〕。謝因覺之，乃止。還屯姑熟。疾甚，急求九錫，安故緩之。秋，温卒，九錫遂寢不行〔三〕。

〔二〕「伏甲」，此上原作墨丁，江蘇書局本作「預」，今據《四庫》本删。
〔三〕「寢」，原作墨丁，今據江蘇書局本補。

（二）冬，秦將楊安攻拔成都，益州郡縣皆入于秦。

甲戌**二年**（三七四）

（一）夏，蜀民張育、楊光率巴獠圍成都。秋，秦鄧羌擊斬之。

三年（三七五）

（一）夏，秦王猛疾病，秦主爲之禱於南郊。猛曰：「晉雖僻遠，若王、謝在，願陛下勿加兵。慕容、姚氏，我之仇讎，必爲後患，宜早除之。」

（二）秋，猛卒，秦人巷陌皆哭。

太元元年（三七六）

（一）春，以桓沖爲車騎將軍，鎮姑熟。

（二）夏，秦苟萇擊張天錫，天錫出降。

（三）冬，秦苻洛擊代王什翼犍，其子寔君弑什翼犍以降。秦人分其國爲二部，使劉庫仁、劉衛辰分統之。

（四）什翼犍子珪奔獨孤部〔二〕。久之，國人共迎立之，改稱魏，徙都平城〔三〕。

〔二〕「獨孤」，原作「猛孤」，今據《四庫》本、江蘇書局本改。又，「子」，江蘇書局本作「孫」。

〔三〕「城」，原作「成」，今據江蘇書局本改。

二年（三七七）魏道武帝珪元。

三年（三七八）

（一）春，作新宫。

（二）秋，帝入新宫。

四年（三七九）

（一）春，秦長樂公丕及苟萇入寇，拔襄陽，虜中郎將朱序。

（二）夏，拔盱眙[一]，虜將軍毛璪[二]，京師大震。

（三）兖州刺史謝玄攻盱眙，秦師遁去。

五年（三八〇）

（一）夏，秦征北將軍、行唐公洛反於和龍，圍陽平公融於中山。秦主使步兵校尉吕光擊之。光生禽洛於中山，進攻薊，斬洛兄北海公重。秦主赦洛，徙之涼州。秋，秦王召陽平公爲中書監，以子長樂公丕爲冀州牧。

[一]「盱眙」，原作「盱眙」，今據江蘇書局本改。下句同。
[二]「璪」，原作「操」，今據江蘇書局本改。

六年（三八一）

（一）夏，楊、荆、江州大水。

七年（三八二）

（一）秦，東海公陽等謀反，秦主皆赦不殺。

（二）秋，秦呂光將兵七萬取西域。

（三）秦主議入寇，姚萇、慕容垂勸之，權翼曰：「晉未有大釁，謝安、桓沖皆江表偉人，未可也。」苻融曰：「陛下寵育鮮卑、羌、羯，布滿畿甸。今傾國遠去，無後患乎？」皆不聽。

八年（三八三）

（一）夏，桓沖伐秦。

（二）秋，秦主步、騎九十萬入寇。冬，將軍謝石、謝玄等大破秦師於淝上，獲苻融，秦兵死者十八九。

（三）秦主使慕容垂安輯河北。

（四）句町王翟斌反，苻丕使垂討之，垂亦反。

（五）鮮卑乞伏國仁據隴右[一]。

甲申**九年**（三八四）燕成武帝垂元[二]、後秦武昭帝姚萇白雀元。

（一）春，桓沖卒，以謝安都督十五州。

（二）慕容垂自稱燕王，圍鄴。

（三）慕容泓起關東[三]。

（四）慕容沖起平陽。

（五）夏，姚萇討泓，軍敗畏誅，亦反。

（六）呂光擊拔龜茲。

（七）褚太后崩。

（八）慕容泓爲沖所殺。秋，沖進逼長安。冬，慕容暐死。將軍劉牢之救鄴。

十年（三八五）前秦哀平帝丕太安[四]、西秦宣烈王乞伏國仁建義元。

[一]「右」，原作「石」，今據《四庫》本、江蘇書局本改。

[二]「成」，原作「城」，今據《四庫》本、江蘇書局本改。

[三]「關東」，原作「東關」，今據江蘇書局本乙正。

[四]「太」，原作「天」，今據《四庫》本、江蘇書局本改。

（一）春，慕容沖稱帝。
（二）夏，劉牢之及慕容垂戰於鄴，牢之敗還。
（三）將軍任權攻秦益州，取之。
（四）慕容沖攻，秦主留太子宏守長安，出奔五將山，宏亦尋走。沖入長安。
（五）秋，姚萇執秦主，殺之。
（六）謝安救秦，聞秦敗，乃還。安卒，帝弟會稽王道子代安秉政。
（七）苻丕稱帝于鄴。吕光自西域還，至姑臧，聞秦主敗〔一〕，自稱爲涼州刺史。

十一年（三八六）前秦高帝登太初、後秦建初、燕建興、涼懿武帝吕光太安、魏登國元。

（一）春，燕王稱帝。
（二）慕容沖爲其將所殺。
（三）姚萇稱帝。
（四）夏，慕容永稱帝於長子。
（五）冬，前秦主兵敗，走東垣，將軍馮該斬之。鄴降于燕。

〔一〕「主」，原作「王」，今據江蘇書局本改。

（六）前秦苻登稱帝於隴東。

十二年（三八七）

（一）春，前秦主以乞伏國仁爲苑川王。

（二）秋，立子德宗爲太子。

（三）張天錫世子太豫起兵攻吕光，光遣其將彭晃擊斬之。

（四）冬，後秦將姚方成擊前秦雍州刺史徐嵩，殺之。

十三年（三八八）西秦武元王乾歸太初元。

（一）春，謝玄卒。

（二）夏，乞伏國仁卒，弟乾歸立，稱河南王。

（三）冬，前秦主圍後秦主營，不克。

十四年（三八九）涼麟嘉元。

（一）春，吕光稱涼帝。

（二）前秦主留輜重於大界，自將攻安定。秋，後秦主襲大界，獲其輜重及毛后。

（三）冬，以會稽王道子爲丞相、揚州牧，加殊禮。

（四）帝荒耽酒色，委政道子。道子亦荒淫，國政殽亂。

十五年（三九〇）

（一）春，以中書令王恭都督青、幽等五州。

（二）夏，後秦將軍魏揭飛反。時前秦主猶在安定，後秦主自以兵二千擊揭飛，滅之。

（三）秋，帝以倖臣王國寶爲中書令，國寶專權恣横。

十六年（三九一）

（一）冬，前秦主及後秦主戰於安定，前秦敗。魏主滅劉衛辰，盡收其故地，攻擊鄰國，所向輒克，魏於是始大，作河南宫〔二〕。衛辰子勃勃奔薛干部。

十七年（三九二）

（一）春，句町王翟釗攻燕，燕主擊破釗於滑臺，盡有其衆。釗奔長子，依慕容永。

（二）冬，以黄門郎殷仲堪爲荆州刺史。仲堪及王恭、尚書令王珣皆有寵于帝，道子及王國寶惡之。

十八年（三九三）

（一）春，涼王以鮮卑秃髮烏孤爲河西鮮卑大都督。

〔二〕「南」，原闕，今據江蘇書局本補。又，此句《四庫》本與諸本均異，記作「魏於是悉降河南諸部」。

（二）冬，後秦主萇殂，太子興立。前秦主聞之喜，大赦，起兵擊後秦。

（三）魏王擊薛干部，破之，薛干送勃勃于後秦。

甲午 **十九年**（三九四）前秦主崇延初、後秦文桓帝興皇初元。

（一）夏，燕主攻慕容永，滅之。

（二）後秦將尹緯大破前秦主於廢橋，前秦主走入馬毛山。

（三）秋，後秦主攻前秦主，殺之，前秦太子崇奔湟中。

臣光曰：石氏之强也，氐、羌之屬無不内徙而爲臣。一朝失馭，而角立爲患，理固然也。苻洪徘徊枋頭，有虎據中原之志。以健爲不肖〔一〕，然猶西取關中，并姚襄，卻桓温，遂爲强國。堅以雄才英略，加之慈惠忠信，舉王猛於布衣，任之以政，勳舊不能離，親戚不敢妬，非至明，能如是乎？故能吞强燕，舉河西，兼巴蜀，包漢沔，俘索頭，屠龜兹，奄有天下十分之九。五胡之盛，未有如堅者也。觀其舉百萬之衆以攻晉，先爲之除宮築第以待其君臣，意以爲羅中之禽，往無不獲也。及一戰而敗，遂顛沛不振。昔之俘

〔一〕「健」，原作「犍」，今據《四庫》本、江蘇書局本改。

因降虜，皆起而爲敵。數月之間，寇讎徧於四方，戎馬塞於郊甸，以至身死人手，子孫殄滅。何哉？論者咎堅寵信羌與鮮卑而伐晉，彼皆覩其迹而言之，未達其本也。要之，堅恃其强大，易而無備，此其所以敗亡也夫？

（四）冬，乞伏乾歸攻殺崇，自稱西秦王。

（五）涼遷於樂都。

二十年（三九五）

（一）春，燕主使太子寶擊魏，魏人徙河西以避之。

（二）秋，秃髮烏孤擊乙弗、折掘二部，破之，始貳於涼。

（三）燕師還，不設備。冬，魏王襲擊燕師於參合陂[一]，大破之，死者十七八。

二十一年（三九六）燕惠閔帝寶永康、涼龍飛、魏皇始元。

（一）春，燕主自將伐魏，拔平城。魏主引兵入東陰山。夏，燕主還，殂於上谷。

（二）秋，帝暴崩。

〔一〕「陂」，原爲墨丁，今據《四庫》本補。

（三）魏王伐燕，悉取并州之地〔一〕。初建臺省，置百官。

（四）冬，魏出井陘，河北皆應之，唯中山、鄴、信都不下，圍之。

安帝德宗**隆安元年**（三九七）南涼武王禿髮烏孤大初、北涼段業神璽元。

（一）春，燕主奔和龍〔二〕。

（二）涼將段業自稱涼州牧，李暠稱燉煌太守。

（三）夏，王恭、殷仲堪舉兵討王國寶，道子斬國寶以謝之，乃罷兵。

（四）冬，魏拔中山。

二年（三九八）燕昭武帝盛建平、南燕獻武帝德、魏天興元。

（一）春，魏拔鄴，慕容德奔滑臺，自稱燕王。

（二）夏，燕蘭汗弒惠閔〔三〕，惠閔子盛殺汗。

（三）秋，魏遷都平城。

（四）冬，魏初稱帝。

〔一〕「地」，原作「也」，今據《四庫》本、江蘇書局本改。
〔二〕「龍」，原作「寵」，今據《四庫》本、江蘇書局本改。
〔三〕「汗」，原作「汪」，今據《四庫》本並下文改。

(五) 王恭、殷仲堪及桓温子玄皆反，道子以世子元顯爲都督，討之。恭敗死，詔諭釋仲堪等。

三年(三九九)秦弘始、燕長樂、涼靈帝纂咸寧、北涼天璽元。

(一) 春，段業自稱涼王。

(二) 魏伐南燕，拔滑臺。

(三) 夏，元顯始輔政。

(四) 秋，慕容德攻拔廣固[一]，都之。

(五) 秃髮烏孤卒，弟利鹿孤立。

(六) 冬，桓玄擊殺殷仲堪，奪其荆州。又殺楊佺期，奪其雍州。

(七) 妖賊孫恩陷三吴，青、兖州刺史劉牢之破之。涼懿武殂，太子紹立。紹庶兄纂殺紹自立。

四年(四〇〇)南燕建平、南涼康王利鹿孤建和、西涼武昭王李暠庚子元。

(一) 春，涼主弟弘反，死。

[一] 「固」，原作「國」，今據《四庫》本改。

（二）夏，李暠自稱涼公。

（三）孫恩復入餘姚，殺謝琰。

（四）秋，秦主擊乞伏乾歸，乾歸奔南涼，既而降秦。慕容德稱帝。

五年（四〇一）燕昭文帝熙光始、涼建康公隆神鼎、北涼武宣王沮渠蒙遜永安元。

（一）春，秦遣乾歸還苑川。

（二）魏伐秦，至河東。

（三）夏，孫恩寇丹徒，護國司馬劉裕擊誅之。

（四）盧水胡沮渠蒙遜殺段業，自稱涼州牧。

（五）涼呂隆弑涼主自立。

（六）秋，燕段興作亂，燕主被傷而殂。太后欲立長君，乃廢太子定，而立燕主叔父熙。

（七）冬，元顯欲誅桓玄，玄反。

元興元年（四〇二）南涼景王傉檀弘昌元。

（一）春，元顯以劉牢之爲前鋒討玄，玄與牢之連和，元顯兵敗，死。玄徙道成於成安〔一〕，自

〔一〕「徙道成於成安」，江蘇書局本作「徙道子於安成」。

爲丞相、録尚書，奪牢之兵，牢之自殺。

（二）秃髮利鹿孤卒，弟傉檀立。

（三）夏，秦姚碩伐涼，吕隆降，復以爲涼州刺史。

（四）魏主大破秦兵。

二年（四〇三）

（一）春，孫恩妹婿盧循寇東陽，劉裕擊走之。

（二）秋，吕隆畏秃髮傉檀之逼，納地於秦。

（三）冬，桓玄篡位，國號楚，遷帝于潯陽。

甲辰**三年**（四〇四）魏天賜元。

（一）春，劉裕起京口，劉毅起廣陵，以討玄，大破桓謙於覆舟山。玄劫帝走江陵。裕以司徒王謐録尚書，立留臺。謐以裕爲都督揚、徐等八州。夏，裕推武陵王遵承制封拜。

（二）何無忌攻拔潯陽。

（三）劉毅及玄戰於崢嶸州，玄敗走，死。荆州别駕王康産奉帝返正於江陵，桓振、桓謙襲殺康産，擊破劉毅於靈谿。

（四）盧循陷廣州。

義熙元年（四〇五）南燕北海王超太上、西涼建初元。

（一）春，劉毅拔江陵，振、謙走，帝還京師。

（二）蜀人譙縱反，自稱成都王。

（三）桓振復入江陵，尋敗死。　劉裕出鎮京口。

（四）夏，以盧循爲廣州刺史。

（五）秦以秃髮傉檀爲涼州刺史。

（六）冬，李暠徙治酒泉。

（七）南燕獻武殂，兄子超立。

二年（四〇六）

（一）秋，南燕主稱藩於秦，以請其母，秦人與之。

（二）秦主始崇尚佛教，廣建塔廟，州郡事佛者十室而九。

三年（四〇七）夏，武烈帝赫連勃勃龍升〔一〕、後燕惠懿帝高雲正始元。

〔一〕「連」，原脱，今據《四庫》本、江蘇書局本補。

（一）夏，秦安北將軍赫連勃勃據朔方叛，自稱大夏天王〔一〕，擊秃髮傉檀，破之。

（二）秋，燕主熙出葬其后符氏〔二〕。將軍馮跋先有罪亡在外，潛入龍城，立望之養子高雲爲燕主，執熙殺之。

（三）冬，王謐卒。

（四）秦主召乞伏乾歸爲尚書，留太子熾盤監其國。

四年（四〇八）南涼嘉平元。

（一）春，以劉裕爲揚州刺史，録尚書〔三〕。

（二）夏，將軍劉敬宣討譙縱，至黄武，糧盡而還。

（三）冬，秃髮傉檀初稱涼王。

五年（四〇九）北燕文成帝馮跋太平、西秦更始、魏明元帝嗣永興元。

（一）春，南燕寇淮北。夏，劉裕伐南燕。

（二）乞伏乾歸逃歸苑川。

〔一〕「稱」，原脱，今據《四庫》本補。
〔二〕「符氏」，二字之間原衍「稱」字，今據《四庫》本删。
〔三〕「録」，原作「錊」，今據《四庫》本改。

（三）秦姚强救南燕，會夏王勃勃敗秦兵，秦追姚强還。

（四）冬，燕雄班弒其主雲，馮跋誅班，因自立。

（五）魏道武爲其子紹所弒，國人殺紹，立紹兄嗣。

六年（四一〇）

（一）春，劉裕拔廣固，執南燕主超，斬之。

臣光曰：慕容垂以美才茂功不容於昏亂之朝，自歸於秦，秦主以國士遇之。淮南之役不乘人之約，亦足以少償其愧矣。垂之去燕，燕人如失其父兄。及其還也，人向之如趨市。故數年之間，掉馬箠，從容而取故業，自然之勢也。寶不克負荷，開門延敵，坐而待攻，又不能固守中山，無故遁逃。盛以孺子孤窮，自投於仇人之懷，終蹈其喉而剸其腹，以成其志而復其位，自非智勇過人，能如是乎？不幸遇盜而夭。熙以一婦人之故，遂亡其國，彼何人哉？德以燕室至親，居方伯之任，總南夏之師，敵至不能禦，民散不能安，君窮不能救，盡喪其田，而奪人之田以居之。其智、仁、勇皆無足稱者，然禮賢納諫，以保全青土，可謂「善敗者不亡」矣。超以聲伎之故，輕犯强敵，又不能用善謀，自取滅亡，惜哉！

（二）沮渠蒙遜敗南涼王於窮泉，南涼遷樂都。
（三）盧循乘虚入寇，殺何無忌，取江洲。
（四）夏，劉裕還京師。盧循進至蔡州，僕射孟昶自殺。循退屯潯陽。
（五）秋，沮渠蒙遜敗西涼世子歆於馬廟。
（六）秦苟林、桓謙會譙縱之師寇荆州，刺史劉道規擊斬之。
（七）盧循寇荆州，道規又破之。
（八）冬，劉裕遣將孫處自海道取番禺，裕破盧循於左里，循走。

七年（四一一）

（一）春，沮渠蒙遜攻南涼，南涼王遣子爲質以和。
（二）夏，盧循死於交州。
（三）冬，秦楊嵩伐夏，軍敗，嵩自殺。
（四）沮渠蒙遜伐西涼，西涼世子歆擊破之。

八年（四一二）北涼玄始、西秦王熾盤永康元。

（一）夏，以劉裕爲荆州刺史。
（二）西秦乞伏公甫弒其主乾歸，世子熾盤討斬之。劉毅心不服劉裕，衣冠多附之。秋，裕遣其將王鎮惡襲殺之。

（三）冬，沮渠蒙遜遷姑臧，自稱西河王。

九年（四一三）夏鳳翔元。

（一）春，劉裕殺豫州刺史諸葛長民，以朱齡石爲益州刺史。

（二）秋，齡石擊斬譙縱，梁、益皆平。

甲寅**十年**（四一四）魏神瑞元。

（一）夏，南涼唾契汗、乙弗叛，南涼王自擊之。西秦王乘虚襲樂都〔二〕，虜南涼世子武臺。南涼王無所歸，乃降西秦，西秦鴆殺之。

（二）魏王迎后于秦。

十一年（四一五）

（一）劉裕擊荆州刺史司馬休之，雍州刺史魯宗之救之。夏，休之、宗之兵敗于秦〔三〕。

十二年（四一六）秦主泓永和、魏太常元。

〔二〕「都」，原作「郡」，今據江蘇書局本改。

〔三〕「敗于秦」，江蘇書局本作「敗，奔秦」，審下文「魯宗之以秦師寇襄陽」，似作「奔秦」是。

(一)秦魯宗之以秦師寇襄陽。

(二)姚興殂,子泓立。

(三)秋,劉裕伐秦,僕射劉穆之總攝内外。秋,遣將軍檀道濟、王鎮惡趣許、洛,沈田子入武關。冬,大破秦兵於桓谷。秦主弟豫州牧洸以洛陽降。裕脩復陵廟,置守衛,詔加裕九錫。裕不受[二]。

十三年(四一七)西涼王歆嘉興元。

(一)夏,魏人師於河上以救秦,朱齡石擊卻之,斬阿薄干[三]。

(二)秋,王鎮惡入長安,獲秦主泓,斬之。

臣光曰:姚弋仲以西羌酋帥立於二石之朝,以鯁直勇果著名,而保其耆艾,豈非忠信之福也?襄才氣豪邁,兼資文武,有孫策之風,然適晉不容,攻秦見殺,亦其命也。萇藉父兄之烈,值苻氏之衰,鳴鼓中原,醜類雲集,不能報舊君之德,乘其窮約而弑之,其不仁甚矣。興承父之志,奄有關中。涼、夏諸豪,靡不率服。然處攻戰之世,不能收羅

[二]「不受」,原作「九」,今據《四庫》本改。

[三]「干」,原作「于」,今據楊璋本、江蘇書局本改。

英俊以治國訓兵，而專率臣民譯經拜佛。及泓繼世，骨肉内離，寇敵外侵，遂亡其族。雖泓器業之不肖，亦興貽謀之未遠也。

（三）裕欲留長安，經略趙、魏。冬，劉穆之卒，乃留幼子義真鎮長安，使王脩、王鎮惡、沈田子等輔之，而還。

（四）西涼王暠殂。

十四年（四一八）夏昌武元。

（一）春，夏王寇長安，傅弘之擊卻之。沈田子殺王鎮惡，義真殺田子，又殺王脩。冬，宋公以朱齡石鎮雍州，召義真還。夏王追破義真於青州，擊朱齡石於潼川，虜之，遂陷關中。

（二）帝崩，宋公立皇弟琅邪王德文。

恭帝德文**元熙元年**（四一九）夏真興元。

（一）春，進宋公爵爲王。

（二）夏王勃勃稱帝。

（三）秋，劉裕徙鎮壽陽。

宋武帝裕**永初元年**（四二〇）西涼李恂永建、西秦建弘元。

(一)春，沮渠蒙遜稱藩于夏。

(二)夏，晉帝召王入輔，遂受晉禪，封晉帝爲零陵王。

臣光曰：晉室既衰，中原雲擾，戎狄腥膻之氣彌漫河洛，薰烝岱華，宫闕蕪没，陵廟隳焚。元帝以宗室疎屬，遁居江表。天下士民有思晉者，皆裹糧而歸之。國於荆、揚之間，子孫相承，不絶如綫。獨明帝英武，克清大憝，不幸享國不永。自餘孱弱孤危，外陵内叛，寄命於虎狼之口，幾遇吞食者數矣。然卒能保其位號，宗廟血食百有餘年，何哉？有王導、卞壺、温嶠、陶侃、謝安、謝幼度爲之臣也。羣賢既没，使道子、元顯之徒輔之，敗亡不亦宜乎？

(三)秋，立子義符爲太子。

(四)沮渠蒙遜滅西涼，虜西涼王歆[二]，弟恂自稱涼州刺史。

二年(四二一)

(一)秋，鴆殺晉零陵王。

[二]「虜」，原作「盧」，今據江蘇書局本改。《四庫》本作「殺」。

（二）沮渠蒙遜誅李恂，滅之。

三年（四二二）

（一）夏，帝崩，司空徐羨之、中書監傅亮、領軍將軍謝晦受遺詔輔政，太子即位，年十六。

（二）魏主服寒食散，有疾，立子燾爲太子，臨朝聽政。

（三）冬，魏司空奚斤入寇，拔滑臺。

營陽王義符**景平元年**（四二三）

（一）春，魏拔洛陽。

（二）夏，魏主自攻虎牢，拔之，兖、豫州郡多入於魏。會大疫，魏主還。

（三）冬，魏元明殂。

甲子**文帝**義隆**元嘉元年**（四二四）魏太武帝燾始光元。

（一）春，廢廬陵王義真爲庶人，尋殺之。

（二）夏，徐羨之等以少帝多失德，廢爲營陽王，尋弑之，迎立荆州刺史宜都王義隆。

（三）秋，蠕蠕寇魏雲中盛樂，魏主擊走之。

二年（四二五）夏主昌承光元。

（一）春，徐羨之、傅亮上表歸政，上始覽萬機。上聰明仁厚，勤於聽斷。江左之治，稱元嘉焉。

（二）秋，夏王勃勃殂，子昌立。

（三）冬，魏主擊蠕蠕至漠北，蠕蠕走。

三年（四二六）

（一）春，誅徐羨之、傅亮，遣中領軍到彦之、征北將軍檀道濟討荆州刺史謝晦，帝自將兵繼其後。道濟大破晦於隱磯，獲之。帝自蕪湖還。

（二）以江州刺史王弘爲司徒。

（三）冬，魏主襲夏，徙萬餘家而還，遣奚斤擊拔長安，秦、隴氐、羌多應之。

四年（四二七）

（一）春，魏主巡幽州。

（二）帝幸丹徒。

（三）夏，魏主攻夏，拔統萬城，夏主昌奔上邽。

（四）冬，魏主如中山。

五年（四二八）西秦王慕末永弘〔二〕、涼承玄、夏主定勝光、魏神䴥元。

（一）春，魏奚斤攻夏主於安定，擒夏主昌，餘衆立昌弟定爲主，奔平涼。奚斤追之，爲定所擒。

（二）夏西秦王熾盤殂。

六年（四二九）

（一）春，以荆州刺史彭城王義康爲司徒。

（二）立子劭爲太子。

（三）夏，魏主擊蠕蠕，逾漠至渫水〔三〕，蠕蠕絶迹西走。

七年（四三〇）

（一）春，左將軍到彦之侵魏，取河南地。

（二）秋，燕主跋殂，弟弘殺跋子百餘人而自立。

（三）冬，魏將軍安頡復取洛陽、虎牢，進攻滑臺，到彦之引還。

〔二〕「末永」，原作「未末」，今據《四庫》本改。
〔三〕「漠」，原作「漢」，今據江蘇書局本改。

（四）魏主大破夏兵，拔平涼，夏主走保上邽，關中皆入於魏。

八年（四三一）涼義和、燕主弘太興元。

（一）春，檀道濟救滑臺。

（二）夏主滅西秦，虜西秦主慕末。

（三）魏安頡、司馬楚之攻拔滑臺，河南復没于魏。

（四）夏吐谷渾慕璝襲上邽，執夏主定送魏。

（五）秋，魏主以崔浩爲司徒，使改定律令，又遣尚書兼大常李順〔一〕，拜沮渠蒙遜爲涼州牧、涼王。

九年（四三二）魏延和元。

（一）春，魏主立子晃爲太子。

（二）秋，魏主伐燕，取六郡，圍和龍，不拔。

（三）燕故廢太子崇及弟朗、邈以遼西入于魏。

十年（四三三）涼哀王牧犍承和元。

〔一〕「尚書」，原爲墨丁，今據天一閣本補。

（一）夏，涼王蒙遜殂，子牧犍代立。

（二）魏永昌王健、僕射安源伐燕。

（三）冬，氐王揚難當陷漢中，據有梁州。

（四）魏主如陰山北。

甲戌**十一年**（四三四）

（一）春，魏赫連昌叛走，獲斬之，并誅其羣弟。

（二）夏，秦、涼二州刺史蕭思話擊破氐人，梁州平。

（三）冬，魏主如雲中。

十二年（四三五）魏太延元。

（一）夏，魏主如雲中、河西。

（二）秋，魏樂平王丕伐燕〔一〕，徙六千口而還。

（三）冬，魏主如定州，遂如鄴。

十三年（四三六）

〔一〕「王」，原脱，今據江蘇書局本補。

（一）春，誅江州刺史檀道濟。

（二）魏將軍娥青、古弼擊燕，燕求救於高麗〔一〕，遣兵迎之。夏，燕王弘奔高麗。揚難當據上邽。秋，魏樂平王丕擊奪之〔二〕。

（三）魏王如河西。冬，如楣陽。

十四年（四三七）

（一）春，魏主如幽州。夏，如雲中。秋，如河西。冬，復如雲中。涼王牧犍遣其世子封檀朝于魏。

十五年（四三八）

（一）春，高麗殺馮弘。

十六年（四三九）

（一）春，魏主如定州，以氐楊保宗爲秦州牧，鎮上邽。

〔一〕「燕」，原脱，今據《四庫》本補。

〔二〕「樂平」，原作「長樂」，今據上下文及《四庫》本改。

（二）夏，魏主用崔浩謀〔二〕，伐涼王牧犍〔三〕。秋，圍姑臧，牧犍降，徙涼州三萬餘家於平城，留樂平王丕鎮涼州而還。

（三）蠕蠕伐魏，至七介山，平城大駭。

（四）冬，張掖王秃髮保周叛魏。

十七年（四四〇）魏太平真君元。

（一）春，涼王牧犍、弟無諱舉兵攻魏，拔酒泉。

（二）秋，魏主如陰山。

（三）魏永昌王健擊秃髮保周，斬之。沮渠無諱降。

（四）冬，以彭城王義康爲荆州刺史，江夏王義恭爲司徒，誅前丹陽尹劉湛。

十八年（四四一）

（一）春，魏主封蠕蠕郁久閭乞歸爲朔方王。

（二）冬，揚難當寇漢川。

〔二〕「用」，原作「周」，今據《四庫》本改。

〔三〕「涼」，原作「燕」，今據江蘇書局本改。

（三）晉寧太守爨松子反，寧州刺史徐循討平之。

（四）冬，魏將軍奚春克酒泉。

十九年（四四二）

（一）春，魏主親詣道壇受符籙。

（二）夏，沮渠無諱走度流沙，滅鄯善而據之。

（三）涼王暠孫李寶據燉煌。

（四）梁秦刺史劉真道破楊難當，仇池平。

（五）魏主如陰山北。

（六）難當入朝於魏。

二十年（四四三）

（一）春，魏主如中山。

（二）魏人救仇池。

（三）夏，楊保宗叛魏，魏人執之，弟乂德代領其衆〔一〕。

〔一〕「乂」，原作「又」，今據《四庫》本改。

（四）秋，魏主襲蠕蠕，大破之。

（五）冬，魏主命太子副理萬機，總統百揆，諸功臣皆以爵歸第。

甲申**二十一年**（四四四）

（一）夏，吐谷渾慕利延殺其兄子緯代〔二〕，緯代弟叱力延奔魏〔三〕。

（二）秋，魏主如河西，遂至漠南。

（三）冬，魏晉王伏羅擊破慕利延，慕利延奔白蘭。

二十二年（四四五）

（一）夏，魏成周公萬度歸擒鄯善王真達。

（二）秋，魏主如陰山北，使高涼王那討慕利延，追至雪山。慕利延奔于闐。

（三）魏盧水胡蓋吴反。

（四）冬，太子詹事范曄謀反，誅。廢彭城王義康爲庶人。

（五）魏永昌王仁、高涼王那將兵掠淮、泗之北。

〔二〕「緯代」，此下原衍一「立」字，今據江蘇書局本删。

〔三〕「代」，原脱，今據江蘇書局本補。

二十三年（四四六）

（一）春，魏主如長安，悉坑境内沙門，毁佛像。

（二）夏，交州刺史檀和之伐林邑，克之。

（三）魏人誅蓋吴。

二十四年（四四七）

（一）春，魏主如中山〔一〕，殺沮渠牧犍。

二十五年（四四八）

（一）春，魏主巡定州及上黨。

（二）夏，魏主以交趾公韓跋爲鄯善王，賦役其人，比之郡縣。

（三）秋，魏萬度歸破焉耆。

（四）冬，魏主北擊蠕蠕，至受降城，不見虜，積糧留戍而還。

二十六年（四四九）

〔一〕「中」，原爲墨丁，今據《四庫》本補。

（一）春，帝幸丹徒〔二〕。

（二）秋，魏伐蠕蠕。

二十七年（四五〇）

（一）春，魏主如洛陽，南侵懸瓠。

（二）夏，魏殺司徒崔浩。

（三）魏主如陰山。

（四）秋，將軍王玄謨攻魏滑臺，江夏王義恭出屯彭城。冬，魏主濟河，玄謨退走，魏主遂南侵，城邑皆望風奔潰。魏主至瓜步〔三〕，都下震懼，人皆荷擔而立。帝遣使犒師請和。

二十八年（四五一）魏正平元。

（一）春，魏師退，徐、豫、青、冀、二兗殺略無餘。

（二）夏，魏主殺高涼王郁。

（三）魏太子晃卒。

〔二〕「徒」，原作「延」，今據江蘇書局本改。

〔三〕「瓜」，原作「爪」，今據《四庫》本改。

（四）魏主如陰山。冬，又如陰山。

二十九年（四五二）魏文成帝濬興安元。

（一）春，魏中常侍宗愛弑太武，立其子南安王余。冬，又殺之。殿中尚書長孫渴侯、尚書陸麗誅愛，立太子晃之子濬。渴侯與太宰元壽樂爭權，魏人皆殺之，復行佛法。

（二）帝以太子劭失德，欲廢之，久而不決。

三十年（四五三）

（一）春，劭以東宫兵弑帝，江州刺史武陵王駿起兵討劭〔二〕，荆州刺史南譙王義宣、雍州刺史臧質應之。夏，駿至江寧，即帝位，將軍朱脩之入建業〔三〕，執劭及弟始興王濬，殺之。

（二）魏主如陰山，又如中山。

甲午**孝武帝**駿**孝建元年**（四五四）魏興光元。

（一）春，立子子業爲太子。

（二）荆州刺史南郡王義宣、豫州刺史魯爽、江州刺史臧質、兗州刺史徐遺寶反。夏，王玄

〔二〕「史」，原脱，今據《四庫》本補。

〔三〕「朱脩」，原作「宋循」，今據江蘇書局本改。

謨討平之〔二〕，義宣等皆死。

（三）魏主如陰山，冬，又如中山、信都。

二年（四五五）魏太安元。

（一）秋，雍州刺史武昌王渾有罪，自殺。

三年（四五六）

（一）春，魏主立其后馮氏及太子弘。

（二）秋，魏主如河西。

（三）魏漁陽公尉春擊伊吾，拔其城。

大明元年（四五七）

（一）夏，魏主如陰山。

二年（四五八）

（一）春，魏主如遼西，遂如信都。秋，又如河西。冬，北度漠，蠕蠕絶迹遠遁。

三年（四五九）

〔二〕「王」，原作「主」，今據《四庫》本改。

（一）夏，削南兗州刺史竟陵王誕官爵，誕不受命而反。以沈慶之爲南兗州刺史，討之。

（二）魏主如陰山。

（三）秋，沈慶之拔廣陵，斬誕，悉誅城内男丁，以女口賞軍。

四年（四六〇）魏和平元。

（一）夏，都下疫。

（二）秋，雍州水。

（三）魏陽平王新成等擊吐谷渾什寅[一]，破之。冬，詔司空沈慶之討緣江蠻。

五年（四六一）

（一）春，魏主如中山、信都。

（二）帝幸江乘。

（三）夏，雍州刺史海陵王休茂反，將軍尹慶斬之。

（四）秋，帝幸琅邪。

六年（四六二）

〔一〕「成」，原作「城」，今據江蘇書局本改。

（一）夏，魏主如陰山。秋，如河西。

七年（四六三）

（一）春，帝巡南豫、南兖二州。

（二）夏，魏主如陰山。秋，田于河西。

（三）冬，帝巡南豫州，太后、妃、主皆行，遂獵于姑熟，又幸歷陽。帝侈靡淫酒，宋業始衰。

甲辰**八年**（四六四）

（一）夏，帝崩，太子即位，年十六，淫荒無度。太宰江夏王義恭、尚書令柳元景輔政。

（二）魏主如陰山。秋，如河西。

（三）揚州諸郡旱、饑〔一〕，人餓死十六七〔二〕，民多盜鑄，錢轉僞小，商貨不行。

明帝彧泰始元年（四六五）〔三〕

（一）春，魏主如樓煩。

（二）廢帝殺江夏王義恭及柳元景。

〔一〕「揚」，原作「楊」，今據《四庫》本改。
〔二〕「七」，原作「士」，今據《四庫》本改。
〔三〕「彧」，原作「或」，今據《四庫》本及下文改。

（三）夏，文成殂，獻文年十二，大將軍乙渾殺司徒陸麗等，自爲丞相，專朝政。

（四）秋，廢帝幸姑熟，欲殺徐州刺史義陽王昶〔二〕，昶奔魏。冬，殺太尉沈慶之。帝狂悖益甚，將殺諸叔。其叔湘東王彧，因帝左右壽寂之弑帝而自立。

（五）江州刺史晉安王子勛起兵於潯陽，郢州刺史安陸王子綏、會稽太守潯陽王子房、臨海王子頊皆應之。

二年（四六六）魏獻文帝弘天安元。

（一）春，子勛稱帝，南徐、徐、司〔三〕、豫、青、冀、湘、廣、梁、益十州皆應之，四方貢盡歸潯陽。

（二）魏人誅乙渾。

（三）建安王休仁督諸軍擊子勛等。秋，大破之，子勛等死，諸州平。

（四）冬，立子昱爲太子。

（五）魏師入寇。

三年（四六七）魏皇興元。

〔二〕「州」，原作「川」，今據《四庫》本改。

〔三〕「司」，原爲墨丁，今據《四庫》本補。

（一）春，將軍張永、沈攸之及魏將尉元戰於呂梁。永、攸之大敗，遂失淮北四州及豫州河西地。

（二）秋，以沈攸之爲南兖州刺史，伐魏。

四年（四六八）

（一）春，交州人李長仁據州叛。

（二）妖賊攻廣州，殺刺史羊希，將軍陳伯紹討平之。

（三）魏慕容白曜入寇，圍東陽。

（四）冬，發諸州兵伐魏。

五年（四六九）

（一）春，魏人拔東陽，虜青州刺史沈文秀[一]。

（二）夏，魏主立子宏爲太子。

六年（四七〇）

（一）春，魏大饑。

[一]「青」，原作「責」，今據《四庫》本改。

（二）夏，魏大將軍長孫觀破吐谷渾拾寅於曼頭山。

（三）秋，蠕蠕伐魏，魏主與戰於女水，大破之。

（四）冬，魏人殺慕容白曜。

七年（四七一）魏孝文帝宏延興元。

（一）夏，帝有疾，鴆建安王休仁。　秋，又殺巴陵王休若，文帝、孝武諸子孫誅戮殆盡。

（二）魏主如陰山。

（三）魏主好黄老，薄榮利，欲禪位於叔父京兆王子推，羣臣固請，乃禪位於太子，自爲太上皇帝，國之大事以聞。

泰豫元年（四七二）

（一）春，蠕蠕伐魏。

（二）夏，帝崩。　帝猜忍奢侈，宋道益衰。　蒼梧王即位，年十歲，尚書令袁粲、護軍將軍褚淵輔政。

（三）魏主如陰山。

（四）冬，蠕蠕伐魏，太上皇擊走之。

蒼梧王昱**元徽元年**（四七三）

（一）夏，魏長孫觀擊吐谷渾拾寅。秋，魏主從太上皇如河西，拾寅降。

（二）冬，魏太上皇南巡，至懷州。河北饑，人多餓死。

甲寅**二年**（四七四）

（一）夏，江州刺史桂陽王休範反，至新亭，右衛將軍蕭道成擊斬之。其黨杜黑蠡進陷東府，殺中領軍劉勔〔一〕，羽林監陳顯達擊破之。

（二）秋，魏將元蘭寇蜀漢。

（三）以蕭道成爲中領軍，與司徒袁粲、尚書令褚淵、右僕射劉秉共秉朝政。

三年（四七五）

四年（四七六）魏承明元。

（一）夏，魏馮太后鴆殺太上皇，自臨朝稱制。

（二）秋，建平王景素據京城反，左僕射蕭道成總統衆軍，討斬之。

（三）帝日夕執兵游戲市里，人畜逢無免者。道無行人，門皆晝閉。宗室羣臣，多被屠戮。

〔一〕「中」，原作「平」，今據《四庫》本改。

又惡蕭道成〔一〕，欲殺之。

順帝準**昇平元年**（四七七）魏太和元。

（一）秋，蕭道成與直閤將軍王敬則〔二〕，因帝左右楊玉夫殺帝〔三〕，立弟安成王準。道成鎮東府，專朝政，袁粲鎮石頭。

（二）冬，荆州刺史沈攸之舉兵向闕。

（三）袁粲、劉秉謀誅蕭道成，道成殺之。

（四）沈攸之攻郢城，不拔。

二年（四七八）

（一）春，攸之敗，走死華容。雍州刺史張敬兒克江陵。

（二）蕭道成爲太尉，都督十六州。

（三）夏，殺兖州刺史黄回〔四〕。

〔一〕「又」，原作「反」，今據楊璋本、《四庫》本、江蘇書局本改。

〔二〕「閤」，原爲墨丁，今據江蘇書局本補。《四庫》本作「越騎校尉」。

〔三〕「玉」，原作「主」，今據《四庫》本改。

〔四〕「殺」，原脱，今據《四庫》本補。

（四）秋，加蕭道成殊禮。

齊高帝道成建元元年（四七九）

（一）春，封齊公。夏，進爵爲王，受宋禪，封宋帝爲汝陰王，尋害之。劉氏王侯皆幽死。

臣光曰：晉室渡江以來，君弱臣强，禍亂相繼。至於元興，而桓氏篡位。高祖首唱大義，糾合同志，起於草萊之間，奮臂一呼，凶黨瓦解，遂梟靈寶之首，奉迎乘輿，再造晉室，厥功已不細矣。既而治兵誓衆，經營四方。揚旗東征，廣固横潰。卷甲南趨，盧循殄滅。偏師西上，譙縱授首。鋭卒北驅，姚泓面縛。遂汎掃伊、洛，脩奉園陵。震驚旃裘之心，發舒華夏之氣。南國之盛，未有過於斯時者也。然區宇未一，蹂於天位，委棄秦、雍，以資寇敵，使大功不成。惜哉！文帝勤於爲治，子惠庶民，足爲承平之良主。而不量其力，横挑强胡，使師徒殲於河南，戎馬飲於江津。及其末路，狐疑不決，卒成子禍。豈非文有餘而武不足邪？夫以孝武之驕淫，明帝之猜忍，得保首領以没於牖下，幸矣！其何後之有？

（二）秋，立子賾爲太子，司空褚淵、僕射王儉輔政。帝性清儉，常曰：「我治天下十年，當令黄金與土同價。」

二年（四八〇）

（一）夏，魏人寇壽陽，豫州刺史桓崇祖拒卻之。

（二）秋，魏主如泰山。

三年（四八一）

（一）春，魏主南巡至信都。

（二）魏南郡王嘉入寇。

（三）魏主如肆州。

四年（四八二）

（一）春，帝崩，武帝即位。

（二）夏立子長懋爲太子。

（三）秋，褚淵薨。

武帝賾**永明元年**（四八三）

（一）夏，車騎將軍張敬兒有罪，誅。

（二）河北饑。

甲子**二年**（四八四）

（一）春，魏主命隴西公琛、尚書陸叡爲東西二道大使，褒善罰惡。

（二）自中原喪亂以來，百官皆無俸禄。夏，魏主始制百官俸禄，犯贓滿一匹者死。

三年（四八五）

（一）春，魏主詔羣臣，下至工商，各上書極諫。

（二）冬，又詔使者循行州郡，與牧守均給天下之田，還受以生死爲斷，勸課農桑。

（三）魏主精勤政治，從善如流，哀矜百姓，親禮賢俊，恭儉仁愛，常謂史官曰：「直書無諱，人君無史，將復何懼？」

四年（四八六）

（一）春，魏主初服衮冕，朝饗朝臣，立黨、里、鄰三長，定人户籍。夏，又制五等公服。秋，制朱衣、玉佩，起明堂、辟雍等，威儀文物，粲然可觀。

五年（四八七）

（一）春，以皇弟豫章王嶷爲大司馬〔一〕，皇子竟陵王子良爲司徒。

（二）魏主詔定樂章，非雅者去之。

〔一〕「爲」，原脱，今據江蘇書局本補。

（三）秋，蠕蠕伐魏，魏陸叡擊卻之。

（四）冬，魏主詔諸州黨里推賢而長者，教其里人慈孝友悌。

（五）魏大饑。

六年（四八八）

（一）春，詔太子長懋於宣猷堂臨訊。

（二）夏，將軍陳顯達拔魏醴陽。

七年（四八九）

（一）春，以高帝兄子豫州刺史西昌侯鸞爲右僕射。

八年（四九〇）

（一）秋，皇子荆州刺史巴東王子享擅殺參佐八人，又殺將軍尹略，已而單舸自歸，丹陽尹蕭順之殺之。

（二）魏馮太后崩，魏主依古禮服喪三年。初，太后以魏主聰叡，恐不利馮氏，幽閉欲殺之。王丕等固諫得免，魏主不以爲怨。

九年（四九一）

（一）夏，魏主始進蔬食。

（二）魏將長孫百年擊吐谷渾，俘獲三萬餘人。

（三）秋，魏主議養老禮，遷道壇於桑乾之陰。

（四）帝幸琅邪城。

十年（四九二）

（一）春，以竟陵王子良尚書令。

（二）魏主罷諸遠屬及異姓爲王者，降爲公。夏，魏主頒新律令。

（三）秋，魏陽平王頤、僕射叡督十二州，擊蠕蠕。

十一年（四九三）

（一）春，文惠太子薨。

（二）夏，立太子子昭業爲太孫。

（三）秋，魏主立子恂爲太子。

（四）帝崩，中書郎王融謀立竟陵王子良，不果。太孫即位，以西昌侯鸞爲尚書令秉政。

（五）魏主大興兵南伐，至洛陽，羣臣固諫，乃定遷都之計。

（六）冬，魏主如鄴。

甲戌明帝鸞建武元年（四九四）

（一）春，魏主自鄴復入洛陽。

（二）夏，竟陵王子良薨。

（三）秋，魏主北巡，至陰山。

（四）廢帝狂狡荒縱，謀誅西昌侯鸞，鸞以兵入宫，廢帝爲鬱林王，仍殺之，立其弟昭文。鸞欲移國祚，先翦除高、武子孫。江州刺史晉安王子懋欲誅鸞，不克而死。冬，廢昭文爲海陵王，尋殺之，鸞自立。

（五）立子寶卷爲太子。

（六）魏主遷都洛陽，遂南寇懸瓠。

二年（四九五）

（一）春，魏主濟淮，攻鍾離，徐州刺史蕭惠休拒卻之。司州刺史蕭誕又破魏師，魏師乃退。

（二）夏，梁州刺史蕭懿破魏師於漢中〔一〕。

（三）魏主自徐、兖還洛陽，禁羣臣胡語胡服。

〔一〕「梁」，原作「涼」，今據楊璋本、江蘇書局本及《南齊書》卷六《明帝紀》改。

（四）秋，魏主如鄴。

三年（四九六）

（一）春，魏主改姓元氏。

（二）夏，魏師攻司州，機城戍主魏僧珉擊破之。

（三）魏太子恂不樂華俗，逃歸代都。冬，廢恂爲庶人。

四年（四九七）

（一）春，魏主立太子恪。

（二）魏主北巡至平城。夏，西巡至長安。

（三）秋，魏立皇后馮氏。

（四）魏主入寇，沔北、南陽諸郡相繼亡敗。冬，又寇司、雍二州，遣中庶子蕭衍禦之，又遣度支尚書崔慧景救之〔一〕。

永泰元年（四九八）

（一）春，魏人拔新野。

〔一〕「救」，原作「赦」，今據《四庫》本改。

（二）太尉陳顯達救雍州。

（三）將軍蕭惠休救壽陽。

（四）悉誅高、武子孫。

（五）豫州刺史裴叔業敗魏師於淮北。

（六）魏敗崔慧景、蕭衍于鄧。

（七）夏，會稽太守王敬則反，將軍劉山陽討斬之。

（八）秋，帝崩。

（九）魏主自懸瓠還，如鄴。

東昏侯寶卷**永元元年**（四九九）

（一）春，陳顯達拔魏馬圈，魏主救馬圈，顯達大敗。魏人殺馮后。

（二）夏，魏孝文帝殂于穀塘。

（三）秋，殺僕射江祐。

（四）揚州刺史始安王遥光據東府反〔一〕，將軍蕭坦之討斬之。冬，江州刺史陳顯達反，崔慧

〔一〕「揚」，原作「楊」，今據《四庫》本改。

景討斬之。

二年（五〇〇）魏宣武帝恪景明元〔一〕。

（一）春，裴叔業卒，兄子植以壽春降魏，詔崔慧景討之。慧景反，圍臺城，豫州刺史蕭懿興兵斬慧景。以懿爲尚書令。冬，殺懿。

（二）荆州刺史蕭穎胄〔二〕、雍州刺史蕭衍舉兵内向。

和帝寶融**中興元年**（五〇一）

（一）春，穎胄立荆州刺史南康王寶融爲帝。

（二）夏，魏咸陽王禧謀反，誅。

（三）蕭衍攻郢城，大破東昏將吴子陽等於嘉湖。秋，魯山、郢州、江州、南豫州相繼降潰，衍進破東昏將李居士於新亭。冬，復入石頭，東昏閉宫城自守。

（四）尚書令蕭穎胄卒。

（五）東昏將王珍國、張稷弑東昏而降。

〔一〕「元」，原作「光」，今據《四庫》本改。

〔二〕「刺史」，《南齊書》卷七《東昏侯本紀》作「長史」。

（六）宣德太后臨朝，以蕭衍録尚書，承制行事。

梁武帝衍天監元年（五〇二）

（一）春，初封梁公，進爵爲王。

（二）齊鄱陽王寶寅奔魏。

（三）齊帝東還[一]，至姑熟，禪位于梁。奉齊帝爲巴陵王，尋害之。

臣光曰：高帝以功名之盛，不容於昏暴之朝，逆取而順守之，亦一時之良主也。明帝自以得於不義，猜忌高、武子孫，誅夷殆盡，深戒東昏，以先事制人，而大臣疑懼，禍變相尋，卒亡其國。夫不務令德，而殺人以自安，自古以來，未有能濟者也。

二年（五〇三）

（四）夏，江州刺史陳伯之反，尋敗，奔魏。

（五）秋，益州刺史劉季連反。

（六）冬，立子統爲太子。

〔一〕「東」，原作「冬」，今據楊璋本、江蘇書局本改。

（一）夏，新定律令。

（二）魏人封蕭寶寅爲齊王。

（三）益州刺史鄧元起克成都。

甲申**三年**（五〇四）魏正始元。

（一）秋，將軍馬仙琕及魏將元英戰於義陽，仙琕敗，魏遂取司州。

（二）蠕蠕伐魏。

（三）冬，行梁州事夏侯道遷以州降魏。

四年（五〇五）

（一）春，交州刺史李凱反，長史李稷討平之。

（二）冬，魏將入劍閣，圍涪城。

（三）臨川王宏督諸軍侵魏。

五年（五〇六）

（一）春，魏秦、涇州反，將軍元麗討平之。

（二）秋，徐州刺史王伯敖及魏中山王英戰于陰陵，伯敖敗。將軍桓和及魏邢巒戰于孤山，和又敗，遂失兖州。臨川王宏兵潰於洛口，所亡萬計。

（三）冬，魏攻鍾離。

六年（五〇七）

（一）夏，鍾離大水。

（二）將軍曹景宗、韋叡破魏中山王英於邵陽州，斬獲萬計。

七年（五〇八）魏永平元。

（一）秋，魏主立后高氏。

（二）魏冀州刺史京兆王愉反〔一〕，將軍李平討平之。又殺太師、平城王勰。

（三）冬，魏懸瓠鎮主白早生殺豫州刺史司馬悦，以城降，魏尚書邢巒擊斬之。

八年（五〇九）

九年（五一〇）

（一）春，作緣淮塘。

（二）詔皇太子以下皆入學。

十年（五一一）

〔一〕「愉」，原爲墨丁，今據《四庫》本補。

（一）春，魏青、齊、徐、兖饑。

（二）盜殺東莞、琅邪太守，以朐山入魏，魏徐州刺史盧昶赴之。冬，將軍馬仙琕大破魏軍，斬馘十餘萬，復朐山城。

十一年（五一二）魏延昌元。

（一）冬，魏主立子詡爲太子。先是，魏立太子，必殺其母，以防女主之亂。至是，始不殺其母胡充華。

十二年（五一三）

（一）春，魏大饑，死者數萬。

（二）魏恒、肆二州山鳴地震，逾年不已〔一〕。

甲午**十三年**（五一四）

（一）冬，作浮山堰。

（二）魏司徒高肇率步騎十五萬寇益州。

十四年（五一五）

〔一〕「已」，此下原衍一「已」字，今據《四庫》本删。

（一）春，魏武帝殂，太子詡立，年六歲，領軍于忠執政，召高肇還，殺之，廢高太后爲尼，徙居金墉。

（二）秋，魏尊胡充華爲太后，臨朝稱制，出于忠爲冀州刺史。

（三）冬，魏將崔亮圍將軍趙祖悦於硤石。

十五年（五一六）魏孝明帝詡熙平元。

（一）春，魏人拔硤石，趙祖悦死。

（二）秋，淮堰破，緣淮城戍村落十餘萬口，皆漂入海。

十六年（五一七）

（一）春，詔織錦者不得爲仙人鳥獸之形，以其裁翦有乖仁恕。宗廟牲牢皆代以麪，薦用蔬果。朝野喧囂，以爲宗廟去牲，乃是不復血食。帝終不從。

十七年（五一八）魏神龜元。

（一）秋，魏高太后殂于瑶光寺。

十八年（五一九）

（一）春，魏征西將軍張彝子均請沙汰武官，有羽林千餘人燒彝第，殺均，毆傷彝。胡后不能討，大赦以安之。魏於是乎失政，識者知其將亡矣。

（二）夏，帝於無尋殿受佛戒。

（三）秋，魏胡后游嵩高。

普通元年（五二〇）魏正光元。

（一）秋，魏侍中元乂、中常侍劉騰矯太后詔，歸政于魏主，幽太后於北宫，殺太傅清河王懌，騰、乂總兵專政。相州刺史中山王熙起兵誅騰、乂，不克而死。

（二）蠕蠕主阿那瓌奔魏，魏送還北。

二年（五二一）

（一）春，魏將軍奚康生謀殺元乂，不克而死。以劉騰爲司空。

（二）夏，義州刺史文僧明以州入魏。

（三）秋，大匠卿裴邃督諸軍侵魏〔一〕，魏荆州刺史栢叔興以衆降〔二〕。

（四）蠕蠕主郁久閭俟匿伐奔魏〔三〕。

（五）魏東南秦州氐皆反，敗河間王琛。

〔一〕「匠」，原爲墨丁，今據《四庫》本補。

〔二〕「栢」，原爲墨丁，今據上文補。

〔三〕「俟」，原作「侯」，今據江蘇書局本改。

三年（五二二）

四年（五二三）

（一）春，蠕蠕阿那瓌伐魏，魏使左丞元孚諭之，阿那瓌執孚北遁。

（二）劉騰卒，魏主始得與太后相往來。

（三）冬，鑄鐵錢。

甲辰**五年**（五二四）

（一）春，魏沃野鎮人破六韓拔陵反，敗魏臨淮王彧于五原。夏，魏秦州人莫折大提反，尋死，子念生代立〔一〕。

（二）將軍元樹侵魏，所向輒克。

（三）秋，念生東侵岐、隴，魏齊王蕭寶寅討之。冬，念生據涼州。

六年（五二五）魏孝昌元。

（一）春，魏徐州刺史元法僧以州降。

（二）詔豫章王綜鎮彭城。

〔一〕「生」，原作「主」，今據《四庫》本及下文改。

（三）魏蕭寶寅大破莫折念生於黑水。

（四）夏，魏胡后復臨朝，誅元义。

（五）念生大破魏將崔延伯於涇州。

（六）蠕蠕殺破六韓拔陵。

（七）豫章王綜奔魏，魏復取彭城。

（八）魏柔玄鎮人杜洛周反。

七年（五二六）

（一）春，魏定州人鮮于脩禮反〔二〕，擊破魏河間王琛。秋，賊帥元洪業斬脩禮請降，賊黨葛榮殺洪業，掩擊魏章武王融〔三〕，殺之。

（二）冬，杜洛周拔魏幽州，執行臺常景。

大通元年（五二七）

（三）元樹攻壽春，魏揚州刺史李憲降。是時，魏胡后淫亂，四方反叛，中外惡之。

〔二〕「禮」，原作「札」，今據《四庫》本及下文改。

〔三〕「掩擊」，原脱，今據江蘇書局本改。

（一）春，司州刺史夏侯夔伐魏。

（二）帝幸同泰寺捨身。

（三）葛榮拔魏殷州。

（四）莫折念生大破蕭寶寅於涇川〔一〕。

（五）秋，魏相州刺史安樂王鑒反，尋敗死。

（六）泰州人杜粲殺念生。

（七）冬，魏將元慶和以渦陽降。

（八）魏蕭寶寅據雍州反。

（九）葛榮拔魏冀州。

二年（五二八）魏孝莊帝子攸永安元。

（一）春，雍州人侯終德逐蕭寶寅。

（二）魏孝明帝殂，胡后詐立皇女，又立孝文曾孫釗爲帝。

（三）葛榮滅杜洛周。

〔一〕「生」，原脱，今據《四庫》本補。

（四）魏大都督爾朱榮自晉陽勒兵濟河[二]，立長樂王子攸爲帝。

（五）沈胡太后及幼主于河，殺王公以下二千人。

（六）魏郢州、北青、南荆、豫州皆來降。

（七）夏，魏河間人邢杲反。

（八）秋，魏高平鎮人万俟醜奴反[三]。

（九）爾朱榮率騎七千，禽葛榮於滏口，降其衆百萬。

（十）冬，立魏北海王顥爲魏主，遣將軍陳慶之衛送還北。

中大通元年（五二九）

（一）夏，魏上黨王天穆討邢杲，平之。

（二）陳庚騎拔虎牢，魏主奔河北，元顥入洛陽。爾朱榮攻殺元顥，魏主還。

（三）秋，帝幸同泰寺捨身，羣臣以錢二億萬奉贖。冬，魏巴州降。

二年（五三〇）魏東海王曄建明元。

[二]「自」，原脱，今據江蘇書局本補。

[三]「万俟」，原作「萬俟」，今據《四庫》本改。下文徑改。

（一）春，魏將爾朱天光討万俟醜奴、蕭寶寅於安定，皆擒之。

（二）夏，復以元悦爲魏主，送還北。

（三）秋，魏莊帝誅爾朱榮，僕射爾朱世隆奔高都。立長廣王曄爲帝。冬，爾朱兆襲洛陽，弒莊帝。

三年（五三一）魏安定王朗中興元。

（一）春，世隆等以元曄疏遠，立廣陵王恭爲魏帝，世隆執朝政。天光據關右，兆據并州，將高歡屯信都。

（二）夏，昭明太子薨。

（三）魏高歡起兵討爾朱氏。

（四）秋，立子綱爲太子。

（五）冬，高歡立渤海太守元朗爲帝。

四年（五三二）魏孝武帝脩永熙元。

（一）春，魏南兖州降，遣太尉元法僧伐魏。

（二）高歡拔鄴，爾朱度律及天光、兆合擊之，大敗於韓陵。兆奔晉陽。夏，歡殺天光、度律及世隆，廢元恭、元朗，而立平陽王脩。秋，歡自鄴擊兆，兆奔秀容，歡遂居晉陽。

五年（五三三）

（一）春，高歡襲爾朱兆，滅之。

（二）魏孝武用侍中斛斯椿之言，疑忌高歡，殺其黨司空高乾，始與歡有隙。

（三）夏，魏東徐州降。

甲寅**六年**（五三四）東魏孝静帝善見天平元。

（一）春，魏秦州刺史侯莫陳悦殺關西大行臺賀拔岳。夏，夏州刺史宇文泰收岳兵〔一〕，擊悦，斬之。孝武以泰爲關西大行臺。

（二）秋，孝武出屯河橋，高歡將兵淮河，孝武西奔長安，以宇文泰爲丞相秉政。歡追至華陰而還，立清河王世子善見爲魏主，徙都鄴。孝武又與泰不平。冬，泰酖孝武而立南陽王寶炬。

（三）詔以元慶和爲魏主，侵魏。

大同元年（五三五）西魏文帝寶炬大統元。

（一）春，元慶和爲魏行臺元晏所敗，不得進。

〔一〕「兵」，原作「岳」，今據江蘇書局本改。

（二）西魏主立后乙氏及太子欽。

（三）東魏將司馬子如攻西魏潼關、馮翊，皆不克。

（四）冬，北梁州刺史蘭欽攻漢中，復梁州。

二年（五三六）

（一）春，高歡襲西魏夏州，拔之，以其世子澄爲尚書令，入輔魏政。

（二）冬，初與東魏和親。

（三）高歡自蒲津伐西魏，使大都督竇秦攻潼關。

三年（五三七）

（一）春，宇文泰擊竇秦，斬之，歡走。

（二）秋，宇文泰攻東魏弘農，拔之。

（三）冬，高歡自蒲津擊西魏，泰與戰於沙苑，大破之，俘斬七萬，歡走，泰遂濟河〔二〕，擊蒲坂、汾、絳，皆下之，還屯馮翊。又使開府獨孤信攻洛陽，拔之，梁、陳以西多降西魏。

四年（五三八）東魏元象元。

〔二〕「泰」，原作「秦」，今據《四庫》本改。

（一）春，東魏攻西魏，拔南汾、潁、豫、廣四州〔一〕。

（二）魏主欲結蠕蠕爲援，廢乙后，納其女爲后。高歡亦納蠕蠕女爲夫人。

（三）秋，東魏行臺侯景圍洛陽，宇文泰奉西魏主以救之。高歡擊破西魏師於河陰，遂攻洛陽。

（四）冬，西魏復取洛陽，襄、廣以西復西屬。

五年（五三九）東魏興和元。

（一）東魏主立后高氏。

（二）秋，東魏人城鄴，作新宫。

六年（五四〇）

（一）夏，西魏行臺宫延和、陝州刺史宫元慶率衆降東魏。

七年（五四一）

（一）交州人李賁反。

八年（五四二）

〔一〕「廣」，原脱，今據江蘇書局本補。

（一）春，西魏初置六軍。

（二）冬，高歡圍西魏儀同王思政於玉壁。西師不出，乃還。

九年（五四三）東魏武定元。

（一）春，東魏北豫州刺史高慎據虎牢降西魏，宇文泰將兵援之。高歡與泰戰於邙山，泰兵大敗，俘斬六萬，歡追至弘農而還。虎牢、洛陽皆入東魏。

甲子**十年**（五四四）

（一）春，李賁稱帝於交趾。

（二）帝幸京口。

（三）秋，西魏尚書蘇綽更造新法，頒於州郡，百姓便之。

十一年（五四五）

中大同元年（五四六）

（一）春，交州刺史楊瞟討李賁，平之。

（二）夏，帝幸同泰寺捨身，奉贖如前。是夜，同泰寺災。

（三）冬，高歡攻西魏晉州刺史韋孝寬於玉壁，五旬不拔，死者七萬人。歡憤懣成疾，燒營而遁之。

太清元年（五四七）

（一）春，帝復捨身如前。

（二）高歡卒，侯景與世子澄有隙，據河南十三州降西魏，西魏將王思政入據潁川。景徙鎮豫州。秋，景復叛西魏來降。冬，詔貞陽侯淵明將兵攻彭城以助景，與東魏行臺慕容紹宗戰，兵敗，淵明爲魏所虜〔一〕。

二年（五四八）

（一）春，侯景及慕容紹宗戰於渦陽，景大敗，走保壽春，河南地復入東魏。秋，帝復與東魏和親，景懼而反。冬，景濟江，立臨賀王正德爲帝，攻建鄴，陷東府。諸州援兵至者三十餘萬，莫有鬬志，自相抄奪而已。

三年（五四九）

（一）春，侯景陷臺城，廢蕭正德，江淮以北，多入于魏。

（二）夏，帝以憂崩。

（三）高澄拔潁川，執王思政。

〔一〕「魏」，原作「戰」，今據江蘇書局本改。

（四）秋，西江督護陳霸先殺廣州刺史王景仲，荆州刺史湘東王繹遣世子方等攻湘州刺史河東王譽，方等敗死。

（五）高澄爲奴所殺，弟洋襲位。

簡文帝綱**大寶元年**（五五〇）齊文宣帝高洋天保元。

（一）春，西魏悉取漢東地。

（二）夏，湘東王使將軍王僧辯攻殺河東王譽。譽弟岳陽王詧以雍州入西魏。東魏靜帝遜位于齊。

二年（五五一）

（一）春，魏文帝殂。

（二）侯景悉兵西上，取郢州，圍巴陵。夏，湘東王使將軍胡僧佑、陸法和擊之，擒任約，景敗走。王僧辯追之，所向輒克。秋，景廢帝爲晉安王，立豫章王棟。冬，景弑帝，廢棟而自立。

（三）秋，侯景將任約拔江州。

（四）王僧辯攻郢州刺史邵陵王綸，綸走死安陸。宇文泰伐齊至陜。

元帝繹**承聖元年**（五五二）魏廢帝欽元。

（一）春，王僧辯、陳霸先破斬侯景〔一〕，僧辯鎮建業，霸先鎮京口。
（二）突厥破蠕蠕，殺阿那瓌。
（三）夏，益州刺史武陵王紀稱帝。
（四）魏將達奚武攻取梁州。
（五）冬，湘州刺史陸納反。
（六）王即帝位。

二年（五五三）

（一）夏，王僧辯平湘州。
（二）秋，武陵王紀引兵東下，至江陵，敗死。
（三）僕射王裒請徙都建業，帝不從。
（四）魏將尉迥克成都，取益、潼二州。
（五）冬，詔王僧辯鎮姑熟。
（六）齊王破契丹於平州，又破突厥於朔方。

〔一〕「先」，原作「元」，今據楊璋本、《四庫》本、江蘇書局本改。

（七）宇文泰殺魏尚書元烈。

甲戌**三年**（五五四）魏恭帝廓元。

（一）春，魏主有怨言，泰廢之，立其弟齊王廓。

（二）齊王屠山胡，走蠕蠕。冬，魏將于謹及蕭詧入寇〔一〕，圍江陵，帝猶講《老子》，賦詩，援兵未至，城陷，帝被害。魏人虜男女十餘萬口爲奴婢，立蕭詧爲梁王，居江陵，爲魏附庸。

敬帝方智**紹泰元年**（五五五）後梁宣帝詧大定元。

（一）春，王僧辯、陳霸先立晉安王方智爲梁王。

（二）夏，齊主大破蠕蠕於沃野。

（三）齊人送蕭淵明爲梁主，王僧辯迎立之。陳霸先襲殺僧辯，復立梁王爲帝。

（四）冬，南豫州刺史任約、泰州刺史徐自徽以齊兵襲據石頭，霸先擊，大破之，約等奔齊。

太平元年（五五六）

（一）春，魏依《周禮》立六官。

（二）齊儀同蕭軌及任約等衆十萬入寇，至鍾山，陳霸先擊，大破之，虜軌。以霸先爲丞相。

〔一〕「于」，原作「於」，今據江蘇書局本改。

（三）冬，宇文泰卒，遺令兄子護輔世子覺以爲政，魏封覺爲周公，尋受魏禪。

臣光曰：後魏之先世居朔野，有國久矣。道武乘燕氏之衰，悉舉引弓之衆，以憑陵中夏，馬首所向，無不望風奔潰。南取并州，東舉幽、冀，兵不留行，而數千里之地定矣。繼以明元、太武，兼有青、兖，包司、豫，摧赫連，開關中，梟馮洪，呑遼碣，虜沮渠，并河右，高車入臣，蠕蠕遠遁。自河以北，逾於大漠，悉爲其有。子孫稱帝者百有餘年，左衽之盛，未之有也。及孝文嗣世，乃貶戎狄之俗，脩帝王之政，崇儒雅，興禮樂，其風聲文采，蔚然可觀矣。宣武懦弱，不克負荷，寵信讒諛，賊虐親賢。元氏之業，於兹始衰。重之以孝明幼沖，胡后淫恣，嬖幸盈朝，政出多門，賞罰無章，紀綱大壞。守令貪殘，黎民愁怨。盜賊蠭起，日滋月益。上之人曾無悛心，而内自睽離，以招外盜。於是爾朱榮乘之而起，興晉陽之甲，直指伊、洛。母后幼主，沈於回顔。公卿百官，血濡馬足。雖孝莊勇決，手刃賊臣，而枝黨四集，禍不旋踵。孝武惡高歡之偪，逃遁入關。遭宇文之禍，不能自脱。東西分裂，相繼皆亡。嗚呼！人主當國家全盛之時，宴安怠惰，以失其威福之柄。及民心已去，禍亂已成，雖有明斷之才，猶不能救，況庸君乎？

陳武帝霸先**永定元年**（五五七）周明帝宇文毓元。

（一）春，周閔帝稱天王。

（二）蕭勃據廣州反，都督周文育、侯安都平之。

（三）周閔帝欲誅晉公護，秋，護弑閔帝，立其兄毓。

（四）冬，受梁禪。

臣光曰：武帝當齊之季，任居方面，危不自安，乘時奮起，以除昏主，而成大業。及享國日久，普通、大通之際，遭魏氏衰微，王公牧守繦屬而歸之。戎車北征，至於洛汭。觀其勤身約己，好尚文雅，拊循士大夫，亦可謂恭儉寬惠之君矣。然以萬乘之主，爲桑門之行，屈身傾國，以奉浮屠。恩勝於威，紀綱不立。信佞臣之謀，貪河南之地。棄與國，寵叛人，遂使臺城覆没，老而餒死，江淮以南，鞠爲荆棘。其知未足稱也。夫德澤不能及而享其大利，聖人禍之。譬如悦盜財之賊，而延之入室，財不可得，而喪其所有必矣。其子孫各擁强兵，列居重鎮，不救君父之危，而窺間乘便，更相屠滅。元帝於兄弟之中，殘忍尤甚。是以雖翦兇渠，而克復故業，旋踵之間，身爲俘馘。豈特人心之不與哉？亦天地之所誅也。

（五）周文育、侯安都討湘州刺史王琳，敗没。

二年（五五八）

（一）春，王琳立梁永嘉王莊爲帝，居郢州，求助於齊。

（二）齊北豫州刺史司馬消難以州入于周。

（三）夏，帝幸莊嚴寺捨身，尋還宫。

（四）秋，周文育、侯安都逃歸。

（五）齊王脩廣三臺，淫湎暴虐，而任尚書令楊愔爲政，内外清肅。

三年（五五九）周武成元。

（一）夏，齊王悉誅諸元三千餘人。

（二）北江州刺史熊曇朗殺司空周文育而反。

（三）侯安都破王琳兵於左里。

（四）帝崩，以兄子臨川王蒨爲嗣。

（五）秋，周王稱帝。

（六）立子伯宗爲太子〔一〕。

〔一〕此條原接上條，今據下文另起。

（七）冬，齊文宣帝殂晉陽。

（八）王琳寇大雷。

文帝蒨**天嘉元年**（五六〇）齊孝昭帝演皇建元。

（一）春，太尉侯瑱大破王琳，琳及蕭莊奔齊。

（二）誅熊曇朗。

（三）武帝子衡陽王昌來自長安，沈之於江。

（四）夏，周晉公護鴆殺明帝，立其弟邕。

（五）齊王殷幼弱，叔父常山王演殺宰相楊愔等。秋，演廢殷自立，立太子百年。

（六）冬，周將獨孤盛寇巴、湘。

二年（五六一）周武帝邕保定、齊武成帝湛太寧元。

（一）春，周將殷亮以湘州來降。

（二）夏，初與齊和親。

（三）秋，破周將賀若敦，復取武陵等六郡。

（四）冬，齊孝昭帝殂，廢其太子百年，立弟長廣王湛。

（五）縉州刺史留異反，司空侯安都討之。

三年（五六二）齊河清、梁明帝巋天保元。

（一）春，齊主立太子緯。

（二）梁宣帝殂。

（三）江州刺史周迪反。

（四）帝弟安成王頊來自長安。

（五）留異奔晉安，東陽平。

（六）夏，齊婁太后殂。

（七）秋，齊冀州刺史高歸彦反，大司馬段韶討擒之。

四年（五六三）

（一）春，周迪奔閩州，刺史陳寶應納之。

（二）夏，帝捨身於太極前殿。

（三）侯安都以驕慢賜死。

（四）秋，周迪寇臨川，將軍章昭達擊走之。

（五）冬，周柱國楊忠與突厥合兵二十萬伐齊并州，齊主自如晉陽禦之。

甲申**五年**（五六四）

（一）春，齊大敗周師于晉陽城西。
（二）夏，齊殺樂陵王百年。
（三）齊人歸宇文護之母于周。
（四）秋，突厥伐齊幽州。
（五）周晉公護伐齊，使尉迴圍洛陽。
（六）冬，齊主自晉陽如洛陽，太師段韶大敗周師，尉迴走。
（七）章昭達討陳寶應、留異，擒之，閩州平。

六年（五六五）齊温公緯天統元。
（一）春，周主逆突厥女爲后。
（二）夏，齊武成帝以災變傳位於太子緯，自稱太上皇帝，軍國大事咸以聞。
（三）秋，獲周迪，斬之。

天康元年（五六六）周天和元。
（一）夏，帝崩，太子伯宗即位。幼弱，政事皆決於司徒安成王頊。

臨海王伯宗**光大元年**（五六七）
（一）夏，湘州刺史華皎叛，入於周。周將元定將兵助之，遂入郢州。秋，大將軍淳于量擊，大破之，皎奔江陵，虜定以歸。

二年（五六八）

（一）秋，齊始與周和親。

（二）冬，章太后下令廢帝，立安成王頊。

（三）齊武成帝殂。武成奢淫無度，齊政始衰。

宣帝頊**大建元年**（五六九）

（一）春，立子叔寶爲太子。

（二）冬，將軍歐陽紇據廣州反。

二年（五七〇）齊武平元。

（一）春，章昭達討歐陽紇，斬之。

（二）秋，齊主立太子恒。

（三）齊以中領軍和士開爲尚書令。是時，齊主荒縱，士開及嬖臣高阿那肱、穆提婆等用權恣横，異姓王者百餘人，開府千餘人，至於犬馬皆受官爵。賦繁役重，民不聊生。

三年（五七一）

（一）夏，齊段韶攻周汾州，拔之。

（二）秋，齊琅邪王儼殺和士開，尋被誅。冬，初與周和親。

四年（五七二）周建德元。

（一）夏，周主誅晉公護，始親萬機。勵精爲治，中外翕然。

（二）周人將伐齊，而患齊丞相斛律光，乃以謡言間之。齊僕射祖珽復加譖毁。秋，齊主殺斛律光，廢斛律后，立胡后，尋又廢之，立穆后。

五年（五七三）

（一）春，齊高阿那肱爲丞相。

（二）帝遣開府吴明徹略地北邊，屢破齊兵，取秦、涇、和、合四州。

（三）冬，拔壽陽，斬王琳。

甲午**六年**（五七四）

（一）春，齊朔州行臺高思好反〔一〕，尚書令唐邕討斬之。

（二）周叱奴太后崩，武帝行三年之喪。

（三）夏，周主斷佛、道二教，立通道觀以壹聖人之道。

〔一〕「齊」，原作「濟」，今據《四庫》本改。

（四）諸將侵齊淮北。

（五）秋，周主如雲陽，衛王直反於長安，誅死。

七年（五七五）

（一）秋，周主下詔，數齊主罪惡，大興兵，自河南伐齊，逼洛陽，破河陰，焚浮橋，齊高阿那肱救之。會周主有疾而還，所得三十餘城皆棄之。

（二）吴明徹大破齊師於吕梁。

八年（五七六）齊隆化元。

（一）春，周太子贇西巡，遂伐吐谷渾。冬，周主自河東伐齊，拔晉州。齊主自晉陽救之，圍晉州，垂克，以馮淑妃故，棄軍先還晉陽，齊師大潰，周主乘勝逐之。齊主留安德王延宗守晉陽而奔鄴。延宗自稱帝，周主攻拔之。

九年（五七七）齊幼主恒承光元。

（一）春，齊主傳位於太子恒。周師克鄴，齊主奔青州。又使太子傳位於任城王湝。齊主將東奔，高阿那肱引周兵追擒之。任城王湝據州不下，周齊王憲討平之。周封齊主爲温公，尋殺之。

臣光曰：神武以高世之略，平爾朱之亂，功大勢盛，爲魏武所疑。雖有逐君之慝，而能惓惓盡恭，以事靜帝，没身不怠，此其可稱者也。文襄有俊才而無重德，悖慢無禮，終隕身於奴隸。文宣淫湎殘暴，甚於桀、紂，而能信用賢臣，委之以政，威加鄰敵，終其天年，蓋亦有以得之矣。孝昭明達愷悌，實有齊之令主，享國不永，惜哉！武成驕淫奢縱，齊業始衰。後主繼之，昏狂尤甚。誅翦忠良，信用讒邪，十年而亡，已爲幸矣。

(二) 冬，吴明徹攻周徐州。

十年(五七八)周宣政元。

(一) 春，吴明徹及周將王軌戰於吕梁。明徹大敗，將卒三萬皆没。帝懼，始繕完以備周。

(二) 夏，突厥伐周幽州。周武帝自將，五道擊突厥，至雲陽，遇疾殂。武帝英武勤儉，四方畏服。

(三) 周宣帝即位，殺齊王憲，立后楊氏。

十一年(五七九)周静帝闡大象元。

(一) 春，周宣帝殺王軌，傳位於太子闡，自稱天元皇帝。驕奢狂恣，立五皇后，悉遣親王之國，建東京，發兵作洛陽宫，脩長城，民不堪命。夏，突厥伐周并州。

（二）冬，周將韋孝寬拔壽陽，梁士彦拔廣陵，江北地皆入周。

十二年（五八〇）

（一）春，周杞公亮反，韋孝寬討平之。

（二）夏，周宣帝殂，静帝尚幼，御正劉昉、内史鄭譯矯詔，以太后父隋公楊堅受遺輔政。堅悉召諸王入朝，稍稍誅之。相州總管尉遲迥、鄖州總管司馬消難、益州總管王謙皆起兵討堅。秋，堅使鄖公韋孝寬擊迥，楊公王誼擊消難，蔣公梁睿擊謙。迥、謙死，消難來奔。

十三年（五八一）隋文帝楊堅開皇元。

（一）春，周主禪位于隋。

臣光曰：文帝以關中之衆，東迎孝武，收疲敗之兵，撫貧困之民，任賢使能，列官布職，明部分，務農桑，以輔魏室。雖以高氏之强，不能陵也。其所爲典法，施於後世，可不謂賢乎？武帝以英傑之資，受制强臣，恭默端拱，十有餘年，須其罪盈惡熟，爲衆所棄，一旦除之，若撥糞振槁，可謂知剛知柔，智勇兼備者矣。然後親統六師，以征東夏。齊之險阻不守，士卒不戰，數月之間，縛其君臣，致於鼓下。使有周之境東漸于海，南傅于江，雖魏室全盛之時，不能及也。惜乎宣帝恣其淫侈，逞其奇譎，自絶于天，結怨于民，不及三年，而爲異姓所有。悲夫！

（二）夏，隋主立后獨孤氏及太子勇，改周官皆如漢、魏，命僕射高熲、納言蘇威定律令〔一〕。

（三）秋，隋廢洛陽宫。

（四）將軍周羅睺拔隋胡墅，蕭摩訶伐隋江北。

（五）隋高熲入寇。

十四年（五八二）

（一）春，帝崩，始興王叔陵謀弒後主，伏誅。

（二）歸胡墅於隋以和，隋師還。

（三）隋主以晉王廣鎮并州，秦王俊鎮洛州，蜀王秀鎮益州，皆領行臺。

（四）夏，隋作新都於龍首山。

（五）冬，隋太子屯咸陽，備突厥。

長城煬公叔寶至德元年（五八三）

〔一〕「威」，原作「成」，今據楊璋本、《四庫》本、江蘇書局本改。

（一）春，隋遷于新都，改郡爲州。

（二）突厥沙鉢略可汗妻周女千金公主，以周亡，數侵隋境。

（三）秋，隋河間王弘、僕射高熲、虞慶則等數道出塞擊突厥，大破之。因以饑疫，突厥遂衰。

甲辰**二年**（五八四）

（一）春，隋主如隴州。秋，又以關内饑，如洛陽，逾年而還。

（二）將軍夏侯苗叛降隋，隋主以通和，不納。

（三）突厥沙鉢略可汗爲從弟阿波可汗所敗，使千金公主請爲隋主之子，晉王廣欲乘釁擊之，隋主不可，使虞慶則撫納之。

三年（五八五）

（一）春，前豐州刺史章大寶反。夏，州將陳景詳斬之。

（二）夏，梁明帝殂。

（三）突厥沙鉢略稱臣，上表於隋，遂與阿波分爲二國。阿波亦伏於隋。秋，將軍湛文徹擊隋和州，爲隋所虜。

四年（五八六）梁莒公琮廣運元。

（一）秋，隋太子鎮洛陽。隋柱國梁士彦、宇文忻、劉昉謀反，誅。

（二）冬，以僕射江總爲尚書令。帝日夜與總等文士十人及張、孔二貴嬪賦詩飲酒，不親政事，不恤外患。刑煩賦重，中外離心。

禎明元年（五八七）

（一）春，隋人脩長城。

（二）秋，梁主琮朝于隋，隋主遣將崔弘度戍江陵。梁安平王巖等懼，率其民來奔。隋主怒，廢梁主爲莒公，遂謀伐陳。大作舟艦，人請密之。隋主曰：「吾顯行大誅，何密之有？」使投柹於江。

（三）冬，隋主如馮翊。

二年（五八八）

（一）春，攻隋峽州。

（二）冬，隋淮南行臺晉王廣、山南行臺秦王俊、信州總管楊素等，率九十總管、兵五十二萬，八道入寇。東接滄海，西距巴蜀，横亘數千里。以高熲爲謀主。帝謂長江必不可渡，全不設備，奏技縱酒不輟。

隋文帝開皇九年（五八九）

（一）春，襄邑公賀若弼拔京口，新義公韓擒虎拔南豫州〔二〕，所向皆克。陳主以蕭摩訶爲都督以拒隋，賀若弼與戰於蔣山，大破，擒之。韓擒虎入建業，陳主逃于井，就獲之，遂滅陳。

臣光曰：武帝與王僧辯同事梁室，誅夷侯景，乘時伺間，以詐力取國。然率羸弊之衆，當强齊乘勝之勢，卒成大功，奄有江南，斯亦難矣。文帝恭勤政事，足爲良主。孝宣值齊之衰而啓土，逢周之興而喪師，豈非不恃内而恃外者耶？夫以陳國區區，不能居天下五分之一，慄慄危懼，猶不能保其社稷，況後主荒淫無度以趣之，納身眢井，不亦宜乎？

十年（五九〇）

（一）春，帝幸并州。

（二）秋，遣柱國韋洸、上開府王景巡撫嶺南，百越皆服。

（三）冬，江南高智慧等所在作亂，攻陷郡縣，詔内史令楊素討平之。

（二）詔天下偃武脩文，兵非禁衛、邊防皆停罷，悉毁民間甲仗。

〔二〕「義」，原作「議」，今據《四庫》本、江蘇書局本改。

十一年（五九一）

（一）春，以臨潁令劉曠政績尤異，擢爲莒州刺史。

（二）帝勤於政治，令行禁止，資性節儉，天下化之。丈夫不衣綾綺，無金玉之飾。衣食滋殖，倉庫盈溢，故能削平海内，四夷賓服。

十二年（五九二）

十三年（五九三）

（一）春，帝幸岐州。

（二）初營仁壽宮，楊素督役嚴急，死者甚衆。帝初怒，獨孤后爲之言，乃喜。

甲寅**十四年**（五九四）

（一）夏，太常牛弘等議定新樂，始頒行之。

（二）秋，關中旱，饑，帝率户口就食洛陽。

（三）冬，帝東巡。

十五年（五九五）

（一）春，以旱親祀泰山，以謝愆咎。還，幸仁壽宮。

十六年（五九六）

（一）冬，帝幸長春宫。

十七年（五九七）

（一）春，太平公史萬歲擊南寧蠻，克之。

（二）帝幸仁壽宫。

（三）上柱國王世積討桂州賊李光仕，平之。

（四）夏，頒太史令張胄玄新曆。

（五）夏，桂州人李世賢反，大將軍虞慶則討平之。

（六）秦王俊坐奢侈，免官就第，以憂薨。

（七）冬，慶則以罪誅。

十八年（五九八）

（一）春，帝幸仁壽宫。

（二）高麗王元寇遼西，詔漢王諒將水陸三十萬擊之。會糧運不繼，士卒疾疫，元惶恐謝罪，乃班師。

十九年（五九九）

（三）帝以宗女妻東突厥都藍可汗弟染干，都藍怒而叛，詔蜀王秀擊之。

（一）春，帝幸仁壽宫。

（二）夏，突厥達頭可汗犯塞，史萬歲擊破之。都藍攻染干，染干來奔。冬，帝立染干爲啓民可汗，處於河南夏、勝之間。發兵擊都藍，都藍爲其下所殺，達頭代立，國内大亂，逃奔漠北。

二十年（六〇〇）

（一）夏，突厥達頭犯塞，晉王廣擊破之。

（二）太子勇失愛於帝及獨孤后，晉王廣矯自脩飾，帝后皆愛之，廣乃與楊素陰謀譖毁太子。冬，廢太子勇爲庶人，以晉王爲太子。

仁壽元年（六〇一）

（一）春，突厥達頭寇恒安，敗柱國韓珙。

（二）夏，僕射楊素以帝不悦文學，希旨奏廢太學及州縣學。

（三）冬，楊素與突厥啓民共擊達頭，大破之。達頭奔吐谷渾，啓民悉有其衆。

二年（六〇二）

（一）春，帝幸仁壽宫。

（二）秋，獨孤后崩。

（三）河南、北水。

（四）冬，詔楊素、蘇威、牛弘等脩定五禮。

（五）太子及楊素譖蜀王秀，廢爲庶人，幽之深室。

三年（六〇三）

（一）冬，河南水。

（二）漢王諒有寵於帝，爲并州總管，自蒲、絳以東，黄河以北，至于滄海，皆屬焉，仍許以便宜行事，不拘律令。太子廣惡之[一]。

甲子**四年**（六〇四）

（一）春，帝幸仁壽宫。

（二）夏，帝疾甚。太子與妃嬪亂，帝怒，召勇，欲復立之。太子使庶子張衡入侍，帝尋崩。

（三）秋，漢王諒反於并州，兵曹裴文安説諒直趣長安，諒不從，煬帝使楊素擊誅之。

（四）冬，煬帝幸洛陽，徙其城稍西，作洛陽宫，以爲東都。

〔一〕「之」，原爲墨丁，今據《四庫》本補。

煬帝廣**大業元年**（六〇五）

（一）春，立后蕭氏及太子昭。

（二）徙天下富商大賈數萬家於東都，發男女百餘萬開通濟渠，引穀、洛水達于河，自板渚引河達于淮，造龍舟、鳳艒數萬艘。秋，帝幸江都，舳艫相接二百餘里。

二年（六〇六）

（一）春，東都成。

（二）夏，帝自江都還入東都。

（三）秋，太子昭薨。

（四）司徒楊素薨。

（五）是歲天下户八百九十餘萬，口四千六百餘萬。

三年（六〇七）

（一）春，帝還長安。

（二）夏，復出北巡，鑿太行山爲御道。帝次榆林，突厥啓民可汗來朝。

（三）賀若弼等坐誹謗誅。

（四）發男丁百餘萬築長城，死者十五六。

（五）秋，帝出塞，幸啓民牙帳。召高麗王不至，始議伐高麗，遂自樓煩關而還[一]。

（六）營晉陽宫。

四年（六〇八）

（一）春，發河北男女百餘萬開永濟渠，引沁水南達于河，北通涿郡。

（二）帝之五原，出塞巡長城。

（三）秋，發民築長城，自榆谷而東。

（四）帝親祠常山，河北道郡守畢集。

（五）突厥啓民可汗死，子始畢可汗立。

五年（六〇九）

（一）春，帝自東都還長安，復西巡河右。

（二）夏，大獵於拔延山，長圍周亘二十里。

（三）吐谷渾主伏允保覆袁川，帝分兵圍之，伏允遁，降其民十餘萬。還遇風雷，士卒死者太半。

〔一〕「關而」，原爲墨丁，今據江蘇書局本補。

（四）伊吾吐屯設等獻西域地數千里。

（五）秋，帝入長安。

（六）冬，復幸東都。

六年（六一〇）

（一）春，作舟舩大戲於端門街，以誇示四夷來朝貢者，絲竹之聲聞數十里。錦綉珠玉填溢城郭〔一〕，所費鉅億萬。

（二）帝還幸江都。

七年（六一一）

（一）春，帝自江都御龍舟，泝通濟渠，達于河，自河入永濟渠，幸涿郡。詔發兵運糧，將伐高麗。民苦征役，始爲盜賊。

八年（六一二）

（一）春，帝分軍爲十二道，親伐高麗。甲士一百一十三萬，餽運者倍之。旌旗亘千里，遂度遼水，進圍遼東。秋，左衛大將軍宇文述等敗于薩水，九軍並陷，將士奔還，一日一夜行

〔一〕「溢城」，原爲墨丁，今據《四庫》本補。

四百五十里，存者百無一二，乃班師，歸東都。

九年（六一三）

（一）春，復發兵伐高麗，以代王侑守西都，越王侗守東都。夏，帝度遼，遣宇文述等趨平壤。禮部尚書楊玄感反於黎陽，濟河攻東都，衆十餘萬。帝乃還軍，遣宇文述等乘傳發兵擊之。兵部侍郎斛律斯政亡入高麗，玄感西趨關中，宇文述等追斬之。帝幸博陵。是時盜賊所在蠭起，攻陷郡縣，不可勝紀。

甲戌**十年**（六一四）

（一）春，帝復征高麗，百道俱進。秋，次懷遠鎮。時道路阻絶，軍多失期。高麗亦困弊，乃囚送斛律斯政以降。

（二）冬，帝還長安，召高麗王入朝，終不至。

（三）帝復幸東都。

十一年（六一五）楚朱粲昌達元。

（一）春，突厥始畢來朝。

（二）帝幸太原。秋，巡北塞。帝以始畢寖盛[一]，欲以宗女妻其臣叱吉，立爲南面可汗，叱吉不受。突厥圍帝於鴈門，郡縣赴救，突厥解去。冬，還東都。

（三）賊帥李子通掠淮南，稱楚王，朱粲據漢南，稱楚帝。

十二年（六一六）

（一）秋，幸江都，使光禄大夫段達、太府卿元文都等奉越王侗守東都。

（二）冬，右騎衛將軍唐公李淵奉使河東，黜陟討捕，因以爲太原留守。

恭帝侑**義寧元年**（六一七）梁蕭銑、鳴鳳、涼李軌安樂、秦薛舉泰興、魏公李密、劉武周天興、夏竇建德丁丑元。

（一）春，冀州賊竇建德自稱長樂王。

（二）馬邑人劉武周據郡稱帝。

（三）東郡賊李密陷洛口倉，稱魏公，河南州郡多附之。煬帝使將軍王世充擊之，不克。

（四）夏，金城校尉薛舉起兵，據隴西稱帝。

（五）晉陽留守唐公李淵起兵。

[一]「寖」，原作「寑」，今據《四庫》本、江蘇書局本改。

（六）秋，武威人李軌起兵〔一〕，據河西稱帝。

（七）李密陷黎陽倉。

（八）唐公西度河，取馮翊。

（九）冬，岳州校尉董景珎等立羅川令蕭銑爲梁王，荆、楚皆附之。

（十）唐公入長安，立代王侑爲帝，尊煬帝爲太上皇，唐公爲丞相，總録萬機，進爵爲王。

（十一）薛舉使子仁杲寇扶風，唐公子世民擊走之。

（十二）濟郡賊杜伏威、輔公祏渡淮，陷洛陽。

唐高祖淵**武德元年**（六一八）隋越王侗皇泰、夏五鳳元。

（一）春，宇文化及弑煬帝，越王稱帝。李密擊化及，走之。王世充殺元文都，因擊破密。密來降，尋死，化及稱帝。

（二）夏，受隋禪。

臣光曰：文帝於周室，非有元功厚德素洽於人，直以天元暴崩，嗣君幼弱，姦臣矯

〔一〕「李」，原誤作「劉」，今據江蘇書局本及上下文改。

命，徼幸得之。然明敏儉約，勤於政治，隨才任官，信賞必罰，故能取江南三百年之國，易於反掌，使天下復爲一統。百姓繁庶，衣食豐衍。突厥、室韋、靺鞨、林邑、高昌、女國之屬，莫不頓顙稱臣，奉珍入貢。雖兩漢全盛之時，不能過也。向使後嗣僅得中才以守之，則十世之内未易亡也。煬帝以悖逆詐謀[二]，坐承富强之業，志驕氣溢，慨然慕秦皇、漢武之爲人，窮侈極欲，連兵四夷。政煩賦重，盜賊蠭起，而游幸不息，以樂滔憂，惡聞直言，喜自壅蔽。噫！率是道也，雖禹、湯、文、武之子孫未或不亡，況隋無積善之基乎？

（三）秋，薛舉卒。

（四）冬，秦王世民平隴西。

（五）蕭銑稱帝。

二年（六一九）鄭王世充開明、吴李子通明政元。

（一）春，竇建德滅宇文化及。

〔二〕「詐」，原作「作」，今據江蘇書局本改。

（二）朱粲降，復叛。

（三）夏，安興貴擒李軌。王世充弑越王自立。

（四）劉武周陷并州、晉州，關中震駭。

（五）秋，李子通稱吴帝於江都。

（六）冬，竇建德陷黎陽，盡據有北地。

（七）杜伏威及涿州賊羅藝請降。

三年（六二〇）吴王杜伏威元。

（一）春，上幸蒲州。

（二）竇建德稱夏王。

（三）夏，秦王擊破劉武周將宋金剛，并、晉皆平，武周走入突厥而死。

（四）秋，秦王擊王世充，河南州郡多降。冬，竇建德攻羅藝，圍幽州，不克。

（五）懷遠賊帥高開道降。

四年（六二一）

（一）春，秦王圍洛陽。竇建德將兵十萬救洛陽。夏，秦王擒建德於虎牢，王世充降，河南北悉平。

（二）秋，建德餘黨劉黑闥起兵漳南，河南北多應之。

（三）冬，李靖自夔州水道襲蕭銑，克之，江、漢、嶺外悉平。

（四）高開道復叛。

五年（六二二）夏漢東王劉黑闥天造元。

（一）春，秦王破黑闥於洛水上，黑闥亡入突厥。還兵，斬兖州賊徐圓朗。

（二）夏，黑闥復引突厥入寇，河北皆應之。

（三）秋，突厥圍并州，太子建成及秦王擊卻之。冬，太子討黑闥，斬之。

（四）杜伏威、羅藝入朝。

六年（六二三）宋輔公祐天明元。

（一）秋，突厥寇朔州。

（二）太子、秦王屯并州以備之，三月罷。

（三）輔公祐反，稱帝。

（四）高開道引突厥寇幽州。

甲申**七年**（六二四）

（一）春，高開道爲其部將所殺。

（二）李靖討斬輔公祐，江東悉平。

（三）秋，突厥頡利、突利二可汗舉國入寇，至豳州。秦王以百騎往，面數其負約，不戰結和而退。

八年（六二五）

（一）秋，突厥頡利寇朔州，將軍張瑾禦之，不利。秦王出屯蒲州，突厥退。

九年（六二六）

（一）太子、秦王、齊王元吉皆有寵，教令與詔敕並行。太子以秦王功高，與齊王謀殺之。夏，秦王射殺太子及齊王於殿中，詔以秦王爲太子。

（二）幽州都督廬江王瑗反，誅。

（三）秋，帝傳位於太子，自稱太上皇。

（四）突厥頡利自涇州入寇，至便橋，太宗親以數騎往責之，結盟而退。

稽古録卷十五

唐太宗世民**貞觀元年**（六二七）

（一）春，涇州都督羅藝反，統軍楊岌討斬之。

（二）分天下爲十道。

（三）突厥部落離散，國中大雪，六畜多死，或勸帝擊之，帝不許。

二年（六二八）

（一）春，關中饑，民多賣子者，詔出御府金帛贖之。

（二）右衛將軍柴紹擊延安賊帥梁師都[一]，斬之，以其地爲夏州。

（三）秋，放宮人數千，使還家。

（四）遣使拜薛延陁君長夷男爲真珠可汗，頡利始懼，請稱臣、尚主。

三年（六二九）

[一]「紹」，原作「詔」，今據《四庫》本改。

（一）春，司空裴寂流静州。
（二）夏，太上皇徙居太安宫，上始聽政於太極殿。
（三）突厥頡利可汗舉兵攻突利，突利來告急。冬，詔李靖、李勣將兵二道伐突厥，突利率衆來奔。

四年（六三〇）

（一）春，李靖以驍騎三千自馬邑直抵惡陽嶺，頡利大驚，遁入鐵山，請舉國内附。靖乘其無備，襲之，俘斬十餘萬。頡利奔沙鉢羅部，追擒之以獻。於是，大漠以南，皆爲州縣，屬於唐。以突利爲順州都督。

五年（六三一）

（一）西域諸國因高昌王文泰上書請入朝，上許之，秘書監魏徵諫，乃止。

六年（六三二）

（一）党項、羌三十萬口請内屬。

七年（六三三）

甲午**八年**（六三四）

（一）冬，右僕射李靖以疾辭位。

（二）吐谷渾數盜邊，詔李靖、侯君集討之。

（三）吐蕃贊普始遣使入貢。

九年（六三五）

（一）夏，太上皇崩。

（二）李靖、侯君集大破吐谷渾於牛心堆，追至破邏真谷，吐谷渾可汗伏允自殺，其子順來降，立以爲可汗。冬，順爲國人所殺，國内亂。詔侯君集復將兵往定之，立其子諾曷鉢。

十年（六三六）

（一）夏，文德長孫皇后崩。

十一年（六三七）

（一）春，房喬上新律令及新禮。

（二）上如洛陽。

（三）夏，詔以宗室、功臣爲襲封刺史，倣古諸侯。

十二年（六三八）

（一）春，上自洛陽過砥柱，觀鹽澤，道蒲州歸。

（二）突厥既亡，薛延陁東遷，盡有漠北之地，勝兵二十萬。上拜其二子爲小可汗，以分其勢。

十三年（六三九）

（一）春，停襲封刺史。

（二）夏，上幸九成宫。

（三）突厥突利弟結社率作亂〔一〕，夜襲御營，入四重幕，折衝孫武開擊斬之。

（四）秋，立頡利族人思摩爲突厥可汗，使建牙於河北之外。諸胡在河南者，皆使從出塞。

十四年（六四〇）

（一）高昌王文泰恃遠驕倨。春，詔吏部尚書侯君集擊之。秋，軍至磧石，文泰病死，子智盛請降，以其地爲安西都護府。

（二）吐蕃擊破吐谷渾。冬，進寇松州。詔侯君集擊之。吐蕃懼，遣禄東贊入謝。

十五年（六四一）

（一）春，上幸洛陽，將以明年封泰山。夏，彗星見而止。

（二）薛延陀可汗夷南遣子大度設屯白道川，將攻突厥，詔李勣討之。

〔一〕「社」，原作「杜」，今據江蘇書局本改。

（三）冬，上還長安。

（四）大度設走，李勣追破之於諸真水，夷南懼，謝罪，請與突厥和親。

十六年（六四二）

（一）高麗大臣蓋蘇文弑其君建武，立其兄子藏而相之。

十七年（六四三）

（一）春，魏徵卒。

（二）齊州都督齊王祐謀反，賜死。

（三）魏王泰陰結朝臣〔一〕，謀代太子承乾。太子懼，與侯君集謀攻大内。事覺，夏，廢太子爲庶人，徙黔州。徙魏王於鄖鄉。

（四）立晉王治爲太子，既又欲立吴王恪。長孫無忌固爭，乃止。

甲辰**十八年**（六四四）

（一）冬，上幸洛陽。高麗蓋蘇文數侵伐新羅，上遣使諭解之。蓋蘇文不奉詔，上怒，欲自征之。羣臣諫，不聽，詔發天下甲士十萬，皆會平壤。

〔一〕「泰」，原作「奉」，今據楊璋本、江蘇書局本改。

（二）故太子承乾卒於徙所。

十九年（六四五）

（一）春，上自將征高麗，詔太子監國，留居定州。夏，拔蓋牟及白巖城，高麗高延壽等以衆十餘萬降。秋，攻安市城，不拔，班師。

（二）薛延陁拔灼寇夏州〔一〕，兵敗，爲回紇所殺。

二十年（六四六）

（一）春，上自并州還長安。

（二）秋，詔江夏王道宗及李勣等出塞討薛延陀餘黨，皆滅之。鐵勒諸部及回紇等十三姓來降，置六都督府、七州以撫之，北荒悉平。

（三）上幸靈州。

（四）冬，還長安。

二十一年（六四七）

（一）春，詔以來年封禪，會山東大水而止。

〔一〕「夏州」，原作「州夏」，今據江蘇書局本乙正。

（二）夏，上幸翠微宫。

（三）冬，詔左驍衛大將軍阿史那社爾等討焉耆。

二十二年（六四八）

（一）春，上幸玉華宫。

（二）秋，房喬卒。

（三）冬，上還長安。

（四）阿史那社爾拔焉耆，虜其王訶黎布失畢。

（五）徙安西都護於龜兹〔一〕，兼統于闐、疎勒、碎葉〔二〕，謂之四鎮。

二十三年（六四九）

（一）夏，上幸翠微宫。

（二）李靖卒〔三〕。

（三）上崩，長孫無忌、褚遂良受遺詔輔政，太子還長安，即位。

〔一〕「徙」，原作「延」，今據《四庫》本改。
〔二〕「碎葉」，原爲墨丁，今據《四庫》本補。
〔三〕「靖」，原作「勣」，今據《四庫》本改。

（四）秋，李勣爲右僕射、同中書門下三品。

高宗治**永徽元年**（六五〇）

（一）春，右驍衛郎將高侃擊突厥餘寇車鼻可汗，虜之。分突厥地，置單于、瀚海二都護府以統之。自是，北邊無寇三十餘年。

（二）冬，西突厥賀魯擊射匱可汗，滅之。

二年（六五一）

（一）秋，西突厥賀魯寇庭州，詔左武侯大將軍梁建方發回紇五萬擊之。

三年（六五二）

（一）春，梁建方大破西突厥於牢山〔一〕。

（二）秋，立陳王忠爲太子。

（三）冬，魏王泰卒於徙所。

四年（六五三）

（一）春，駙馬都尉房遺愛、柴令武、寧州刺史薛萬徹謀反，伏誅。

〔一〕「方」，原作「房」，今據上文及《四庫》本改。

（二）荆王元景、吴王恪賜死。

（三）江夏王道宗流象州。

甲寅**五年**（六五四）

（一）春，上幸萬年宮。

（二）夏，山水暴漲，犯寢殿。

（三）秋，帝還長安。

六年（六五五）

（一）禮部尚書許敬宗、中書舍人李義府勸上立武昭儀爲皇后，太尉長孫無忌、僕射褚遂良切諫。司空李勣曰：「此陛下家事，羣臣何敢與知？」秋，貶褚遂良爲潭州都督。令廢皇后王氏，立武昭儀爲皇后。

顯慶元年（六五六）

（一）太子忠以非皇后子，廢爲梁王，立代王弘爲太子。

（二）秋，左衛大將軍程知節擊破西突厥賀魯，至怛篤城而還。

（三）侍御史王義方劾中書侍郎李義府，義方坐貶。

二年（六五七）

（一）春，上行幸洛陽〔二〕。

（二）詔右屯衛軍蘇定方擊賀魯。

（三）秋，李義府、許敬宗譖侍中韓瑗、中書令來濟與桂州都督褚遂良謀反〔三〕，皆貶遠州刺史。

三年（六五八）

（一）春，上還長安。

（二）蘇定方擒賀魯，分其地，置二都護府，以故突厥小可汗稱射、步真分領之。

四年（六五九）

（一）夏，許敬宗誣長孫無忌謀反，上徙無忌於黔州。侍中于志寧亦坐免。

（二）冬，上行幸東都。

五年（六六〇）

（三）許敬宗、李義府使人即貶所殺長孫無忌及韓瑗、褚遂良，皆以反法籍其家。

〔二〕「幸」，原作「如」，今據《四庫》本改。

〔三〕「與」，原作「於」，今據《四庫》本改。

（一）春，上幸并州。夏，還東都。
（二）秋，廢陳王忠爲庶人，徙黔州。
（三）蘇定方破百濟，虜其王義慈，分其地三十七郡爲五都督府。

龍朔元年（六六一）
（一）夏，詔左驍衛大將軍契苾何力、左武衛大將軍蘇定方、兵部尚書任雅相，三道伐高麗。

二年（六六二）
（一）春，上幸同州。
（二）蘇定方破高麗於葦島，圍平壤，不克。
（三）夏，上還長安。
（四）初作大明宫含元殿，成，上徙居之，更命故宫曰西内。

三年（六六三）
（一）春，右相李義府坐贓流巂州。
（二）上自顯慶以後苦風疾，政事皆委之武后，時人謂之「二聖」。上寖不能制，内甚忿之。

甲子**麟德元年**（六六四）
（一）冬，上與西臺侍郎、同三品上官儀密謀廢武后。后知之，上急歸罪於儀而殺之，又殺故太子忠。自是上每聽朝政，武后常垂簾於後，政無大小，皆與聞之。

二年（六六五）

（一）春，上幸東都。

（二）皇后上書請封禪。

（三）冬，行幸泰山。

乾封元年（六六六）

（一）春，上封泰山，禪梁甫。夏，還洛陽。

（二）高麗相蓋蘇文卒，其子男生襲位，其弟男建、男産攻之，男生自拔來歸。

（三）冬，詔李勣將兵擊高麗。

二年（六六七）

總章元年（六六八）

（一）春，李勣渡遼，拔安市城。高麗遣男産入朝，勣進圍其王城，秋，拔之，虜高麗王藏及男建，悉定其地一百七十城、六十九萬餘户，置安東都護府以治之〔二〕。

〔二〕「之」，下原衍一「之」字，今據《四庫》本删。

二年（六六九）

（一）冬，李勣薨。

咸亨元年（六七〇）

（一）春，吐蕃擊破吐谷渾。夏，陷白州等十八州及安西四鎮。詔右威衛大將軍薛仁貴討之。秋，吐蕃將論欽陵大破仁貴於大非川，遂滅吐谷渾。吐谷渾可汗諾曷鉢以餘衆入居靈州。

二年（六七一）

（一）春，上幸洛陽。

三年（六七二）

（一）冬，還長安。

四年（六七三）

甲戌**上元元年**（六七四）

（一）高麗、百濟既亡，新羅寖强，不受制。春，詔同三品劉仁軌擊之。

（二）秋，上始稱「天皇」，皇后稱「天后」，又加祖宗謚號。

（三）冬，上幸洛陽。

二年（六七五）

（一）春，劉仁軌破新羅於七里城，新羅王法敏降，上赦之。

（二）上疾甚，欲使天后攝政，同三品郝處俊、中書侍郎李義琰諫，乃止。

（三）夏，太子弘薨，廟號義宗，立其弟雍王賢爲太子。

儀鳳元年（六七六）

（一）夏，上還長安。

二年（六七七）

（一）吐蕃益强盛，其地北際松、涼，南及嶲、茂，方萬餘里，數爲寇於邊。詔左僕射同三品劉仁軌、中書令李敬真更將兵討之，皆不克。

三年（六七八）

（一）秋，吐蕃破李敬真於青海，虜副大總管劉審禮，圍敬真於承風嶺。將軍黑齒常之擊破之，以常之爲河源軍使，吐蕃由是不敢犯塞。

調露元年（六七九）

（一）春，上幸洛陽。

（二）西突厥匐延都支及遮匐反。秋，吏部侍郎裴行儉襲虜之。

（三）冬，北突厥德温傅及奉職反，單于府二十四州皆應之，詔裴行儉將兵三十萬討之。

永隆元年（六八〇）

（一）春，行儉大破突厥於黑山，殺其可汗泥孰匐[一]，虜奉職而還。

（二）秋，吐蕃寇河源。

（三）太子賢自疑非天后子，天后惡之，乃廢賢，立其弟英王顯爲太子。

（四）冬，上還長安。

開耀元年（六八一）

（一）突厥餘衆復奉德温傅以反，其族人伏念自立爲可汗以應之。秋，詔裴行儉討之[二]，行儉多縱反間，伏念執德温傅以降。

永淳元年（六八二）

（一）夏，上幸東都。

（二）秋，吐蕃寇柘、松、翼諸州[三]。

〔一〕「其」，原作「真」，今據江蘇書局本改。
〔二〕「行」，原作「文」，今據下文改。
〔三〕「諸」，原作「緒」，今據《四庫》本改。

（三）突厥骨篤禄收餘衆反，寇北邊。

弘道元年（六八三）

（一）春，突厥寇定州、嬀州，圍單于都護府，又寇蔚州、嵐州。

（二）冬，上崩，遺詔軍國大事有不決者，取天后處分。

（三）中宗即位，尊天后爲太后。

（四）太后欲謀革命，乃自臨朝稱制。

甲申則天后曌光宅元年（六八四）

（一）春，太后廢中宗爲廬陵王，徙於均州，立其弟豫王旦爲帝，常居别殿，不得與政事。

（二）故太子賢卒於巴州。

（三）秋，骨篤禄寇朔州，詔將軍程務挺擊之〔一〕。

（四）柳州司馬徐敬業罪狀太后，起兵廣陵。　太后使將軍李孝逸擊斬之。

（五）侍中裴炎勸太后歸政，太后斬之。　於是大開告密之門，賞以官爵，使酷吏來俊臣等治之。　羣臣族滅者不可勝紀。

〔一〕「挺」，原作「捉」，今據《四庫》本改。

垂拱元年（六八五）

（一）春，遷廬陵王於房州。

二年（六八六）

（一）春，初置銅匭以受吏民章奏。

（二）冬，同三品武承嗣譖李孝逸，流儋州。

三年（六八七）

（一）秋，骨篤禄寇朔州，燕然道大總管黑齒常之擊走之。

四年（六八八）

（一）春，作明堂。

（二）夏，武承嗣使人詐爲寶符獻之，太后始稱聖母神皇。秋，博州刺史琅邪王沖起兵，欲誅諸武，尋敗死。其父豫州刺史越王貞亦起兵，太后使内使岑長倩擊誅之。遂誅韓王元嘉、魯王靈夔、霍王元軌。唐之宗室，相繼夷滅殆盡。

永昌元年（六八九）

（一）秋，内史張光輔棄市，納言魏玄同賜死。冬，右武衛大將軍黑齒常之族誅。皆酷吏周興所誣也。

天授元年（六九〇）

（一）冬，初以十一月爲正月。

（二）秋，沙門法明僞造《大雲經》上之，云神皇當代唐爲閻浮提主。太后始自稱大周聖神皇帝，以睿宗爲皇嗣，賜姓武氏，立武氏七廟，封兄子承嗣、三思等爲王。

二年（六九一）

（一）秋，鳳閣舍人張嘉福、洛州人王慶之上書，請立武承嗣爲皇太子。同三品岑長倩請治嘉、福等罪。冬，長倩坐事誅。

（二）王慶之上書不已，鳳閣侍郎、平章事李昭德收慶之，杖殺之，餘黨始息。

長壽元年（六九二）

（一）冬，武威軍總管王孝傑大破吐蕃，復四鎮之地。

（二）突厥可汗骨篤禄卒，其子幼弱，弟默啜自立爲可汗。

二年（六九三）

（一）春，復置安西都護府。

（二）或譖皇嗣妃劉氏，妃坐賜死。又譖皇嗣左右謀反，太后使來俊臣推之，皆自誣服。太常工人安金藏自剚腹出五藏，以明皇嗣不反，太后乃命停推。

（三）秋，太后自稱金輪皇帝。

甲午**延載元年**（六九四）

（一）秋，鑄天樞。

天册萬歲元年（六九五）

（一）春，太后自稱慈氏越古金輪聖神皇帝。

（二）明堂火。

萬歲通天元年（六九六）

（一）冬，太后封嵩高，禪少室。

（二）王孝傑及吐蕃將論欽陵贊婆戰於素羅汗山，孝傑不利。

（三）更造明堂成。

（四）夏，營州契丹李盡忠、孫萬榮反，詔將軍張遇擊之。秋，遇敗没於黄麞谷。又詔大將軍武攸宜擊之。

（五）吐蕃寇涼州，殺都督許欽明。

（六）李盡忠死，孫萬榮代領其衆。冬，陷冀州。

神功元年（六九七）

（一）春，王孝傑兵十八萬及契丹戰于東峽石，孝傑敗死。

（二）夏，鑄九鼎成。

（三）詔大將軍武懿宗將兵二十萬討契丹，不克。契丹遂陷趙州。突厥默啜與奚合兵襲擊孫萬榮，破斬之。

（四）冬，誅僧薛懷義。

聖曆元年（六九八）

（一）春，太后用平章事狄仁傑言，迎廬陵王還洛陽。

（二）默啜請薦女，太后使武延秀往受之。默啜怒曰：「安用武氏子？」秋，發兵寇嬀、檀，陷趙、定二州。乃立廬陵王爲太子，以討默啜。默啜悉阬趙、定民，亡去。

二年（六九九）

（一）春，封皇嗣爲相王。

（二）初，置奉宸府。

（三）吐蕃贊普器弩悉弄殺其相論欽陵。夏，欽陵弟贊婆率所部三千五百帳來降。

久視元年（七〇〇）

（一）秋，内史狄仁傑薨。

（二）冬，復以正月爲十一月。

長安元年（七〇一）

（一）春，改元大足。

（二）秋，太子長子郡王重潤爲司衛少卿張易之所譖〔一〕，自殺。是時易之及弟昌宗得幸太后，勢傾海内，中外疾之。

（三）冬，太后幸長安。

二年（七〇二）

（一）春，默啜寇鹽、夏州。

三年（七〇三）

（一）冬，太后還東都。

甲辰**四年**（七〇四）

（一）冬，以秋官侍郎張柬之同平章事。

（二）太后有疾，羣臣莫得進見，唯張易之兄弟常侍左右，陰引黨援以自固。

〔一〕「子」，原作「思」，今據江蘇書局本改。「司」，原爲墨丁，今據《四庫》本補。

中宗顯**神龍元年**（七〇五）

（一）春，柬之及平章事崔暐、左丞敬暉、司刑少卿桓彦範、袁恕己、大將軍李多祚以羽林兵誅張易之等，太后傳位於太子，徙居上陽宫，以恕己同三品，暉、彦範爲納言，尊太后曰則天皇帝，復國號曰唐，立皇后韋后。韋氏及帝女安樂公主、上官昭容干預政事，黨於諸武，武氏權復振，共譖柬之等。夏，封柬之等爲王，罷其政事，尋又出爲刺史。

（二）冬，太后崩，遺制去帝號。

二年（七〇六）

（一）春，駙馬都尉王同皎謀殺武三思，以反法誅之。

（二）置員外官二千餘人。

（三）秋，立子重俊爲太子。

（四）武三思復譖張柬之等五王，流嶺南，殺之。

（五）冬，帝幸長安。

（六）默啜寇靈州，敗大總管沙吒忠義，死者三萬，遂寇原、會州。

景龍元年（七〇七）

（一）夏，以宗女妻吐蕃。

（二）安樂公主欲上廢太子重俊，立己爲皇太女。

（三）秋，太子與李多祚以羽林兵誅武三思，攻玄武門，不克而死。上以太子首祭三思。

二年（七〇八）

（一）春，朔方總管張仁亶築三受降城於漠南。

（二）冬，突騎施可汗娑葛攻安西都護吕守素〔一〕、牛師獎，殺之，入寇邊州。

（三）置東西都四銓，斜封墨敕，濫官不可勝紀。

三年（七〇九）

（一）春，上與大臣觀宮女大酺。

（二）以郭元振爲安西都護。

（三）秋，娑葛請降。

（四）冬，上祀南郊，皇后爲亞獻。

（五）默啜擊娑葛，虜之。其將蘇禄收餘衆，自立爲可汗。

睿宗旦**景雲元年**（七一〇）

〔一〕「守」，原作「牛」，今據江蘇書局本改。

（一）夏，韋后與安樂公主鴆殺中宗，立溫王重茂爲帝，韋后臨朝稱制。又欲殺相王及太平公主。相王子臨淄王隆基[一]，與前朝邑尉劉幽求等勒兵入宮，誅韋后、安樂公主及韋、武親黨。少帝傳位於相王。相王即位，將立太子。長子宋王成器以隆基有功，固讓，上從之。

（二）秋，譙王重福謀反，伏誅。

（三）悉停斜封墨敕官。

二年（七一一）

（一）春，默啜請和，許之。

（二）太平公主尊寵用事，宰相多出其門，忌太子英武，常欲害之，悉復斜封墨敕官。上用平章事張説言，使太子監國。

（三）夏，置十道按察使。

玄宗隆基**先天元年**（七一二）

（一）夏，追尊天后爲天后聖帝。

[一]「淄」，原作「海」，今據江蘇書局本改。

（二）幽州都督孫佺擊奚酋李大酺於泠陘，敗没。

（三）太平公主使術人言帝座有災，太子當立。秋，睿宗傳位太子，自稱太上皇，唯大刑政乃自決之。

開元元年（七一三）

（一）春，詔河北諸州治兵備突厥。

（二）太平公主將作亂，秋，帝與同三品郭元振等誅之，及其黨與。太上皇徙居百福殿，政事皆決於帝。冬，帝幸驪山講武，以同州刺史姚崇同三品。

甲寅**二年**（七一四）

（一）春，默啜子同俄特勒及妹夫火拔頡利寇北庭，將軍郭虔瓘擊破之。同俄死，火拔頡利來降。

（二）秋，同三品薛訥擊奚、契丹於灤河，不利，奔還。

（三）作興慶宫。

（四）吐蕃寇洮、蘭、鄯州。冬，隴右防禦使薛訥大破吐蕃，殺獲不可勝計。

三年（七一五）

（一）春，立子瑛爲太子。

（二）西突厥十姓五咄六啜、五弩失畢五俟斤相繼來降。

四年（七一六）

（一）夏，太上皇崩。

（二）默啜擊九姓拔曳固，破之。恃勝輕歸，拔曳固散卒追斬默啜。骨篤禄子闕特勒殺默啜諸子，立其兄小殺，用暾欲谷爲謀主，突厥復振。回紇、同羅、霫、勃曳固五部來降。

（三）冬，改天后聖帝號爲則天皇后。

五年（七一七）

（一）春，上幸東都。

六年（七一八）

（一）冬，上自東都還長安。

（二）契丹王娑固爲其臣可突干所逐，奔營州。都督許欽澹與奚王李大酺合兵擊可突干，不勝，娑固、大酺皆死。可突干立娑固從弟鬱干爲王。

七年（七一九）

八年（七二〇）

（一）秋，突厥俘契宓部落以歸。冬，朔方道總管王晙請西發拔悉密，東奚、契丹掩襲其庭。

拔悉密貪利，先期至。小殺用暾欲谷謀，盡擊滅之，因入寇涼州，盡有默啜之衆。

九年（七二一）

（一）秋，開府儀同三司姚崇薨。

十年（七二二）

（一）春，上幸東都。

（二）秋，安南賊帥梅叔焉陷安南都護〔一〕，詔内侍楊思勗討平之。

（三）慶州降胡康願子反，朔方節度大使張説討斬之，遷降胡五萬於許、鄧諸州，空朔方之地，省鎮兵二十萬。

（四）詔非至親，毋得出入諸王、公主、外戚之門。

十一年（七二三）

（一）春，上自東都幸潞州，宴父老，給復五年，遂幸并州，以并州爲北都。中書令張説勸上脩漢武故事，祀后土於汾陰，尋還長安。

甲子**十二年**（七二四）

〔一〕「焉」，原作「馬」，今據江蘇書局本改。

（一）秋，皇后王氏坐與弟駙馬都尉守一爲厭勝，冀有子，廢爲庶人。

（二）冬，上幸東都，張説請上封禪，從之。

十三年（七二五）

（一）春，初置彍騎，分隸十二衛。

（二）冬，上東巡，登封泰山，降禪社首。

（三）是歲，青、齊斗米五錢。

十四年（七二六）

（一）夏，岐王範薨。

十五年（七二七）

（一）春，吐蕃將悉諾邏寇甘州，涼州刺史王君㚟敗諸大非川。

（二）秋，悉諾邏陷瓜州，執刺史。

（三）突騎施蘇禄寇安西四鎮。

（四）王君㚟擊吐蕃於肅州，回紇邀擊，殺之。　蕭嵩代君㚟爲都督，縱反間於吐蕃，贊普召悉諾邏殺之。　冬，上還長安。

十六年（七二八）

（一）秋，吐蕃寇瓜州，刺史張守珪敗之。

（二）鄯州都督張思亮破吐蕃於渴波谷，涼州將杜賓客破吐蕃於祁連城。

十七年（七二九）

（一）春，朔方道總管信安王禕拔吐蕃石堡城，置振武軍。

十八年（七三〇）

（一）夏，契丹可突干殺其王邵固〔一〕，叛從突厥。奚衆亦叛。奚王魯蘇來奔。冬，吐蕃來請和親，許之。

十九年（七三一）

（一）冬，上幸東都。

二十年（七三二）

（一）春，幽州刺史趙含章及信安王禕擊奚、契丹，奚王李詩瑣高降，契丹可突干走。

（二）冬，渤海靺鞨王大武藝叛，寇登州，殺刺史。詔以其弟門藝爲將軍，及將軍蓋福發幽州兵擊之，遇大雪而還。

〔一〕「干」，原作「于」，今據《四庫》本及上文改。下文徑改。

（三）上幸潞州、北都，過祠脽上，還長安。

二十一年（七三三）

（一）春，契丹可突干寇幽州，幽州將郭英傑將降奚追之，至都山，可突干引突厥兵來會戰，奚人復反，英傑敗死。

（二）分天下爲十五道，各置採訪使。

甲戌**二十二年**（七三四）

（一）春，上幸東都。黄門侍郎李林甫諂事武惠妃，得平章事，内結宦官、妃嬪，伺候上意，每言輒稱旨。朝士有不因其力而進者，百方排去之。朝野側目。

（二）秋，薛王業薨。

（三）幽州刺史張守珪誘契丹將過折殺可突干以降。

二十三年（七三五）

二十四年（七三六）

（一）冬，上自東都還長安。

（二）上欲以河西節度使牛仙客爲尚書，中書令張九齡固爭。上怒，以九齡爲左相，侍中裴耀卿爲右相，皆罷政事。以李林甫爲中書令，仙客爲工部尚書，同三品。

二十五年（七三七）

（一）春，河西節度使崔希逸擊吐蕃，破之青海上，吐蕃遁走。自是，朝貢遂絶。

（二）武惠妃與李林甫共譖太子瑛、鄂王瑶、光王琚謀反，皆賜死。

（三）冬，開府宋璟薨，武惠妃薨。

二十六年（七三八）

（一）春，鄯州都督杜希望擊吐蕃，拔新城，置威戎軍。

（二）秋，立忠王亨爲太子。李林甫請立惠妃子壽王瑁，上以亨年長且仁孝，故立之。

（三）益州長史王昱擊吐蕃不勝，僅以身免。

二十七年（七三九）

二十八年（七四〇）

（一）春，吐蕃安戎城及維州皆來降。

（二）初，以營州胡人安禄山爲營州都督、平盧軍使。禄山巧佞，善事人，賂往來使者，皆稱其賢。上以問李林甫，林甫順旨亦譽之，禄山由是有寵。

二十九年（七四一）

（一）冬，寧王憲薨。

（二）吐蕃寇廓州〔二〕，陷振武軍。

天寶元年（七四二）

（一）春，改州爲郡，刺史爲太守。

（二）平盧軍節度使安禄山始入朝奏事，上大悦之。

（三）突厥將左殺攻登利可汗，殺之。

（四）朔方節度使王忠嗣使拔悉密、回紇、葛邏禄三部攻左殺，破之。國内大亂，其衆多降。

（五）轉運使韋堅開廣運漕。

二年（七四三）

甲申**三年**（七四四）

（一）春，更名年曰載。

（二）秋，拔悉密葉護擊斬左殺，突厥由是遂亡。頃之，回紇擊拔悉密及葛邏禄，皆滅之。詔拜回紇王頡利吐發爲懷仁可汗。

（三）以安禄山爲范陽節度、河北採訪使。是時，楊妃方有寵，勢傾天下。禄山自請爲妃養

〔二〕「廓」，原作「郭」，今據江蘇書局本改。

子，故寵幸無比。

四年（七四五）

（一）秋，册拜楊妃爲貴妃，兄弟姊妹皆貴幸。諸屬州縣，嚴於詔令。

（二）奚、契丹叛。

（三）河西、隴右節度使皇甫惟明攻吐蕃石堡城，不利。以王忠嗣爲河東、朔方、隴右、河西節度使。

五年（七四六）

（一）春，李林甫構太子妃兄刑部尚書韋堅，云與皇甫惟明謀立太子，皆坐死，太子離婚。

（二）是時，内寵太盛，賞賜無度，上不欲取於左右藏、户口色役，使王鉷歲進額外錢百億萬，民咸受其弊。

六年（七四七）

（一）冬，李林甫及御史中丞王鉷誣户部侍郎楊慎矜謀反，其兄弟皆坐誅。初，太子立非林甫意，故林甫數起大獄，欲以危太子。太子孝謹，故讒間不能行。

七年（七四八）

八年（七四九）

（一）夏，隴右節度使哥舒翰攻吐蕃石堡城，拔之，置神武軍。先是，王忠嗣不肯力攻石堡城，曰：「吾不以一官易數萬人命。吾不失黔中上佐。」〔一〕上以翰代之，果殺數萬人。

九年（七五〇）

十年（七五一）

（一）春，詔安禄山兼河東節度使。

（二）夏，劍南節度使鮮于仲通將兵六萬擊雲南蠻王閣羅鳳，戰于瀘川，仲通大敗，死者不可勝計。

（三）楊氏奴與廣平公主爭道，鞭及公主衣。

十一年（七五二）

（一）春，朔方節度副使阿布思率麾下叛歸漠北。

（二）夏，李林甫譖御史大夫京兆尹王鉷，賜死，以貴妃從兄楊國忠代之。

（三）安禄山擊奚、契丹於吐護真永，不勝，僅以身免。

（四）冬，李林甫薨，以楊國忠爲右相兼吏部尚書。國忠兼四十餘使，四方餉遺，積絹至三

〔一〕「中」，原作「州」，今據江蘇書局本改。

千萬匹。

十二年（七五三）

（一）楊國忠惡安禄山，言其必反。上使宦者輔璆琳視之，璆琳受禄山金，歸盛言其忠。國忠又曰：「試召之，必不來。」上召之而來。上由是益親厚之。

甲午**十三年**（七五四）

（一）春，禄山歸，恐國忠奏留之，日行三四百里，反謀益露。人有告者，上輒縛送與之。

（二）北庭都護程千里擒阿布思[一]，斬之。

（三）夏，楊國忠大發兵，使劍南留後李宓擊雲南蠻閣羅鳳[二]，宓全軍敗没。是歲，天下户九百餘萬，口五千餘萬。

十四年（七五五）

（一）冬，安禄山反。詔北庭都護封常清、開府高仙芝禦之。禄山濟河，陷東都，常清兵敗，與仙芝退保潼關。監軍邊令誠譖二人，殺之。以太子太保哥舒翰代守潼關。

[一]「程」，原作「陳」，今據江蘇書局本改。
[二]「宓」，原作「密」，今據下文改。

（二）常山太守顏杲卿及弟平原太守真卿起兵討禄山，河北十七郡皆應之。

肅宗亨**至德元年**（七五六）

（一）春，禄山自稱燕帝。

（二）朔方郭子儀、范陽李光弼破賊將史思明於常山。

（三）哥舒翰出戰，敗於靈保。

（四）玄宗幸蜀，軍士殺楊國忠及楊妃。

（五）太子北收兵於靈武〔一〕。秋，太子即位，尊玄宗爲上皇，遂幸彭原，召子儀、光弼詣行在。河北皆陷於賊，平章事房琯兵敗於陳濤斜。

二年（七五七）

（一）春，安禄山子慶緒弒禄山自立。

（二）上幸鳳翔。

（三）河東李光弼破賊於太原。

（四）永王璘謀反，誅。

〔一〕「北」，原作「比」，今據江蘇書局本改。《四庫》本作「亨」。

（五）夏，郭子儀敗於清渠，退保武功。

（六）秋，廣平王俶、郭子儀、回紇葉護等克復長安。

（七）冬，克洛陽，安慶緒奔鄴。　上及上皇還長安。

（八）史思明降。

乾元元年（七五八）

（一）夏，立皇后張氏。

（二）罷採訪使。

（三）李光弼陰謀誅史思明，不果，思明復叛。

（四）秋，以上女寧國公主妻回紇可汗。

（五）冬，立子豫爲太子。

（六）郭子儀等九節度圍安慶緒於相州，慶緒求救於史思明，思明攻陷魏州。

二年（七五九）

（一）春，思明大破子儀等於相州，諸將皆奔還本鎮，子儀退保東都。思明殺安慶緒，自稱燕帝。　秋，觀軍容使魚朝恩譖子儀，召還，以李光弼代之。　思明濟河，滑汴帥許叔冀迎降。光弼棄東都，保河陽。　思明進攻河陽，光弼擊卻之。

（二）大饑。

上元元年（七六〇）

（一）宦官李輔國用事，間構上皇，云有異圖。秋，矯詔遷上皇於西内，貶逐其左右。

（二）李光弼破史思明於泌水上，遂拔懷州。

（三）淮南帥劉展作亂，陷揚、潤、昇等州。

二年（七六一）

（一）春，平盧將田神功討展，斬之。

（二）李光弼兵敗於北邙，退保聞喜。

（三）賊復陷河陽、懷州，京師戒嚴。會史思明子朝義弑思明自立。

（四）夏，梓州刺史段子璋反，劍南崔光遠討斬之。

（五）秋，李光弼復出屯河南。詔去年號，建子爲正。

寶應元年（七六二）

（一）夏，復年號及正月。

（二）上皇及上相繼崩，張后謀立越王係，宦官李輔國、程元振執誅之。代宗立，以輔國驕恣，陽尊爲尚父，實奪其權，以元振代之。元振驕恣尤甚。

（三）冬，史朝義誘回紇登里可汗入寇，朔方帥僕固懷恩女爲登里妻，懷恩説登里與同討賊，遂自太原南踰河，克東都，朝義走死平州，河南地悉平。懷恩恐賊平寵衰，乃請以賊降將李懷仙、李寶臣、田承嗣、薛嵩分帥河北，皆自除吏，擅其兵威，朝廷不能制。

（四）吐蕃陷秦、成、渭州，悉亡隴右之地。

代宗豫廣德元年（七六三）

（一）春，誅平章事來瑱。

（二）河東帥辛雲京譖僕固懷恩，懷恩怨憤。

（三）秋，吐蕃自涇州入寇，犯長安。冬，上幸陝。免程元振官，起郭子儀爲副元帥，吐蕃望風遁去。上還長安。

（四）懷恩自汾州奔歸靈武。

甲辰 二年（七六四）

（一）春，以子儀爲河東副元帥，鎮河中。

（二）立子适爲太子。

（三）秋，李光弼薨。

（四）冬，僕固懷恩以吐蕃、回紇寇京畿。詔郭子儀屯奉天，懷恩等不戰而退。

（五）時魚朝恩及平章事元載恃寵弄權，故方鎮多怨叛。

永泰元年（七六五）

（一）夏，劍南嚴武卒。

（二）秋，僕固懷恩以吐蕃、回紇、羌渾二十萬寇京畿，詔郭子儀屯涇陽。會懷恩卒，吐蕃、回紇爭長，子儀説回紇，使擊吐蕃，大破之，俘斬六萬。

（三）冬，劍南將崔寧殺其帥郭英乂，劍南亂。

大曆元年（七六六）

（一）春，初令轉運使劉晏、第五琦分治天下財賦。

（二）夏，初税青苗。

二年（七六七）

（一）春，同、華帥周智光反，誅。

（二）秋，吐蕃寇靈州及邠州，郭子儀屯奉天，擊吐蕃，破之。

三年（七六八）

（一）夏，幽州將朱希彩殺其將李懷仙而代之。

（二）瀘州守將楊子琳作亂，襲陷成都，府兵擊走之。

（三）秋，吐蕃寇靈州，郭子儀屯奉天，靈州將白元光擊吐蕃，破之。

（四）冬，割邠、寧隸朔方軍。

四年（七六九）

（一）秋，大水。

（二）魚朝恩驕恣，與元載不協，上亦惡之。

五年（七七〇）

（一）春，罷朝恩觀軍容使〔一〕，朝恩自殺。

（二）湖廣將臧玠殺都團練使崔瓘，據潭州反。

六年（七七一）

（一）夏，旱，米斛萬錢。

（二）元載專權，士庶疾怨。殿中侍御史李少良言載陰事，載奏殺之。

七年（七七二）

（一）春，回紇使者劫掠坊市，又以兵犯宮城門，慰諭乃止。

〔一〕「觀」，原作「親」，今據前文改。

（二）秋，幽州軍亂，殺朱希彩，以衙將朱泚代之。

（三）廣州將馮崇道〔二〕、桂州將朱濟作亂，陷十餘州，嶺南帥李勉討平之。

八年（七七三）

（一）春，昭義帥薛嵩卒〔三〕，軍衆立其弟崿。

（二）夏，城奉天，以備胡。

（三）秋，吐蕃寇靈州。

（四）廣州將哥舒晃殺其帥吕崇賁。

（五）冬，吐蕃十萬寇邠、涇，涇原帥馬璘及郭子儀將渾瑊擊破之。

甲寅**九年**（七七四）

（一）春，澧州刺史楊猷擅將兵至鄂州，詔以猷爲洮州刺史。時淄青帥李正己、魏博帥田承嗣、成德帥李寶臣、山南東道帥梁崇義各繕兵治城，略無寧日。聞朝廷修一城戍，則怨怒有辭。上性寬柔，常爲之罷役，曲意從之。

〔二〕「馮」，原作「馬」，今據江蘇書局本改。

〔三〕「昭」，原作「招」，今據江蘇書局本改。

十年(七七五)

(一)春,昭義將裴志清逐薛崿,以其衆歸田承嗣。

(二)朱泚入朝,因請留防。秋,以其弟滔代之。

(三)田承嗣陷磁、相、洺、衛四州。

(四)河陽、陝州軍亂。

(五)詔諸道討田承嗣。

(六)秋,吐蕃寇隴州,鳳翔帥李抱玉擊卻之。

(七)朱泚出屯奉天。

(八)冬,李寶臣及昭義帥李承昭破魏博將盧子期於清水,擒之。

(九)江西帥路嗣恭克廣州,斬哥舒晃。

十一年(七七六)

(一)春,劍南帥崔寧大破吐蕃。

(二)夏,汴宋留後田承玉卒,其將李靈耀叛歸田承嗣。

(三)冬,淮西帥李忠臣、滑州帥李勉、河陽帥馬燧擊破魏博將田悦於汴州,靈耀走,追獲之。

十二年（七七七）

（一）春，李正己將攻田承嗣，承嗣懼，請罪，詔復其官。

（二）元載坐贓賄誅，平章事王縉貶括州。

（三）夏，以太常卿楊綰、禮部侍郎常衮同平章事。綰尋薨。

（四）增百官俸。

（五）冬，崔寧破吐蕃於西山〔一〕。

十三年（七七八）

（一）春，回紇寇河東，代州刺史張光晟擊破之。

十四年（七七九）

（一）春，田承嗣卒，兄子悦代之。

（二）汴宋將李希烈逐其將李忠臣。

（三）夏，帝崩，太子即位。

（四）常衮貶潮州。

〔一〕「西」，原爲墨丁，今據《四庫》本補。

（五）加郭子儀尚父。

（六）冬，崔寧入朝。

（七）吐蕃反，南蠻寇劍南，詔徙荆南帥張延賞鎮劍南。

（八）立子誦爲太子。

（九）回紇相頓莫賀殺其可汗移地健而代之。

德宗适**建中元年**（七八〇）

（一）春，平章事楊炎譖劉晏，貶忠州，尋殺之。

（二）涇州將劉文喜反，别將劉海賓斬之。

（三）上母沈氏遇亂不知所在，秋，遥尊爲太后。

（四）冬，詔還吐蕃俘囚，與和親。

二年（七八一）

（一）春，李寶臣卒，子惟岳及田悦、李正己俱反。時上欲矯肅、代姑息之弊，方鎮皆懼，故反。

（二）夏，郭子儀薨。

（三）秋，田悦圍邢州。

（四）李正己卒，子納自立。

（五）梁崇禮反，淮西帥李希烈討斬之。

（六）平章事盧杞譖楊炎，賜死。

（七）冬，河東帥馬燧救邢州，田悦敗走。

三年（七八二）

（一）春，朱滔敗李惟岳於束鹿，惟岳將王武俊殺惟岳以降。馬燧敗田悦於洹水，遂圍魏州。夏，滔、武俊以賞不滿意，復與悦合，擊破燧兵[一]，詔鳳翔帥朱泚還京師。

（二）秋，詔李希烈討李納，希烈潛與賊通。

（三）冬，滔、悦、武俊、納、希烈皆稱王。

四年（七八三）

（一）秋，李希烈圍東畿帥哥舒曜於襄城。

（二）冬，涇原兵作亂入京城，上幸奉天，亂兵立朱泚爲秦帝。

（三）鳳翔將李楚琳殺其帥張鎰。

[一]「燧」，原作「遂」，今據《四庫》本、江蘇書局本及上下文改。

（四）朱泚攻奉天，都虞候渾瑊禦之。　朔方帥李懷光破賊於醴泉，泚乃退。

（五）盧杞貶新州。

（六）李希烈陷襄城，取汴、宋。

甲子**興元元年**（七八四）

（一）春，李懷光叛，與朱泚合。

（二）上幸梁州。

（三）夏，田承嗣子緒殺田悦而代之。

（四）王武俊等去王號，與昭義李抱真及馬燧擊破朱滔於涇城，李納亦歸款。

（五）神策將李晟克長安，朱泚走死涇州。

（六）李希烈稱帝，殺宣慰使顔真卿。　既而兵數敗，乃自汴州走還蔡州，汴、滑皆平。

貞元元年（七八五）

（一）春，希烈陷鄧州。

（二）夏，朱滔卒，以其將劉怦代之。　怦尋卒，子濟復代之。

（三）上自幸奉天後，復行姑息之政，又欲赦李懷光，馬燧固爭，請一月平之。　秋，懷光爲其下所殺。

二年（七八六）

（一）春，山南帥樊澤破李希烈將杜文朝，擒之。

（二）夏，淮西將陳仙奇斬希烈以降，别將吴少誠復殺仙奇。

（三）秋，吐蕃將尚結贊大舉入寇[一]，至好畤，李誠遣將邀之，敗諸汧陽。

（四）冬，吐蕃陷鹽、銀、夏州。

三年（七八七）

（一）春，轉運使韓滉卒。

（二）平章事張延賞以私怨罷隴右等道副元帥李晟兵柄，拜太尉、中書令。夏，侍中渾瑊及尚結贊盟於平涼，結贊伏兵劫之，瑊逃，得免。吐蕃掠鹽、夏而去。秋，又掠涇、隴。自是，涇州西門之外，皆爲虜境。

四年（七八八）

（一）春，福建軍亂，逐觀察使吴詵。

（二）涇原帥劉昌築連雲堡，隴右帥李元諒築良元城，涇、隴由是稍安。

〔一〕「結」，原脱，今據下文補。「贊」，原作「纘」，今據下文改。

（三）吐蕃寇邠、寧。

（四）冬，以咸安公主妻回紇骨咄禄可汗。

五年（七八九）

（一）春，劍南帥韋皋説南詔蠻王異牟尋，始去吐蕃内附。

（二）中丞竇參同平章事。

（三）冬，韋皋使其將王有道及南蠻擊破吐蕃於故巂州。皋在劍南，屢破吐蕃，吐蕃氣稍挫。

（四）回紇骨咄禄可汗卒。

六年（七九〇）

（一）春，成德將趙鎬以棣州歸李納。王武俊攻之，納以州還武俊。

（二）夏，回紇忠貞可汗爲其弟所殺，國人殺弟，立其子。

（三）冬，吐蕃攻北庭，回紇救之。回紇兵敗於北庭，遂降於吐蕃，節度使楊襲古奔西州。

七年（七九一）

（一）春，義武帥張孝忠卒，子茂昭代之。

（二）秋，回紇殺楊襲古，安西路遂絶，然西州猶固守。

八年（七九二）

（一）春，汴宋帥劉玄佐卒，軍中立其子士寧，新帥吴湊不敢之官而還。

（二）夏，竇參貶郴州，以兵部侍郎陸贄同平章事。

（三）李納卒，子師古代之。

九年（七九三）

（一）春，初税茶。

（二）詔城鹽州，由是邊患稍息。

（三）夏，韋皋大破吐蕃，得堡栅五十餘。

（四）秋，李晟薨。

（五）冬，宣武將李萬榮逐其帥劉士寧而代之。

甲戌**十年**（七九四）

（一）春，南詔異牟尋破吐蕃於神川，得城堡一十六。

（二）劉濟弟澭率其衆歸朝。

（三）夏，李抱真卒，以衙將王虔休代之。

（四）秋，欽州蠻黄少卿反，陷欽、横、潯、貴四州。

（五）度支使裴延齡以巧佞得幸於上，陸贄極言其姦。

（六）冬，贄罷相，爲太子賓客。

十一年（七九五）

（一）夏，裴延齡譖陸贄，貶忠州，上欲以延齡爲相，諫議大夫陽城欲裂其麻，坐改國子司業。

（二）劉濟擊奚王啜利，破之。

（三）河東帥李自良卒，以司馬李説代之。

（四）秋，侍中馬燧薨。

（五）冬，横海將程懷信逐其帥程懷直而代之。

十二年（七九六）

（一）夏，田緒卒，子季安代之〔一〕。

（二）初以中官竇文場、霍仙鳴爲左右神策軍中尉。上自漢中還，稍稍罷諸宿將，不令典兵，而以中官代之。

〔一〕「季」，原作「李」，今據江蘇書局本改。

（三）秋，李萬榮卒，以東都留守董晉代之。

（四）裴延齡卒。

十三年（七九七）

（一）夏，韋皋破吐蕃，克巂州。

（二）上自陸贄罷相之後，事無大小，皆自決之，宰相奉行文書而已。然所詢謀倚信者，皆纖邪之人裴延齡及京兆尹李實、翰林學士韋執誼等，毀譽任情，賞罰益紊焉。又令中官掌宫市，强買人物，京師苦之。

十四年（七九八）

（一）夏，長武城軍亂，逐神策行營帥韓全義，都虞候高崇文遏定之，以崇文爲長武兵馬使，全義鎮夏州。

十五年（七九九）

（一）春，董晉卒，宣武軍亂，殺司馬陸長源，以宋州刺史劉逸準爲帥。逸準尋卒，以衙將韓弘代之。

（二）秋，陳許帥曲環卒，吴少誠遣兵攻掠臨潁，圍許州，詔十六道軍討之。

（三）朔方等道副元帥渾瑊薨，十六道軍不相統壹，自潰於小殷水。

十六年（八〇〇）

（一）春，以韓全義爲淮西招討使，諸軍皆屬焉。全義無將略，以賄結中官得之。

（二）夏，諸軍潰於五樓，全義退保陳州，河陽〔一〕、宣武軍皆逃歸。

（三）徐、泗帥張建封卒，軍中立其子愔，詔淮南杜佑討之，不克，卒以愔爲留後，又復吴少誠官爵。

十七年（八〇一）

（一）春，韓全義班師，上不知其敗，而以招降吴少誠爲功，寵賜甚厚。

（二）或告浙西觀察使李錡謀反，上執送錡，燒殺之。

（三）王武俊卒，子士真代之。

（四）秋，吐蕃陷麟州、鹽州，大掠而去。

（五）韋皋大破吐蕃於雅州。

十八年（八〇二）

（一）春，韋皋遣其將陳洎擊破吐蕃，拔七城，圍維州，吐蕃相論莽熱救之，皋擒莽熱以

〔一〕「陽」，原作「北」，今據江蘇書局本改。

獻之。

十九年（八〇三）

（一）秋，韋執誼譖左補闕張正一等，皆坐貶。時，棊待詔王叔文得幸於太子，與執誼及朝士陸淳、吕温、韓曄、韓泰、柳宗元、劉禹錫等結爲死友，疑正一言其朋黨，故毀逐之。

甲申**二十年**（八〇四）

（一）春，昭義帥李長榮卒，以衙將盧從史代之。上每除節度使，常遣中使探其軍情，所附者用之。從史陰賂中使，奏云爲軍情所附，用之。

（二）太子始得風疾，不能言。

順宗誦**永貞元年**（八〇五）

（一）春，德宗崩，順宗即位，疾不能視朝，以韋執誼爲平章事，王叔文爲翰林學士，待詔王伾爲散騎常侍，相與建置朋黨，勢傾海内。

（二）夏，立子純爲太子。

（三）程懷信卒，子權代之。

（四）王叔文等謀奪中官兵權，中官俱文珍等與韋臯共請使使太子監國。秋，詔傳位太子，自稱太上皇，叔文、伾、執誼皆皆貶死。

（五）韋皋卒，副使劉闢代之。

憲宗純**元和元年**（八〇六）

（一）春，太上皇崩。

（二）劉闢求領三川，發兵攻陷東川。平章事杜黄裳薦高崇文，使討之。

（三）靈夏楊惠琳反，衙將張承金討斬之。

（四）夏，李師古卒，弟師道代之。

（五）秋，高崇文擒劉闢，兩川皆平。

二年（八〇七）

（一）秋，浙西李錡反〔一〕，衙將張文良等討擒之。

三年（八〇八）

（一）夏，黄少卿降，赦之。

（二）秋，以山南東道帥于頔同平章事。頔跋扈日久，德宗優容之，聞上英武，懼而入朝。上初即位，杜黄裳曰：「貞元中，節度使皆出於軍士與中使之心。陛下必欲天下治，宜稍

〔一〕「錡」，原作「騎」，今據江蘇書局本及上文改。

裁以法度。」上從之，故藩鎮稍可制御。

四年（八〇九）

（一）春，王士真卒，子承宗自立，請獻德、棣二州，許之。

（二）夏，度支使李巽卒。巽善治財賦，過於劉晏。

（三）冬，王承宗獻德、棣，襲薛昌朝，虜之。詔中尉吐突承璀討承宗。

（四）立子寧爲太子。

（五）吴少誠卒，以申州刺史吴少陽代之。

五年（八一〇）

（一）盧從史建議討王承宗，而陰與之通。夏，衙將烏重胤執從史以聞。吐突承璀久無功，承宗因言爲從史所賣，乞昭洗，詔許之。

（二）秋，劉濟子聰弒濟而代之。

（三）冬，易定張茂昭舉族入朝，詔左庶子任迪簡代之。

六年（八一一）

（一）夏，詔以天寶以來，中原宿兵至八十餘萬，内外官萬員，財賦日寡，廩給日多，悉令詳定減併。

（二）冬，太子寧薨。

七年（八一二）

（一）立子桓爲太子。

（二）秋，田季安卒，子懷諫代之，年十一。冬，魏博軍亂，逐懷諫，以衙將田弘正代之。弘正因獻籍請吏，上令中書舍人裴度宣慰之，軍中大悦。

八年（八一三）

（一）春，于頔坐事貶恩王傅。

（二）秋，併天威入神策軍。

（三）冬，振武軍亂，逐其帥李進賢，詔夏州張煦代之。

甲午**九年**（八一四）

（一）秋，吴少陽卒，子元濟自領軍務，出兵攻掠鄰境。上用平章事李吉甫策，不授節鉞，以山南東道帥嚴綬爲招撫使，合諸道兵討之。吉甫尋卒，上以軍中事委平章事武元衡及中丞裴度。李師道、王承宗屢請赦元濟，上不許。

十年（八一五）

（一）夏，師道、承宗使賊殺武元衡，并擊傷度。或請罷度官以安二鎮心，上怒曰：「如此，姦計得行〔二〕。」即拜度平章事，討淮西益急。秋，師道復遣賊入東都謀亂，留守吕元膺討誅之。嚴綬爲元濟所敗，以韓弘爲淮西都討代之。

十一年（八一六）

（一）春，詔河東、河北軍討王承宗。

（二）王太后崩。

（三）夏，唐鄧帥高霞寓爲元濟所敗，朝議多欲罷兵。上曰：「豈可以一將失利，便沮成計？但當議討賊方略耳。」又貶將相請罷兵者數人，羣臣乃不敢言。

（四）冬，易定帥渾鎬爲王承宗所敗。

（五）黄鑾陷邕州。

十二年（八一七）

（一）夏，以國用不足，罷討承宗諸軍。上亦厭兵〔三〕，欲赦元濟。裴度以爲不可。秋，以度爲淮西宣慰處置使。平章事李逢吉欲沮度事，上罷逢吉相，專任度。度至，悉罷監軍，督

〔二〕「計」，原作「討」，今據楊璋本、《四庫》本、江蘇書局本改。

〔三〕「上」，原作「土」，今據江蘇書局本改。

諸將進戰，屢捷。冬，唐鄧帥李愬夜入蔡州，擒元濟，淮西悉平。

十三年（八一八）

（一）春，程權請罷鎮，入朝。

（二）王承宗納二子及德、棣二州以自贖，上許之。

（三）李師道請獻三州，既而悔之。秋，詔宣武等五鎮討之。

（四）户部侍郎皇甫鎛同平章事，時上稍驕侈，鎛以聚斂得幸。

（五）冬，靈、夏、平涼三道大破吐蕃，克復原州。

十四年（八一九）

（一）春，淄青將劉悟殺李師道以降，分十三州爲淄青、鄆濮、沂海三道。

（二）夏，詔諸州兵皆屬刺史，罷其鎮將。

（三）皇甫鎛譖裴度，出鎮河東。

（四）秋，沂州軍亂，殺其帥王遂，詔棣州刺史曹華代之。

（五）韓弘入朝，爲中書令。

（六）田弘正朝，請留，不許。

十五年（八二〇）

（一）上服金丹，多躁忿。春，中官陳弘志弑上。

（二）穆宗即位。

（三）貶皇甫鎛崖州。

（四）尊母郭妃爲太后。

（五）冬，王承宗卒，軍中立其弟承元。承元請帥，詔以田弘正代之，徙承元鎮義成。

（六）吐蕃、党項寇涇州。

（七）吐蕃又寇雅州。

穆宗恒長慶元年（八二一）

（一）夏，劉總納地，請爲僧。分范陽爲三鎮。

（二）以帝妹太和公主嫁回紇登邏可汗。

（三）秋，范陽將朱克融囚其帥張弘靖，又襲瀛、莫，取之。

（四）成德將王廷湊殺田弘正。

（五）魏博帥李愬卒，詔弘正子布代之。

（六）王廷湊圍深冀帥牛元翼於深州。冬，以裴度爲幽、鎮招討使，督諸將討之。滄德帥杜叔良敗於博野，以陳許帥李光顔代之〔二〕。朝廷力不能兼討兩賊，乃以朱克融不殺張弘靖，赦之，專討王廷湊。

二年（八二二）

（一）春，魏博軍亂，田布自殺，衙將史憲誠代之。

（二）以國用匱竭，并赦王廷湊。廷湊逐牛元翼而取其地。

（三）武寧副使王智興逐其帥崔羣。秋，宣武將李岕逐其帥李愿。詔韓弘弟充鎮宣武，討平之。

（四）冬，上有疾，立子湛爲太子。

（五）韓弘薨。

三年（八二三）

甲寅**四年**（八二四）

（一）春，上崩。上喜宴遊，爵賞多濫。以崔植、元稹〔三〕、李逢吉爲相，而踈裴度，是以再失

〔二〕「陳」，原爲墨丁，今據楊璋本、《四庫》本、江蘇書局本補。

〔三〕「稹」，原作「積」，今據楊璋本、《四庫》本、江蘇書局本改。

河朔，憲宗之業衰焉。

（二）初，上即位，年十六。李逢吉譖户部侍郎李紳，貶端州。

（三）尊母王氏爲太后。

敬宗湛寶曆元年（八二五）

（一）秋，昭義帥劉悟卒，子從諫求爲留後，僕射李絳請除近澤潞將帥代悟，令倍道之官。李逢吉及樞密使王守澄固請以節鉞授之〔二〕。

二年（八二六）

（一）春，詔興元帥裴度同平章事。李逢吉之黨百計毁之，上不聽。

（二）夏，横海帥李全略卒，子同捷代之。

（三）幽州軍亂，殺其帥朱克融，以都將李載義代之。

（四）冬，軍將蘇佐明等弑上，立絳王悟〔三〕。王守澄等討誅之，立江王昂。敬宗輕佻，遊戲無度，故及於禍。

〔二〕「逢」，原作「逄」，今據《四庫》本及上下文改。
〔三〕「立」，原作「李」，今據江蘇書局本改。

文宗昂大和元年（八二七）

（一）夏，徙李同捷鎮兖海，以天平帥烏重胤代之。同捷不受詔。冬，詔諸道討之。

（二）上初即位，恭勤庶務，以裴度、韋處厚爲相，頗革兩朝弊政。既而多疑少決，中外失望。

二年（八二八）

（一）秋，王智興攻李同捷，拔棣州。

（二）王廷湊謀取滄、景，數出兵侵鄰道，以沮撓官軍。冬，詔諸軍討廷湊。魏博將亓志紹爲廷湊所誘，以其衆作亂，義成帥李聽擊破之。

（三）韋處厚薨。

三年（八二九）

（一）夏，横海帥李祐破李同捷，斬之。

（二）史憲誠請入朝，詔李聽代之，分磁、相、衛三州爲别鎮。聽至館陶，魏博軍亂，殺憲誠，逐聽，立衙將何進滔。秋，詔授進滔節鉞，仍赦王廷湊。

（三）冬，南詔蠻反，陷戎、嶲、邛、雅四州，及益州外郭〔一〕，大掠而去。

〔一〕「及」，原作「反」，今據《四庫》本改。

四年（八三〇）

（一）春，興元軍亂，殺其帥李絳。詔左丞温造代之。

（二）秋，裴度以病出鎮襄州，平章事牛僧孺、李宗閔惡之也。僧孺、宗閔素與義成帥李德裕有隙，爭植朋黨，迭相傾軋，上不能治，而歎曰：「去河北賊易，去朝中朋黨難。」

五年（八三一）

（一）春，范陽將楊志誠逐其帥李載義。上用平章事牛僧孺言，以志誠代之。

（二）上患中尉王守澄專權，陰與平章事宋申錫謀去之。守澄用其客鄭注謀，誣申錫與上弟漳王湊謀反，貶申錫開州。注始用事，衣冠往往附之。

六年（八三二）

（一）冬，立子永爲太子。

（二）吐蕃維州守將悉怛謀以城降，西川帥李德裕請乘釁取之，牛僧孺曰：「得一維州而失大信，若吐蕃因此名以入寇，悔將何及？」詔悉縛還贊普，贊普烹之。由是德裕怨僧孺益甚。

七年（八三三）

（一）春，以兵部尚書李德裕同平章事，牛僧孺、李宗閔皆罷相。

甲寅**八年**（八三四）

（一）春，上有風疾，鄭注始以醫得見，因薦其黨李訓。訓善講《易》，上悦之。

（二）范陽將史元忠逐其帥楊志誠而代之。

（三）上欲授李訓、鄭注官，李德裕言訓、注奸邪，訓、注乃薦興元帥李宗閔爲相，以德裕鎮浙西。

（四）王廷湊卒，子元逵代之。

九年（八三五）

（一）夏，李德裕、李宗閔皆坐事貶。

（二）上以中官太盛，元和弑逆之黨尚在左右，畏而惡之，陰與李訓、鄭注謀誅之。秋，以注鎮鳳翔，以訓同平章事，罷王守澄兵柄，酖殺之。中官、禁軍，畏之側目。冬，訓詐爲甘露降，謀伏兵誅中官，不克。中尉仇士良率兵殺訓及宰相王涯、賈餗、舒元輿等并鄭注凡十二族，京師大駭。以僕射鄭覃、户部侍郎李石同平章事，於是中官益横。劉從諫三表請王涯等罪名，中官稍沮。

開成元年（八三六）

（一）秋，鄜坊帥蕭洪坐詐稱蕭太后弟，賜死。

二年（八三七）

（一）春，仇士良使盜擊傷李石。石懼，求罷相，出鎮荆南。

三年（八三八）

（一）是時，楊嗣復、陳夷行、李珏、鄭覃爲相，日相詆斥於上前〔二〕，上亦不能有所是非也。

（二）秋，莊恪太子永以憂薨，楊賢妃譖之也。賢妃欲立安王溶，李珏非之，乃止。

四年（八三九）

（一）春，中書令裴度薨，遺表以儲嗣未定爲憂。

（二）金吾將軍蕭本、泉州人蕭弘坐詐稱太后弟，流嶺南。

（三）鄭覃、陳夷行坐與楊嗣復、李珏不叶罷相。

（四）秋，立敬宗子陳王成美爲太子。

五年（八四〇）

（一）春，上有疾，中尉仇士良、魚弘志矯詔立潁王炎爲太弟〔三〕，廢太子爲陳王。上崩，武宗

〔二〕「日」，原作「且」，今據楊璋本、《四庫》本改。
〔三〕「潁」，原作「賴」，今據《四庫》本改。

即位，誅陳王及楊賢妃、安王。

（二）秋，知樞密劉弘逸、薛季稜謀廢立，不克而死。

（三）楊嗣復貶潮州，李珏貶昭州。

（四）復以華州刺史陳夷行、淮南帥李德裕同平章事。

（五）冬，何進滔卒，何弘敬代之。

武宗炎會昌元年（八四一）

（一）秋，幽州將陳行泰殺其帥史元忠。冬，雄武軍使張仲武討誅之〔二〕。以張仲武鎮幽州。

二年（八四二）

（一）春，回紇薛特勒可汗死，黠戛斯大破回紇，焚蕩殆盡。烏介可汗劫太和公主南渡漠上。用李德裕策，慰撫之。

（二）秋，回紇將赤心寇幽州，張仲武擊破之，別將温没斯殺赤心以降。

（三）烏介侵掠振武，詔河東劉沔及張仲武討之。

三年（八四三）

〔二〕「武」，原無，今據《四庫》本、江蘇書局本補。

（一）春，河東將石雄大破烏介，奪公主以歸，烏介奔室韋。夏，劉從諫卒，兄子稹求節鉞。李德裕請討之，羣臣多言不可。上用德裕策，遣使諭魏鎮，以澤潞與河北不同，不當承襲，令與諸軍討之，二鎮皆聽命。

（二）秋，李宗閔貶郴州。

甲子**四年**（八四四）

（一）春，河東將楊弁逐其帥李石〔一〕，上遣使視之，還，言弁有十五里光明甲。李德裕知其詐，言於上曰：「寧赦劉稹，不赦楊弁。」上從之，監軍呂義忠斬弁以獻。

（二）秋，昭義將郭誼斬劉稹以降，詔以誼首爲稹畫反計，并誅之。

（三）冬，牛僧孺貶瑞州。

五年（八四五）

（一）春，王太后崩。

（二）上好神仙術，道士趙歸真得幸。李德裕諫，上曰：「朕聊欲與之談道滌煩耳。至於軍國政事，當問卿及次對官，雖百歸真，無能惑也。」

〔一〕「楊」，原作「李」，今據《四庫》本、江蘇書局本及下文改。

（三）夏，詔廢天下寺四千餘所，省僧二十六萬餘人。

六年（八四六）

（一）春，上服方士藥得疾，不能言，立光王忱爲太子。上崩，宣宗即位，尊母鄭氏爲太后，以翰林學士白敏中同平章事，李德裕出鎮荆南。德裕用事久，白敏中及朝士等多疾之，宣宗亦惡其權盛，故罷相。

宣宗忱**大中元年**（八四七）

（一）春，復天下佛寺及僧尼。

（二）夏，蕭太后崩。

（三）拜黠戛斯爲英武可汗。

（四）上性明察，勤於政理，重惜官爵，未嘗輕授貴戚〔一〕。倖臣犯法，絲毫無借，由是中外肅然。常曰：「高祖、太宗之法，朕安敢專之？」

二年（八四八）

（一）春，李德裕貶潮州。

〔一〕「戚」，原作「威」，今據《四庫》本改。

（二）夏，太皇太后郭氏崩。

（三）回紇烏介可汗死，弟阿捻代之，黠戛斯虜之以歸。其甥龐勒先奔磧西，自稱可汗。歲時朝貢，無復昔時之盛。

三年（八四九）

（一）春，吐蕃相論恐熱以秦、原、威三州及石門等七關内附，詔涇原帥康季榮、靈武帥朱叔明、邠寧帥張君緒出兵應援，悉定其地。

（二）夏，張仲武卒，子直方代之。

（三）秋，吐蕃維州内附。

（四）李德裕貶崖州。

（五）幽州軍亂，逐其帥張直方。

四年（八五〇）

（一）秋，以幽州衙將張允仲爲節度使。

五年（八五一）

（一）夏，户部侍郎魏謩同平章事。先是，累朝非上有意，羣臣無敢請立太子者，謩獨首以爲言且泣，上甚感之，然不能用。

（二）秋，吐蕃沙州刺史張義潮以瓜、沙、伊、肅等十一州内附，詔置歸義軍，以義潮爲節度使。於是盡復河湟之地。

六年（八五二）

（一）夏，以轉運使裴休同平章事。大和以後，轉運使非其人，姦吏盜竊沈溺〔二〕，歲漕江淮米四十餘萬石，入渭者什無三四，大隳劉晏之法。休作漕法十餘，歲漕入渭者一百二十萬石，更無敗溺。

七年（八五三）

甲戌**八年**（八五四）

九年（八五五）

十年（八五六）

十一年（八五七）

（一）春，平章事令狐綯惡魏謩切直，譖之，謩出鎮西川。

（二）王光逵卒，詔其子紹鼎代之。秋，又卒，弟紹懿代之。

〔二〕「竊」，原作「切」，今據《四庫》本改。

十二年（八五八）

（一）夏，林邑蠻寇安南，時都護李涿侵刻羣獠，故獠引蠻入寇，攻掠州縣。

十三年（八五九）

（一）秋，上寢疾，大臣莫得見，遺詔内樞密使王歸長等立少子夔王。上崩，左軍中尉王宗實立長子鄆王漼爲帝，誅歸長等，尊帝母晁氏爲太后。

（二）党項寇邠寧，以翰林學士渾瑊鎮邠寧，諭降之。

懿宗漼**咸通元年**（八六〇）

（一）春，令狐綯坐招權罷相。

（二）浙東賊仇甫攻陷州縣，觀察使王式討平之。

（三）上奢侈無度，崇尚佛教，嬖倖用事，忠諫被誅，軍旅數起，百姓愁怨，唐室由是遂衰。

二年（八六一）

（一）秋，林邑蠻攻陷安南，詔神策將軍康承訓率禁軍及江西、湖廣兵擊之，連年不克。自是，諸道發兵不絶，天下騷動矣。

三年（八六二）

（一）春，分嶺南邕、廣爲東、西道。秋，武寧軍亂，逐其帥温璋。初，王智興召募頑獷數千人爲衙兵，驕不可制。節度使田牟親爲之把板唱歌，日費萬計，猶喧訴無厭，憚璋嚴而逐之。詔王式鎮武寧，以兵還鎮[一]，悉收掩衙兵，誅之。

四年（八六三）

甲申**五年**（八六四）

（一）夏，林邑蠻寇邕、管，詔徐州經略使高駢率禁軍，會諸道兵討之。

六年（八六五）

（一）夏，高駢大破林邑蠻於邕州，遂復安南諸州。

（二）冬，太皇太后鄭氏崩。

（三）上好奉佛，於禁中親爲贊唄，以栴檀爲二高座，賜安國寺僧。其餘奢靡皆此類。

七年（八六六）

（一）春，王紹懿卒，詔紹鼎子景崇代之。

八年（八六七）

（一）冬，南詔蠻陷巂州。

〔一〕「還」，江蘇書局本作「赴」。

（二）武寧軍士戍桂州者過期不得代，因作亂，推判官龐勛爲主，掠潭、湘，北還徐州。淮南將李湘白其帥令狐綯，請邀擊之，曰：「若過淮與徐軍合，則不可制。」綯不從。

九年（八六八）

（一）秋，龐勛陷徐州，殺其帥崔彦曾，散庫財，募兵至十萬，遂圍泗洲，表求節鉞。詔諸道兵討之。冬，勛遣兵陷徐、和、濠三州，淮南皆被其害。

十年（八六九）

（一）春，徐、泗招討使康承訓督兵七萬討龐勛，屢爲勛所敗。秋，招討使馬舉代之，賊宿將張玄稔降，與舉合攻徐州，勛走死涣水中。

（二）沙陀朱耶赤心討勛有功，以爲振武軍節度使，賜姓李，名國昌。

（三）何弘敬卒，子全皞代之。

十一年（八七〇）

（一）春，翰林學士韋保衡同平章事，上愛女同昌公主婿也。

（二）魏博將韓允忠殺其帥何全皞而代之。

（三）秋，同昌公主薨，醫官皆族誅。平章事劉瞻、京兆尹温璋諫，上怒，瞻貶康州，璋貶振州，自殺。

（四）冬，南詔蠻驃信衆二十萬寇劍南，圍成都，詔神策將顔慶復等救之，蠻兵遁去。

十二年（八七一）

（一）夏，平章事路巖出鎮西川，尋流嶺南，賜死。韋保衡譖之也。

十三年（八七二）

（一）春，張允伸卒，平州刺史張公素逐其子簡會而代之。

（二）國子司業韋殷裕表論郭淑妃弟敬述陰事，上怒，杖殺殷裕，籍没其家。

（三）冬，李國昌子克用殺雲州刺史段文楚而代之。詔國昌召克用還，國昌不奉詔。

十四年（八七三）

（一）春，詔張公素及河東崔彦昭討之。秋，上崩，子晉王儇立，年十二，尊母王氏爲太后。

中尉劉行深、韓文約用事。

（二）韋保衡貶賀州，尋賜死。

（三）冬，幽州將李茂勳逐帥張公素而代之。

（四）驃信復寇劍州。

甲午**僖宗**儇**乾符元年**（八七四）

（一）春，以天平帥高駢鎮西川討驃信，驃信至新津而還。

（二）諸軍討李國昌父子，久無功，代北咸被其害。冬，詔靈武帥李鈞招諭之。

（三）韓允忠卒，子簡代之。

二年（八七五）

（一）夏，長垣賊帥王仙芝陷濮州，天平帥李種討之，不克。是時，上幼弱，政事出於羣下。南衙、北司互相乖戾，選任非材，賞罰散亂。因之饑饉，徐、兖、江、淮盜賊羣起，州縣莫能制。

三年（八七六）

（一）王仙芝陷曹州，詔將軍齊克讓鎮兖海以討之，仙芝引兵入陳、許、襄、鄧，虜人爲兵衆，號三十萬。又陷汝州，攻唐、鄧、安、黄諸州，皆閉城拒守，所過殘滅邑落無遺。

四年（八七七）

（一）春，以平盧帥宋威爲招討草賊使。

（二）冤句賊帥黄巢攻陷鄆州，逐其帥薛崇。

（三）夏，李茂勳請致仕，子可舉代之。

（四）秋，黄巢自沂、海趣潁、蔡，與王仙芝合，攻陷隨州。

（五）李國昌寇雲、朔，詔河東、幽州、昭義三鎮討之〔一〕。

（六）冬，王仙芝攻江陵，陷外郭。

五年（八七八）

（一）春，李國昌陷遮虜軍。

（二）王仙芝攻洪州，宋威擊斬之，其將尚讓收餘衆歸黄巢。詔平章事王鐸爲都統討之。巢陷虔、吉、饒、信州，自浙東西道陷福建諸州。

（三）秋，李國昌陷岢嵐軍。

（四）冬，李克用破河東帥崔季康、昭義帥李鈞於洪谷，鈞死。

六年（八七九）

（一）春，河東軍亂，殺崔季康。詔司馬康傳圭代之。

（二）黄巢陷桂州、廣州，求天平節鉞。平章事鄭畋請以廣南授巢，盧攜曰：「浙東帥高駢智勇無雙，使統諸軍，賊不足平。」夏，畋、攜皆坐上前忿爭罷相。冬，以高駢爲江西招討使，復以攜爲相。

〔一〕「三」，原作「王」，今據《四庫》本改。

廣明元年（八八〇）

（一）春，河東軍亂，殺康傳圭。詔平章事鄭從讜代之。

（二）黄巢軍大疫，遂掠湖南、江西〔一〕，陷潭州，殺王鐸將李係，鐸奔襄陽。詔以高駢代之。

（三）夏，李可舉與吐渾赫連鐸大破李克用，克用父子奔達靼。

（四）高駢將張璘屢破黄巢，巢請降。駢奏罷諸道兵。巢遂擊殺張璘，引兵北渡。駢嚴兵自固，巢遂陷東都，破潼關。上幸興元，巢入長安，自稱齊帝。

中和元年（八八一）

（一）春，河中將王重榮逐其帥李都而代之。

（二）鳳翔帥鄭畋破賊將尚讓於龍尾陂，傳檄藩鎮，王師復振。

（三）李克用寇太原。

（四）秋，上幸成都，復以王鐸爲都統。

（五）昭義將孟方立據邢州，稱留後。

（六）鄭畋病，赴行在。

〔一〕「遂」，原作「逆」，今據《四庫》本改。

二年(八八二)

(一)春,諸道援兵集長安,義武帥王處存先入城,賊僞遁去,還擊處存,敗之,賊因屠長安。

(二)秋,賊將朱晃以同州降。

(三)冬,韓簡攻太平帥曹全晸,殺之。

(四)詔赦李克用,使之討賊。

(五)王景崇卒[一],子鎔代之。

(六)鄭畋薨。

三年(八八三)

(一)春,魏博將樂彦貞殺韓簡而代之。

(二)夏,李克用及諸軍大破黄巢,克長安。巢南走,轉掠鄧、許、汴、洛、徐、兖等州,春陵人以充糧食[二]。淮西帥秦宗權降賊。

(三)秋,以克用鎮河東,朱晃鎮宣武。

[一]「崇」,原作「榮」,今據《四庫》本改。

[二]「充」,原作「克」,今據《四庫》本、江蘇書局本改。

（四）冬，鴈門帥李國昌卒。
（五）忠武將鹿弘晏陷興元。

甲辰**四年**（八八四）

（一）夏，李克用會關東諸軍討黄巢，大破之，巢走死泰山。
（二）秦宗權稱帝。
（三）李克用還過汴，朱晃謀殺之，不果。朝廷和解之。
（四）秋，官軍拔興元。
（五）冬，鹿弘晏陷許州，殺周岌[一]，秦宗權擊殺之。

光啓元年（八八五）

（一）春，上還長安。時藩鎮跋扈，朝廷所制，惟關内、三蜀而已。
（二）杭州刺史董昌殺浙東帥劉漢宏。
（三）夏，幽州將李全忠殺李可舉而代之。
（四）田令孜與王重榮爭鹽池，率邠寧帥朱玫以討之。李克用救重榮。冬，令孜軍敗。

〔一〕「岌」，原作「擊」，今據《四庫》本改。

（五）上幸鳳翔。

二年（八八六）

（一）春，朱玫反，上幸興元。夏，玫立襄王煴爲帝。赦克用、重榮，使討玫。

（二）秋，李全忠卒，子匡威代之。

（三）冬，詔朱晃兼鎮義城。

（四）邠寧將王行瑜殺玫降，煴走死河中。

（五）秦宗權、孫儒逐河陽帥諸葛仲方。

三年（八八七）

（一）春，浙西將劉浩殺其帥周寶。

（二）上還鳳翔。

（三）夏，雄南將畢師鐸殺其帥高駢，迎宣州帥秦彦爲帥。

（四）秦宗權圍汴州，天平帥朱瑄、兖海帥朱瑾救之，宗權走。

（五）河中軍亂，殺王重榮，以兄重盈代之。冬，盧州刺史楊行密攻拔揚州，彦、師鐸走歸孫儒。

文德元年（八八八）

（一）春，上還長安。

（二）樂彦貞卒，衙將羅弘信代之。

（三）立壽王曄爲太弟。

（四）上崩。

（五）河南尹張全義逐河南帥李罕之，罕之引河東兵攻全義，朱晃擊卻之，遣其將丁會鎮河陽。

（六）孫儒陷揚州，楊行密走宣州。　朱晃拔蔡州，斬秦宗權。

昭宗曄龍紀元年（八八九）

（一）春，壁州刺史王建攻西川帥陳敬瑄。

（二）夏，邢洛帥孟方立卒，弟遷代之，李克用使李罕之攻遷，朱晃使兵將王虔裕擊卻之。

（三）杭州刺史錢鏐攻拔潤州，殺劉浩[一]。

大順元年（八九〇）

（一）春，李克用虜孟遷，又攻雲州帥赫連鐸。　鐸與朱晃、李匡威同請討之。　夏，以平章事

〔一〕「浩」下原衍「錢」字，今據《四庫》本删。

張濬爲招討使，討克用。克用擒澤潞帥孫揆，殺之。冬，克用將李存信敗濬於陰地，遂拔晉、絳，掠河中。朝廷震恐，詔復克用官，貶濬連州。

二年（八九一）

（一）春，宣武將龐師古攻魏博，拔十縣。

（二）孫儒圍楊行密，三年不克，其衆執儒以降行密，行密復入揚州。

（三）夏，王建克成都，殺陳敬瑄而代之。

（四）詔中尉楊復恭致仕，復恭擁兵不受詔。詔天威軍使李順節討之，復恭奔商州。

（五）朱晃攻武寧帥時溥〔一〕，破之。

景福元年（八九二）

（一）夏，中尉劉景宣、西門重遂誘李順節斬之。

（二）冬，楊復恭走依興元帥楊守亮。鳳翔帥李茂貞、邠寧帥王行瑜、鎮國帥韓建等請討守亮，上不許。李茂貞擅出兵攻拔興元，以其子李繼密鎮之，楊復恭、守亮走死乾元。

二年（八九三）

〔一〕「溥」，原作「傳」，今據《四庫》本改。下文逕改。

（一）春，克用攻鎮州，李匡威救之，弟匡籌自立，而逐匡威，死於鎮州。

（二）夏，朱晃拔徐州，殺時溥，以其將龐師古守之。

（三）秋，置鎮海軍於杭州。

（四）李茂貞求兼興元，上不許，發禁兵討之，不利。茂貞逼京師，上殺平章事杜讓能，而以興元授之。

甲寅**乾寧元年**（八九四）

（一）春，李克用拔邢州，殺其帥李存孝，使其將馬師素守之。

（二）夏，孫儒將劉建峰陷潭州，自稱湖廣節度使。李克用拔雲州，執赫連鐸，使其將薛志勤守之。冬，又拔幽州，使幽州將劉仁恭鎮之。李匡籌走死於景城。

二年（八九五）

（一）春，王重盈卒，子珂代之。

（二）浙東帥董昌自稱羅平王。

（三）平章事崔昭緯召李茂貞、王行瑜、韓建，使舉兵詣闕，殺平章事韋昭度、李磎。秋，李克用舉兵討三鎮，邠、岐兵謀劫上，上幸南山，踰月而還。詔克用先討行瑜。冬，拔邠州，斬行瑜。

三年（八九六）

（一）夏，湖南軍亂，殺劉建峰，邵州刺史馬殷代之。

（二）鎮海帥錢鏐攻斬董昌，詔鏐兼鎮兩浙。

（三）李克用攻魏博，不克。

（四）秋，李茂貞舉兵向闕，上將幸河東，至渭北，韓建迎上幸華州，茂貞遂焚長安。冬，茂貞謝罪，請修宫闕，許之。

四年（八九七）

（一）春，朱晃拔鄆州，殺朱瑄。又拔兖州，朱瑾奔淮南。於是，河南諸州多爲晃所有。

（二）韓建以親王典禁兵，惡之，乃囚諸王，悉散禁軍二萬餘人。秋，盡殺諸王，立皇子裕爲太子。

（三）冬，朱晃使其將龐師古攻楊行密，行密使朱瑾擊擒之。

（四）劉仁恭大破李克用於安塞。

光化元年（八九八）

（一）春，劉仁恭逐滄景帥盧彦威，以其子守文代之。

（二）夏，立皇后何氏。

（三）宣武將葛從周攻李克用邢、洺、磁三州，取之。

（四）秋，上還長安。

（五）羅弘信卒，子紹威代之。

（六）李罕之據澤、潞降於朱晃。

二年（八九九）

（一）春，劉仁恭將兵十萬，屠貝州，進攻魏州。　朱晃使其將張存敬、葛從周救之，與羅紹威大破仁恭於内黄。

（二）夏，宣武將氏叔琮攻河東，不克。

（三）陝州將李璠殺其帥王拱而代之。　冬，别將朱友謙殺璠而代之，遂以陝歸朱晃。

三年（九〇〇）

（一）夏，王建攻拔梓州，殺其帥顧彦暉。　詔建兼鎮兩川。

（二）秋，朱晃合三鎮兵攻王鎔，鎔請和，晃遂逐易定帥王郜，以易定將王處直代之。

（三）平章事崔胤抑損宦官。　冬，中尉劉季述幽上於東内，立太子裕爲帝。　神策將孫德昭攻季述，斬之。

天復元年（九〇一）

（一）春，上返政，廢太子爲德王。

（二）朱晃攻河中，王珂降之。

（三）是時，中尉韓全誨善於李茂貞，崔胤陰結朱晃，欲悉誅宦官。冬，全誨劫上幸鳳翔，胤趣晃迎鑾駕。晃進攻華州，韓建降之，遂入長安，進至鳳翔。上詔晃還鎮，晃退攻邠寧帥李繼徽，取之。

二年（九〇二）

（一）春，河東將周德威攻磁、隰，宣武將朱友寧擊破之，遂進拔汾州，圍晉陽，不克而還。

（二）夏，朱晃以兵五萬自河中進圍鳳翔。冬，宣武將孔勍襲鄜坊帥李周彝，取之。於是，茂貞大懼，斬韓全誨等，與晃和親。

三年（九〇三）

（一）春，上還長安，盡誅諸宦官。

（二）平盧將劉鄩拔兖州。

（三）夏，楊行密攻鄂岳帥杜洪〔一〕，荆南帥成汭救之，汭敗死。

〔一〕「岳」，原作「兵」，今據《四庫》本改。

（四）朱友寧攻平盧帥王師範，楊行密救之，殺友寧。朱晃復遣將楊師厚攻師範〔二〕。冬，師範降。

（五）李茂貞逼京師，晃屯河中。崔胤募六軍，晃惡而殺之。

甲子**哀帝**柷**天祐元年**（九〇四）〔三〕

（一）春，朱晃逼昭宗遷都洛陽，悉坑衛士。李茂貞與邠寧帥楊崇本侵擾關中，秋，晃自討之，陰令樞密使蔣玄暉弑昭宗，立輝王柷爲帝。

（二）冬，晃南擊楊行密。

（三）以廣南衙將劉隱爲節度使。

二年（九〇五）

（一）春，楊行密拔鄂州，殺杜洪。朱晃殺昭宗子九王。夏，又殺朝士裴樞等於白馬。

（二）秋，晃自將攻襄鄧帥趙匡凝、荆南帥趙匡明，取之，以其將高季興鎮荆南。匡明奔西川，王建始得夔、峽之地。

〔二〕「遣」，原作「追」，今據《四庫》本改。
〔三〕「柷」，原作「祝」，今據楊璋本、江蘇書局本及下文改。

（三）冬，晃攻壽州，不克。

（四）晃殺蔣玄暉，弑何太后。

三年（九〇六）

（一）春，朱晃、羅紹威攻滄景，誅魏博衙兵八千家。秋，晃急攻滄州，劉仁恭求救於李克用。冬，克用使將周德威、李嗣昭攻澤潞帥丁會，取之，以嗣昭鎮澤潞[一]。晃聞之，乃還。

（二）楊行密卒，子渥代之。

梁太祖晃**開平元年**（九〇七）河東、鳳翔、淮南，天祐四；西川，天復七。

（一）夏，受唐禪。

臣光曰：高祖舉晉陽精兵，承亡隋之弊，席卷長驅，奄有關中。命將出師，掃除亂略，遂降李密，係建德，禽世充，芟武周，翦黑闥，夷蕭銑。六年之中，海内咸服。何成功之速哉？蓋以太宗爲之子也。太宗文武之才，高出前古。驅策英雄，罔羅俊乂，好用善謀，樂聞直諫。拯民於湯火之中，而措之衽席之上。使盜賊化爲君子，呻吟轉爲謳歌。

[一]「潞」，原作「略」，今據《四庫》本、江蘇書局本改。

衣食有餘，刑措不用。突厥之渠，係頸闕庭。北海之濱，悉爲郡縣。蓋三代以還，中國之盛，未之有也。惜其好尚功名而不及禮樂，父子兄弟之間慙德多矣。高宗沈溺宴安，仁而不武，使天后斵喪唐室，屠害宗枝，毒流縉紳。迹其本原，有自來矣。中宗久罹幽辱，備嘗險阻，一旦得志，荒淫不悛。糞土之牆，安可杇也〔二〕？睿宗鑒前之禍，立嗣以功，所謂可與權矣。明皇能斷有謀，再清内難。開元之初，憂勤庶政，好賢樂善，愛民利物，海内富庶，四夷賓服，浸淫於正觀之風矣。及天寶以降，自以爲功成治定，無復後艱，志欲既滿，侈心乃生。忠直寖踈，讒諛竝進。以娛游爲良謀，以聲色爲急務。以李林甫、楊國忠爲周、召，以安禄山、哥舒翰爲方、虎。癰疽結於心腹而不悟，豺狼游於藩籬而不知。一旦變生所忽，兵起邊隅。廟堂執檄而心醉，猛將望塵而束手。腥膻汙於伊洛，流血染於河潼。乘輿播蕩，生民塗地。禍亂竝興，不可救藥。使數百年之間，干戈爛漫而不息。嗟乎！「靡不有初，鮮克有終。」安之不可恃，治之不可保如此。夫肅宗以國之元子，收兵靈武，反旆而東，不失舊物。代宗分命羣帥，翦除凶醜，使大河南北，復爲唐臣。其功皆不細矣。然此二君者，武不足以決疑，明不足以燭理。向無郭子儀

〔二〕「杇」，原作「汚」，今據江蘇書局本改。

之忠，李光弼之智，因僕固懷恩以用回紇之師，則天下已非唐有矣。夫以肅宗之孝慈，而制於李輔國，不能養其父，惑於張后，不能庇其子，則其武可知矣。以代宗之寬仁，而聽讒臣之言，使光弼不敢入朝，慙憤而死，懷恩招引外寇，幾再亡國，則其明可知矣。而又不思經遠之謀，專爲姑息之政。盜賊據州郡者因用爲牧守，士卒殺主帥者因授之旌鉞。使强暴縱横，下陵上替，積習成俗，莫知其非。唐之紀綱大壞，不可復振，則肅、代之爲也。德宗憤積世之弊，憫王室之卑，南面之初，赫然有撥亂之志。而識度闇淺，資性猜愎，親信多非其人，舉措不由其道。賦斂煩重，果於誅殺。故關外之寇未平，而京師之盜先起矣。於是困辱於奉天，播遷於山南。公卿拜於賊庭，鋒鏑集於黄屋。尚賴陸贄盡心於内，李晟、渾瑊輸力於外，故能誅夷元凶，還奉宗社。自是之後，消剛爲柔，刓方爲圓。逮其晚節，偷懦之政，甚於祖考矣。順宗不幸嬰疾，奸邪肆志，而能委政冢嗣，以安社稷，足爲賢矣。憲宗聰明果決，得於天性，選任忠良，延納善謀。師老財屈，異論輻輳，而不爲之疑。盜發都邑，屠害元宰，而不爲之懼。卒能取靈、夏，清劍南，誅浙西，俘澤潞，平淮右，復齊魯。於是天下深根固蔕之盜皆狼顧鼠拱，納質效地，稽顙入朝。百年之憂，一旦廓然矣。而怠於防微，變生肘腋〔一〕。悲夫！穆宗蒙已成之業，承既平之緒，授任非才，爲謀不臧，使柙中之虎復縱暴於原野〔二〕，網中之魚得自脱於深淵。元和之功，於兹墜矣。寶曆既易荒縱，自貽顛覆。文宗優游不斷，受制家臣。雖有好賢之心，文雅之美，皆不足稱也。武宗英敏特達，委任能臣，克上黨如拾芥，取太原如反掌。饗國日淺，功業未究。惜哉！宣宗少歷艱難，長年踐位，人之情僞，靡不周知。盡心民事，精勤治道。賞簡而當，罰嚴而必。故方内樂業，殊方順軌。求諸漢世，其孝宣之流亞歟？懿宗驕奢無度，賊虐不忌。輔弼之任委於寵嬖，四海之財竭於淫樂。民怨不知，神怒不恤。李氏之亡，於兹決矣。且唐自至德以來，近習用權，藩臣跋扈，譬如羸病之人，以糜粥養之，猶懼不濟，又況飲之毒酒，其能存乎？及僖、昭嗣位，天禄已去，民心已離。盜賊徧於寰區〔三〕，蓬蒿塞於城闕。漂泊幽辱，寄命諸侯。當是之時，雖欲救之，其將能乎？

〔一〕「肘」，原作「腑」，今據《四庫》本改。
〔二〕「柙」，原作「狎」，今據《四庫》本改。
〔三〕「徧」，原作「偏」，今據《四庫》本、江蘇書局本改。

（二）楊渥攻江西帥鍾匡時，取之。又遣其將劉存、陳知新攻湖南，爲馬殷所虜。

（三）劉仁恭子守光囚仁恭而代之。將軍李思安圍潞州，築夾城守之。

二年（九〇八）蜀高祖王建成武元。

（一）春，晉王李克用薨，子存勖嗣。

（二）夏，晉王大破梁兵於夾城。

（三）馬殷攻澧朗帥雷恭彦，取之。

（四）淮南將張顥殺楊渥，立其弟渭，别將徐温殺顥。匡國帥劉知俊大破李茂貞於幕谷。

（五）秋，晉王侵晉、絳。上幸晉州。

（六）王建稱帝。

三年（九〇九）

（一）春，上幸河中。王景崇將高萬興以鄜、延來降。

（二）淮南將周本拔撫、信、吉州。

（三）夏，錢鏐敗淮南兵於蘇州。劉知俊以關西諸州降李茂貞。上幸河中。招討使劉鄩、楊師厚襲長安，取之，知俊奔鳳翔。冬，知俊破梁兵於興平，茂貞復振。

四年（九一〇）

（一）春，封福建帥王審知爲閩王。

（二）秋，上幸洛陽，因止，都之。

（三）羅紹威卒，子周翰代之。

（四）上遣將杜廷隱襲王鎔深、冀二州，取之，因命招討使王景仁伐鎔[二]，鎔求救於晉。冬，王自將救鎔，王處直以兵會之。

乾化元年（九一一）蜀永平元。

（一）春，晉王大破王景仁於栢鄉，遂圍魏州，破澶州而還。

（二）秋，上幸魏州。劉守光自稱燕帝[三]。冬，晉王遣周德威合鎮定兵攻劉守光。

（三）劉隱卒，弟龔代之，攻下邕、容、交等州，盡有嶺南之地。

二年（九一二）

（一）春，上自將救劉守光，至棗强，遇晉將符存審，大敗而還。

（二）夏，晉將周德威大破劉守光，取其瀛、順等州。

[二]「招」，原作「振」，今據江蘇書局本改。

[三]「劉守光」，此下原衍一「光」字，今據《四庫》本删。

（三）上晚年淫虐尤甚，子友珪懼誅，弑上，及殺上養子博王友文。又欲誅河中朱友謙，友謙以所部降晉。

（四）冬，晉王敗梁兵於平陽。

（五）以楊師厚鎮魏博，徙羅周翰鎮滑州〔一〕。

均王瑱**三年**（九一三）

（一）春，東京留守均王瑱與宿衛將趙巖等殺友珪，即帝位，因留都汴。

（二）夏，淮南將李濤攻錢鏐，鏐子元瓘敗濤於臨安，擒之。

（三）冬，晉王拔幽州，擒劉守光父子歸，殺之。

甲戌**四年**（九一四）

（一）春，晉王始開府，置行臺。

（二）秋，武寧帥蔣殷反，招討使牛存節、劉鄩討平之。

（三）晉王及王鎔攻邢州，楊師厚與戰于張公橋，敗之。是時，租庸使趙巖及后兄張歸霸等用事，賣官鬻獄，政治日亂。平章事敬翔素有謀略，疎廢不得用。

〔一〕「周」，原作「州」，今據《四庫》本改。

貞明元年（九一五）

（一）春，楊師厚卒。上用趙巖策，分澶、相、衛爲昭德軍，以張筠鎮之，分魏博衙兵以隸。昭德衙兵張彦作亂，囚其帥賀德倫以降于晉。夏，晉王入魏州，誅張彦，劉鄩軍華縣以禦之。冬，上弟康王友欽反，誅。上由是踈忌宗室。

二年（九一六）蜀通正元。

（一）春，茂貞將李繼崇、劉知俊以泰降蜀。蜀主用知俊爲將，攻茂貞興、鳳、隴、成、階州，下之，遂圍鳳翔，不克。茂貞由是遂衰。

（二）將軍王檀以奇兵襲晉陽，不克。

（三）晉王大破劉鄩於故元城，鄩退保黎陽。

（四）秋，邢洺帥閻寶降晉，滄景帥戴思遠〔二〕、張筠皆走，河北盡入于晉。

（五）契丹陷蔚州。

三年（九一七）蜀天漢、南漢高祖劉龑乾亨元年。

（一）春，新州將盧文進引契丹圍幽州，晉將李澶擊走之。

〔二〕「景」，原作「憬」，今據《四庫》本、江蘇書局本改。

（二）夏，劉龑稱漢帝。冬，上幸洛陽。

（三）晉王濟河，拔楊劉城。

（四）蜀主殺劉知俊。

（五）徐温徙治昇州[一]。

四年（九一八）蜀光天元。

（一）春，晉王侵鄆、濮。

（二）夏，軍使謝彦章敗於碭州。

（三）朱瑾殺淮南副使徐知訓，知訓父温殺瑾，以假子李昪代知訓[二]。

（四）蜀主以太子衍好酒色，欲廢之。衍與其相張格鴆殺蜀主[三]。

（五）徐温攻錢鏐，拔虔州。

（六）冬，招討使賀瓌敗晉兵於胡柳，殺周德威。即而瓌復爲晉軍所敗。晉遂拔濮州，京師大恐。

[一]「昇」，原作「升」，今據《四庫》本改。

[二]「昪」，原作「旲」，今據江蘇書局本改。

[三]「相」，原無，今據江蘇書局本補。

五年（九一九）蜀順正公衍乾德〔二〕、吴宣帝楊渭武義元。

（一）春，晉將符存審夾河築德、勝二城。

（二）夏，徐温立楊渭爲吴王。

（三）錢元瓘破吴師於狼山，殺其將彭彦。吴與兩浙和親。

（四）冬，晉王敗招討使王瓚於楊村。

（五）蜀主親巡利、閬。

六年（九二〇）

（一）夏，吴宣帝殂，徐温立其弟丹陽王溥。

（二）朱友謙襲據同州，詔劉鄩、尹皓討之。秋，晉將符存審大破鄩、皓於同州〔三〕。皓譖鄩而殺之。

龍德元年（九二一）吴睿皇溥順義元。

（一）春，成德將張文禮殺王鎔而代之，晉王使閻寶討之。秋，文禮卒，子處瑾代之。

〔二〕「順正」、「衍乾」，原爲墨丁，今據《四庫》本補。

〔三〕「皓」，原作「浩」，今據《四庫》本、江蘇書局本及上下文改。

（二）冬，晉王破戴思遠於戚城，遂北攻鎮州。王處直使子郁召契丹以救鎮州，假子都殺處直自立，契丹遂圍幽州，攻易、定。

二年（九二二）

（一）春，晉王破契丹於定州，追奔至幽州。戴思遠襲魏州，拔成安，急攻楊劉，晉王還救之。

（二）晉人攻鎮州，久不下，名將李嗣昭等多死。秋，監軍段凝拔衛州，梁兵復振。晉將符存審拔鎮州，殺張處瑾。

（三）晉監軍張承業卒。

唐莊宗存勗**同光元年**（九二三）

（一）春，澤潞李繼韜降于梁。

（二）夏，王稱帝於魏州。李亶襲梁鄆州，取之。梁將王彦章拔德勝，急攻楊劉，幾拔。趙巖等惡彦章，以段凝代之。上用樞密使郭崇韜策，自鄆州直趣大梁，擒王彦章於中都，梁主自殺，諸藩鎮皆降。

臣光曰：太祖始以黄巢降將，秉旄宣武，逞其詐力，蠶食東夏，地廣兵强，威權日熾。志欲無厭，遂遷唐祚。淫虐不悛，禍自内興。不得其死，宜矣。均王膏粱之子〔一〕，材不過人。棄恭翔、王彦章而用趙巖、張歸霸〔二〕，以與莊宗爲敵，能無亡乎？

（三）上入汴，尋遷都洛陽。

甲申**二年**（九二四）

（一）春，立皇后劉氏。上既滅梁，日益驕淫，伶人、宦官用事。劉后陰狡，上畏而惑之，四方解體。

（二）夏，秦王李茂貞卒，子從曮嗣。秋，蜀主遊青城。

（三）契丹寇幽州及鎮、定、嵐、蔚州。

三年（九二五）蜀咸康、南漢白龍元。

（一）春，契丹寇幽州，李亶擊走之。

（二）上幸魏州，塞酸棗決河。

（三）秋，曹太后崩。

〔一〕「粱」，原作「梁」，今據江蘇書局本改。
〔二〕「章」，原作「璋」，今據《四庫》本、江蘇書局本及上文改。

（四）魏王繼岌、郭崇韜伐蜀。蜀主將遊秦州，至利州，聞之〔一〕，奔還。蜀城邑皆奔潰。冬，蜀主降，以北都留守孟知祥鎮西川。

（五）閩王王審知卒，子延翰嗣。

明宗亶天成元年（九二六）

（一）春，莊宗以讒誅郭崇韜、朱友謙。

（二）天雄衙兵皇甫暉反，推衙將趙在禮爲主，攻陷魏州。詔總管李亶討之。軍士劫亶，與在禮合。莊宗將幸汴州，亶先入據之。莊宗還洛。夏，軍校郭從謙反，弑莊宗。劉后死於并州，魏王死於渭南〔二〕。亶入洛，即帝位。

（三）秋，契丹阿保機寇幽州。

（四）王延翰驕恣，弟鏻及審知假子延稟攻殺之，璘自立，以延稟鎮建州。

二年（九二七）吴乾貞元〔三〕。

（一）春，高季興擅取夔、峽州，詔襄州帥劉訓討之，不克。

〔一〕「聞」，原作「闡」，今據江蘇書局本改。
〔二〕「死」，原作「使」，今據《四庫》本改。
〔三〕「貞元」，原誤倒，今據《四庫》本乙正。

（二）冬，上幸汴州。宣武帥朱守殷反，討平之。
（三）徐温卒，子知詢代爲副都統，鎮昇州。
（四）吴王溥初稱帝。

三年（九二八）南漢大有元。
（一）春，契丹陷平州。
（二）夏，王都謀反，詔宋州帥王晏球討之。
（三）秋，契丹將楊隱救鎮州，晏球大敗之。
（四）徐知詢與李昪争權。冬，昪誘知詢入朝，奪其兵柄，兼領之。昪賢而好士，國人悦之。
（五）高季興卒，子從誨代之。

四年（九二九）吴大和元。
（一）春，王晏球攻定州，殺王都。
（二）樞密使安重誨惡錢鏐之僭。秋，詔鏐致仕。鏐令子元瓘自雪，乃復其官爵。

長興元年（九三〇）
（一）春，徙李從曮鎮宣武。
（二）立皇后曹氏。上假子潞王從珂鎮河中，安重誨惡之，使其將楊彦温逐之。又惡孟知祥及東川帥董璋，割其支郡。夏，知祥及璋俱反，詔上婿天雄帥石敬瑭討之，不克。

（三）冬，楚王馬殷薨，子希聲嗣。

二年（九三一）

（一）春，契丹主德光之兄贊華來奔。

（二）石敬瑭糧盡，引還。上惡安重誨恣横，使出鎮河中，尋族誅之。重誨曰：「臣死不恨，但不爲國家誅潞王，他日必爲患。」

（三）夏，王延稟襲福州，王鏻擊殺之。

（四）上族董璋家，而不誅孟氏，璋由是疑知祥背己。

三年（九三二）

（一）春，詔赦兩川，知祥聽命。璋怒，攻知祥，至漢州敗死。詔知祥鎮兩川，封蜀王，許行墨敕。知祥乃分利、閬、遂、夔、黔爲五嶺。

（二）吴越王錢鏐薨，子元瓘嗣。

（三）夏，馬希聲薨，弟希範嗣。

（四）以潞王鎮鳳翔，石敬瑭鎮河東。

（五）冬，吴李昪出鎮昇州，留子景知政事。

四年（九三三）閩惠宗王鏻龍啓元。

（一）春，王鏻自稱閩帝。

（二）或請立太子，上不悦。夏，上疾，秦王從榮請見不得，疑上崩而左右匿之，勒兵將入宮，樞密使朱弘昭、馮贇、孟漢瓊等擊斬之。上崩，召少子宋王從厚於魏州而立之。

甲午**潞王**從珂**清泰元年**（九三四）蜀高祖孟知祥明德元。

（一）春，孟知祥稱蜀帝。

（二）朱昭等徙潞王鎮河東，王不受命。詔西京留守王思同討之，圍鳳翔，幾克。會軍士亂潰，思同走死。王整衆而東，所向崩潰。閔帝奔衛。夏，潞王入汴〔一〕，即帝位，立后劉氏，鴆殺閔帝。

（三）興元帥張虔釗、洋州帥孫漢韶皆降蜀。

（四）秋，蜀主知祥殂，子昶立。

（五）冬，契丹寇雲、應州。詔石敬瑭屯代州以備之。

二年（九三五）吴天祚、閩永和元。蜀秦國公昶。

〔一〕「潞」，原作「州」，今據湖北崇文書局本改。

(一)夏,契丹寇新、代、應州。

(二)秋,以晉州帥張敬達副總管,以分石敬瑭之權。

(三)冬,閩將李倣弒其主鏻,立其子昶。

晉高祖敬瑭**天福元年**(九三六)閩康宗昶通文元。

(一)夏,清泰徙石敬瑭鎮天平,敬瑭稱疾不行。清泰詔張達討之。

(二)天雄將張令昭逐其帥劉延皓,詔宣武帥范延光討誅之。

(三)秋,張達圍晉陽,敬瑭稱臣求救於契丹,誓爲父子。契丹主自將五萬騎救之。達敗,退保晉安,契丹圍之。詔樞密使趙延壽、天雄帥范延光、幽州帥趙德鈞救晉安。清泰幸懷州。冬,趙德鈞、延壽屯團栢,陰與契丹通,求爲漢帝。契丹立敬瑭爲帝,割幽州所管及新、武、雲、應、朔州以賂契丹。諸將殺張達以降,德鈞父子亦降。上遂長驅而南,清泰奔還,舉室自焚。

臣光曰:武皇以沙陀微種,奄有河東。黄巢之亂,有大功於唐室。上源之變,訟於朝廷而不能自直,遂與朱氏治兵相攻,糾紛不解,流血成川,僵尸蔽野。至其晚節,鋒鋭益衰,窮居一隅,僅能自保。莊宗自弱齡襲位,麾下諸將皆白首行陳,與武皇竝轡齊驅之人，乃能以恩信結其心，英果折其氣，莫不竭力致命，頤指如意，遂服真定，從中山，取漁陽，兼魏博，策馬渡河，而梁氏失國。當是之時，天下莫不震動。諸侯陸梁踞肆者，皆瞪眙相顧，莫敢保其土地。王衍恃其險遠，辭禮倨慢。偏師西指，而劍閣不守。觀其行兵，可謂能矣。惜其器小志近，驕心易生。矜功自喜，御衆無法。便嬖是説，婦言是用。纔及三年，隕身亡族。悲夫！明宗無取國之心，而爲衆所附。資性寬厚，克終天禄。清泰於危難之中，坐受神器。得之非難，失之孔易。負扆未安，家爲煨燼。十年之中，易姓者四。禍福相尋，何其速哉！

（四）上入洛陽。

（五）安州盧文進奔吴。

（六）吴封李昪爲齊王。

（七）上幸洛陽。

二年（九三七）唐烈祖李昪昪元元。

（一）夏，范延光反，詔親軍將楊光遠討之，進圍魏州。

（二）京畿巡檢使張從賓反，自河陽入東都，殺上子重信、重義，詔親軍將杜重威討誅之。

（三）冬，李昪受吴禪，稱唐帝。

三年（九三八）蜀廣政元。

（一）秋，范延光降，赦之。

（二）冬，復以汴州爲東京，長安爲晉昌軍。

四年（九三九）

（一）秋，唐主始復姓李氏。

（二）閩主昶貪虐，閤門使連重遇弑之，立其叔父曦。

五年（九四〇）閩景宗曦永隆元。

（一）夏，安州李金全叛，入于唐。

六年（九四一）

（一）秋，上幸魏州。

（二）錢元瓘薨，子佐嗣。

（三）河決滑州。

（四）冬，襄州帥安從進反，攻鄧州，親軍將李建崇擊破之。

（五）成德帥安重榮反，將兵數萬，聲言入朝。詔杜重威擊之，大破重榮於宗城，遂圍鎮州。

七年（九四二）漢煬帝昂光天元。

（一）春，拔鎮州，斬重榮。

（二）塞滑州決河。

（三）夏，漢王龔殂，子昂嗣。

（四）上疾，命平章事馮道立幼子重睿。上崩，親軍將景延廣矯詔立上兄子齊王重貴，延廣使告哀於契丹，稱孫不稱臣，契丹始有隙。秋，拔襄州，殺安從進。

齊王重貴**八年**（九四三）漢中宗晟乾和、唐元宗景保大、殷光王延政天德元。

（一）春上自魏州還汴。

（二）唐主昪殂，子景立，以弟齊王遂爲元帥，燕王達副之，約以傳國。

（三）漢王昂弟晟弑昂自立。

（四）閩主弟延政自稱殷帝。

（五）侍中桑維翰屢請與契丹和親，上不聽。冬，青州帥楊光遠召契丹入寇。

甲辰**開運元年**（九四四）

（一）春，契丹數道入寇，河北諸州皆城守。上幸澶州，契丹主至澶州而還。

（二）閩指揮使朱文進弑閩主曦來降。

（三）冬，兖州帥李守貞討楊光遠，誅之。

（四）唐將邊鎬、查文徽攻王延政，福州將林仁翰殺朱文進，降於延政。

二年（九四五）

（一）春，契丹寇邢、洺、磁、相，至榆林而還。

（二）上幸澶州。

（三）契丹圍杜重威於楊城，河陽帥符彦卿擊破之。秋，唐人拔建州，虜王建政。福州將李孺贇、泉州將留逆效皆降於唐。

（四）冬，樞密使馮玉譖桑維翰，罷其政事。

三年（九四六）

（一）夏，契丹寇定州。相州帥張彦澤擊破之。

（二）秋，唐陳覺等攻李孺贇，兩浙將張筠救之，大破唐兵，取福州。

（三）冬，契丹瀛州請降，上遣杜重威悉率禁兵以應之。遇契丹於中渡橋，重威與張彦澤皆降契丹。彦澤還兵襲京師，帝遂降於契丹。

漢高祖暠**天福十二年**（九四七）

（一）春，契丹主入汴，遷晉帝於黄龍。

臣光曰：高祖以地尊勢重，迫於猜嫌。親執臣子之禮以事戎狄，賂之土田，藉其兵力，以取天下。夫羽翼未成，不可以高飛。國家未治，不可以應敵。齊王舍桑維翰之深謀，信景延廣之狂策，内政不脩，而外挑强鄰，使黎民塗野草，胡騎汙宫闕，生爲降虜，死爲羈魄，非不幸也。

（二）河東帥劉暠即帝位於晉陽。

（三）河南北盜起，契丹主懼，留其將蕭翰鎮汴而還。夏，殂於欒城。兄子兀欲自立〔二〕，因述律太后。

（四）蕭翰立唐明宗子從益而去。帝留弟旻鎮河東，入汴，殺從益。

（五）馬希範薨，弟希廣嗣。

（六）錢佐薨，弟倧嗣。冬，衙將明進思廢倧，立其弟俶。

乾祐元年（九四八）

（一）春，上崩，子周王承祐立，年十八。平章事蘇逢吉、樞密使楊邠〔三〕、郭威、史弘肇輔之。

〔二〕「兀」，原作「元」，今據江蘇書局本改。
〔三〕「邠」，原作「都」，今據江蘇書局本及下文改。

（二）河中帥李守貞及鳳翔將王景崇、永興將趙思綰反。秋，詔郭威討之。

（三）冬，高從誨薨，子保融嗣。

隱帝承祐**二年**（九四九）

（一）夏，馬希廣庶兄永州刺史希萼襲長沙，不克，乞師於唐。

（二）趙思綰降，殺之。

（三）秋，拔河中，殺李守貞。

（四）冬，契丹寇北邊，詔郭威禦之。

三年（九五〇）

（一）春，拔鳳翔，殺王景崇。兩浙敗唐兵於福州，虜其將查文徽。

（二）夏，以郭威爲鄴都留守。

（三）秋，馬希萼攻弟希廣，殺之，自立。

（四）冬，帝倖臣李業等譖殺楊邠、史弘肇等，又遣使殺郭威。威擁兵入朝，帝戰敗，自殺。威迎劉崇子贇於徐州而立之。未至，契丹寇洺州。威北伐至澶州，還兵内向。以太后令，廢贇，以威監國。

臣光曰：高祖擁精鋭之兵，居形便之地，屬胡騎北旋，中州乏主，故雍容南下，而天下歸之。豈其才德之首出哉？乃會其時之可爲也。夫根蹠者不固，基薄者易危。隱帝雖有南面之名，而政非己出，民不知君。輕信羣小之謀，欲除跋扈之臣，禍不旋踵，自然之勢也。父子相繼，四年而滅，自古饗國之短，未有若兹者也。

周太祖威**廣順元年**（九五一）北漢世祖劉旻乾祐四。

（一）春，即帝位。

（二）以養子榮鎮澶州。榮，柴皇后兄子也。

（三）劉旻稱漢帝。

（四）秋，馬希萼與弟希崇爭國，唐將邊鎬擊虜之，遂滅湖南。

（五）冬，漢主引契丹攻晉州，不克。

二年（九五二）

（一）春，兖州帥慕容彦超反，上自將擊誅之。因幸曲阜，拜祀孔子。

三年（九五三）

（二）朗州將劉言襲長沙，逐邊鎬，上表請節鉞。詔言鎮湖南，徙治朗州。

（一）春，上有疾，樞密使王竣坐專恣，貶商州。以晉王榮爲開封尹。

（二）秋，湖南軍亂，囚其帥劉言，迎潭州王逵代之。

（三）冬，誅鄴都留守王允中。

甲寅**顯德元年**（九五四）

（一）春，以晉王判内外兵馬。上崩，晉王即位。

（二）漢王引契丹寇潞州，世宗自將禦之，戰於高平。親軍將樊愛能、何徽先遁，斬之，并其軍使以上，遂大破漢兵。

（三）夏，進圍晉陽，拔遼、憲、嵐、石、沁、忻、代七州。天雄帥符彦卿及契丹戰，敗於折口，乃班師。

（四）冬，漢主旻殂，子承鈞立。

（五）帝大閲諸軍，務精不務衆。

世宗榮**二年**（九五五）北漢主承鈞乾祐八。

（一）鳳翔帥王景攻蜀秦、鳳、成州，拔之。

（二）冬，平章事李穀率十二將伐唐，圍唐將劉仁贍於壽州。

三年（九五六）

（一）春，築東京外城。

（二）上自將伐唐，親軍將李重進斬唐將劉彦於正陽。太祖拔滁州，擒其將皇甫暉。親軍將韓令坤拔揚州。江北諸州，降者甚衆。唐主稱臣，請獻六州以和。上欲盡得江北，不許。夏，太祖破唐齊王達於六合〔二〕。

（三）湖南將潘叔嗣殺其帥王逵，迎潭州周行逢代之。

（四）上自渦口還。時天暑，糧且盡，戰數不利，諸將皆棄所得州，并兵圍壽州，不克。

四年（九五七）北漢天會元。

（一）春，上復伐唐，大破唐兵於紫金山。劉仁贍以壽州降。上還。冬，復伐唐，拔濠、泗、揚、泰四州〔三〕。

五年（九五八）唐交泰元。

（一）春，上屠楚州，遂幸迎鑾，欲濟江。唐主大懼，去帝號，稱國主，請盡割江北十四州，用周正朔，上乃班師。

〔二〕「齊」，原作「府」，今據江蘇書局本改。

〔三〕「揚、泰」，原作「楊、秦」，今據江蘇書局本改。

（二）唐太弟遂固請讓位，唐主乃立子冀爲太子。

（三）冬，唐殺其相宋齊丘。

六年（九五九）南漢恩赦侯鋹大寶元。

（一）春，鑿五丈及惠民河。

（二）樞密使王朴薨。

（三）上自將擊契丹。夏，上至瓦橋關，契丹關南三州俱降。將攻幽州，會上有疾而還。

（四）李重進破河東兵於百井。

（五）上崩。

（六）梁王宗訓即位。

（七）秋，漢南主晟殂，子鋹立。

（八）唐太子冀卒。

臣光曰：太祖負震主之威，挾不賞之功，措身無所，乘危而發。雖履天下之籍，而家室先覆矣。世宗以異姓之親，入乘大統〔一〕。知近世之弊起於威令不行，下陵上替。

〔一〕「乘」，江蘇書局本作「承」。

故高平之役，首誅樊、何，以振軍法，遂能變弱爲强，因敗爲功。乘勝北逐，至于太原。歸而簡師習戰，并心進取，於是南割江淮，西克秦鳳，北開關南。攻無堅城，戰無强陣。又以桴鼓之隙，治律曆，興禮樂，審法令，脩政事，收賢才，養百姓，可謂能知治安之本矣。大功未成，中道而夭。蓋太平之業，天將啓聖人而授之，固非人謀之所及也。

稽古録卷十六

臣光拜手稽首曰：臣聞《商書》曰：「與治同道罔不興，與亂同事罔不亡。終始慎厥與，惟明明后。」《周書》曰：「我不可不監于有夏，亦不可不監于有商。我不敢知曰，有夏服天命，惟有歷年。我不敢知曰，不其延。惟不祇厥德，乃早墜厥命。我不敢知曰，有商受天命，惟有歷年。我不敢知曰，不其延。惟不祇厥德，乃早墜厥命。」蓋言治亂之道，古今一貫。歷年之期，惟德是視而已。臣性愚學淺，不足以知國家之大體，然竊以簡策所載前世之迹占之，輒敢昧死妄陳一二。夫國之治亂，盡在人君。人君之道有一，其德有三，其才有五。何謂人君之道一？曰用人是也。蕞爾之國，必有正直忠信之士焉，必有聰明勇果之士焉。正直忠信之謂賢，聰明勇果之謂能。彼賢能者，衆民之所服從也，猶草木之有根柢也。得其根柢，則其枝葉安適哉？故聖王所以能兼制兆民，包舉宇内，而無不聽從者，此也。凡用人之道，采之欲博，辨之欲精，使之欲適，任之欲專。采之博者，無求備於一人也。收其所長，棄其所短，則天下無不可用之人矣。辨之精者，勿使名眩實、僞冒真也。聽其言，必察其行，授其任，必考其功，則羣臣無所匿其情矣。使之適者，用不違其才也。仁者使守，明者使治，智者使謀，勇者使斷，則百職無不舉矣。任之專者，勿使邪愚之人敗之也。苟知其賢，雖愚者日非之而不顧，苟知其正，雖邪者日毁之而不聽，則大功無不成矣。然後爲之高爵厚禄，以勸其勤。爲之嚴刑重誅，以懲其慢。賞不私於好惡，刑不遷於喜怒。如是則下之人懷其德而畏其威，樂爲用而不敢欺。譬如乘堅車，御良馬，執六轡，奮長策，以立於康莊之塗，惟意所適，安有不至者哉？此人君之要道也。何謂人君之德三？曰仁，曰明，曰武。仁者，非嫗煦姑息之謂也。興教化，脩政治，養百姓，利萬物，然後可以爲仁。明者，非巧譎苛察之謂也。知道義，識安危，別賢愚，辨是非，然後可以爲明。武者，非强亢暴戾之謂也。惟道所在，斷之不疑，姦不能惑，佞不能移，然後可以爲武。是故仁而不明，猶有良田而不能耕也。明而不武，猶視苗之穢而不能芸也。武而不仁，猶知穫而不知種也。三者皆備，則國治强。闕一則衰，闕二則危，皆無一焉則亡。此人君之三德也。何謂人君之才五？曰創業，曰守成，曰陵夷，曰中興，曰亂亡。創業者，智勇冠一時者也。王者經綸之初，土無定所，民無定分，英雄相與角逐而爭之，才相偶則爲二，相參則爲三，愈多則愈分，故非智勇冠一時，莫能一天下也。守成者，中才能自脩者也。王者動作云爲，得之近而所利遠，失之微而所害大。故必兢兢業業，以奉祖考之法度。弊則補之，傾則扶之。不使耆老有歎息之音，以爲不如昔日之樂，然後可以謂之能守成矣。陵夷者，中才不自脩者也。習於宴安，樂於怠惰，人之忠邪混而不分，事之得失置而不察，苟取目前之佚，不思永遠之患，日復一日，使祖考之業如丘陵之勢，稍頽靡而就下，曾不自知，故謂之陵夷也。中興者，才過人而善自强者也。雖以帝王之子孫，而能知小人之艱難，盡羣下之情僞，其才固已過人矣。又能勤身克意，尊賢求道，見善則遷，有過則改。如是，則雖亂必治，雖危必安，雖已衰必復興矣。亂亡者，下愚不可移者也。心不入德義，性不受法則，舍道以趨惡，棄禮以縱欲。讒諂者用，正直者誅，荒淫無厭，刑殺無度，神怒不顧，民怨不知。如是而有敵國，則敵國喪之。無敵國，則下民叛之。禍不外來，必自内興矣。此人君之五才也。夫道有失得，故政有治亂。德有高下，故功有小大。才有美惡，故世有興衰。上自生民之初，下逮天地之末，有國家者，雖變化萬端，不外是矣。三王之前，見於《詩》、《書》、《春秋》，愚臣不敢復言。今採戰國以來，至周之顯德，凡小大之國所以治亂興衰之迹，舉其大要，集以爲圖。每年爲一行，六十行爲一重，五重爲一卷。其天下離析之時，則置一國之年於上，而以朱書諸國之君及其元年，繫於其下。從而數諸國之年，則皆可知矣。凡一千三百六十有二年，離爲五卷，命曰《歷年圖》。敢再拜稽首，上陳於黼扆之前。庶幾觀聽不勞，而聞見甚博。善可爲法，惡可爲戒。知自古以來，治世至寡，亂世至多，得之甚難，失之甚易也。恭惟國家承百王之弊，接五代之亂，寓縣分裂，干戈日尋，藩臣驕恣，元元憔悴。太祖宵衣旰食，櫛風沐雨，勤求賢俊，明慎誅賞。收支郡，任文臣，以消方鎮之權。舉公廉，除貪汙，以厲州縣之吏。選精鋭，嚴階級，以治戰鬭之士。省賦役，恤刑罰，以撫農桑之民。内政既成，乃脩外事。近者既悦，乃詰遠人。故傳檄而下荆湖，顧盼而克巴蜀，叱咤而平嶺表，指麾而定江南。大勳未集，太宗繼統。述脩前緒，閩越句吳皆獻地入朝，西登太行而晉人自縛。蓋自宋興二十年，然後大禹之迹復混而爲一，以至於今，八十有五年矣。朝廷清明，四方無虞，戎狄順軌，羣生遂性。民有自高曾以來未嘗識戰鬭之事者。蓋自古太平，未有若今之久也。《易》曰：「君子安不忘危，存不忘亡，治不忘亂。」《周書》曰：「制治於未亂，保邦於未危。」今人有十金之産者，猶知愛之，況爲天下富庶治安之主，以承祖宗光大完美之業。嗚呼！可不戒哉，可不慎哉！

右周威烈王二十三年至周顯德六年，并論序，臣於英宗皇帝治平元年所進《歷年圖》。

稽古録卷十七

庚申**太祖建隆元年**（九六〇）

（一）正月甲辰，上受周禪，奉周帝爲鄭王。

（二）乙巳，改元，大赦。

（三）契丹寇定州，邊將擊卻之。

（四）二月，尊太夫人杜氏爲皇太后。

（五）三月辛酉，追尊高祖曰僖祖，曾祖曰順祖，祖曰翼祖，考曰宣祖。

（六）四月，浚蔡渠。

（七）李筠叛降河東，襲澤州，殺刺史張福而據之。癸巳，詔石守信等諸軍討筠。

（八）五月己亥朔，日食。

（九）己未，上自將討李筠。

（十）河東主劉鈞軍于太平驛，遣其平章事衛融、宣徽使盧贊將兵救筠。筠帥其衆南下，與石守信等遇于長平。守信等大破之，盧贊溺死，筠走保澤州，諸軍進圍之。

（十一）六月己巳朔，上至澤州。辛巳，克之，筠自焚死。獲衛融，釋之。乙酉，上進攻潞州。丁亥，筠子守節以城降，釋之。河東主鈞聞之，遁歸。

（十二）折德扆破河東沙谷寨。

（十三）七月戊申，上還至東京。

（十四）八月甲申，立夫人王氏爲皇后。

（十五）九月，李繼勳擊河東，焚平遥。

（十六）李重進叛降江南，江南主李景不敢受。己未，詔石守信等諸軍討之。

（十七）甲子，縱邊將所獲河東民數萬口還其國。

（十八）高保融卒，弟保勗襲位。

（十九）十月，河決厭次。

（二十）晉州鈐轄荆罕儒襲河東汾州，戰没。

（二一）庚寅，上自將討李重進。十一月丁未，上至揚州，即日克之，重進自焚死。

（二二）乙卯，江南主李景遣其臣嚴續來犒師。庚申，復遣其子從鎰入貢。

（二三）十二月丁亥，上還至東京。

二年（九六一）

（一）正月，發開封、陳、許民夫數萬，導蔡渠入于潁。

（二）二月，發曹、單民夫數萬，浚五丈渠。

（三）江南主景遷都南昌。

（四）三月丙申，内酒坊火。

（五）河東寇麟州。

（六）四月癸巳朔，日食。

（七）六月甲午，太后杜氏崩。

（八）江南主景卒於南昌，子煜立。七月，以喪還金陵。

（九）八月，詔武懷節執孫行友送闕下。

（十）九月甲子，契丹解利等來降。

（十一）十月丙午，葬明憲皇后于安陵。

（十二）詔竊盜贓錢滿三千者死。

三年（九六二）

（一）正月甲戌，發民廣皇城東北隅。

（二）罷遞夫，募卒以代之。

（三）二月庚寅，初令文班常參官舉幕職令録，有罪連坐。

（四）詔百官轉對。

（五）河東寇路〔一〕、晉二州，守將擊走之。

（六）三月，初令大辟奏案刑部詳覆〔二〕，以止藩鎮專殺。

（七）留從效卒，養子紹鎡襲位。四月，衙將陳洪進誣紹鎡謀歸兩浙，執送江南，立大將張漢思爲留後。

（八）高保勗卒，兄子繼沖襲位。

（九）五月，增修大内。

（十）六月，秦州屬羌尚波于拒命。

（十一）詔歸江南降兵數千。

（十二）九月，尚波于降。

（十三）十月癸巳〔三〕，初定編敕二十條。

〔一〕「路」，《宋史》卷一《太祖紀》作「潞」。

〔二〕「奏」，原作「秦」，今據《四庫》本改。

〔三〕「十」，原作「七」。按：是年七月無癸巳，《玉海》卷六六引《稽古録》作「十」，今據改。

（十四）周行逢卒，子保權襲位。

（十五）十二月，詔諸縣盜賊鬬訟事皆歸令尉，鎮將唯得掌郭下。

（十六）是歲，周鄭王居于房陵。

（十七）周保權上言，衡州刺史張文表作亂，來乞師。

乾德元年（九六三）

（一）正月，命慕容延釗等將兵討文表。未至，文表爲湖南所擒。二月，延釗等至荆南，高繼沖請舉族歸朝。延釗等進克潭州。三月，拔岳州、朗州，周保權出降。兩道諸州悉平，爲荆湖路。

（二）癸酉，定常行杖法，笞、杖、徒、流各有數。

（三）置義倉，每税一石，别輸一斗。四月，行應天曆。

（四）鑿講武池。

（五）初置諸州通判，以分節度使、刺史之權。或節度使有闕，則以文臣權知諸州。

（六）張漢思諸子謀殺陳洪進，洪進廢漢思而代之。

（七）六月，初命朝臣知縣。

（八）七月，王全斌等擊河東，俘數千人。

（九）八月辛巳，行新定《刑統》。

（十）王全斌等攻河東樂平縣，拔之，置平定軍。

（十一）九月，河東及契丹寇平晉軍[一]，守將拒卻之。

（十二）十月庚辰，詔天下造版籍及户帖、户鈔。

（十三）十一月，泉州留後陳洪進請内屬，許之，仍以詔諭江南。

（十四）甲子，上始親祀圜丘，配以宣祖，大赦，改元。

（十五）十二月甲申，皇后王氏崩。

（十六）河東寇府州，折德扆敗之。

（十七）初置甲勢税簿。

甲子**二年**（九六四）

（一）正月，初聽選人四時參選，不限冬集。

（二）發民夫治鄆州遥堤。

（三）二月，李繼勳等攻河東遼州，敗河東將郝貴超於城下，遼州降。三月，河東將周審玉

〔一〕「及契丹寇平晉軍」，原作「反契平定軍」，今據江蘇書局本及《宋史·太祖紀》改。

等來降。

（四）四月乙卯，改葬宣祖及昭憲皇后於河南安陵。

（五）乙丑，初置參知政事。

（六）六月，河南北、陝西蝗。

（七）八月，詔於京師及緣江各置榷貨務，令商旅入金帛於京師，執引詣緣江給茶。

（八）九月，丁德裕等攻廣南郴州，拔之。

（九）折德扆卒，以其子御勳知府州事，自是世襲知府州。西川主孟昶遣間使以蠟書遺河東，謀連兵入寇。十一月甲戌，命王全斌等將兵三萬自鳳州道、劉光乂等將兵二萬自歸州道，伐西川。

（十）十二月，涼州來請帥，詔以麴彦饒爲之。

（十一）王全斌等拔興州，敗西川兵於三泉，獲其招討使韓保貞、副使李進。

三年（九六五）

（一）正月，劉光乂等拔夔州，殺其節度使高彦儔。

（二）王全斌等破西川兵於大漫天，遂破利州及劍門，又破西川，并拔劍州，擒其知樞密院事王昭遠、馬步軍都指揮使趙崇韜。劉光乂等拔萬、施、開、忠、遂五州。西川主昶出降，蜀地悉平，得州四十五，爲西川路。

（三）二月，王全斌殺西川降兵二萬餘人於成都。

（四）三月，蜀中盜賊羣起，詔所在討之。

（五）五月丙戌，孟昶入見。六月甲辰，以昶爲中書令、秦國公，太子、大臣皆除美官。庚戌，昶薨。

（六）八月，河決陽武。九月，河決澶州。發兵治之。

四年（九六六）

（一）正月丁亥，詔丁德裕等將兵討蜀中餘盜。

（二）二月，羅彦環等敗河東兵於静陽。

（三）三月，廢義倉。

（四）四月，契丹豐州節度使于延來降〔一〕。

（五）六月，詔内侍年三十，無養父，方許養一子。

（六）河決觀城。

〔一〕「于延」，《宋史・太祖紀》作「于延超」。

（七）七月，聽州縣官各置俸户，月輸錢五百。

（八）八月，河決靈武，遣韓重贇等發夫卒數萬人塞決河。

（九）是歲，初用和峴議，以景表尺造律，下王朴樂一律。

五年（九六七）

（一）正月戊戌，發畿内及鄰州民夫數萬治河隄。

（二）三月丙辰，河東石盆寨降。

（三）五星聚于奎。

（四）五月，河東鴻唐寨降。

（五）六月戊午朔，日食。

（六）丙子，詔諸州通判、鈐轄、都監等，毋得受節度使添給。

（七）八月，衛州河溢入城，殺數百人。

（八）九月庚子，李彝興卒，子光叡襲位。

（九）十二月丙辰，禁惡錢及行濫縑帛。

開寶元年（九六八）

（一）正月甲午，發畿内民夫治東京城。

（二）丁未，河東偏城寨將任恩帥衆來降。

（三）三月甲辰，鎮州奏破河東馬峯山寨。

（四）五月丁未，賜江南糧十萬斛，以救其饑。

（五）七月丙午，鎮州奏，河東烏玉寨主胡遇帥衆降。

（六）河東王鈞卒，養子繼恩立。

（七）八月戊辰，詔李繼勳等將兵擊河東。　九月庚子，繼勳奏敗河東軍於洞渦水口。　河東供奉官侯霸榮弒其主繼恩，平章事郭元爲殺霸榮，立繼恩弟繼元。

（八）十月丙子，吴越王錢俶遣其子惟濬入貢〔二〕。

（九）十一月癸卯，上祀圜丘，大赦，改元。

二年（九六九）

（一）正月壬寅，命使者十八人調軍食詣河東行營。

（二）二月乙卯，遣曹彬、党進等先將兵伐河東。

（三）甲子，上發東京。

〔二〕「濬」，原作「睿」，今據江蘇書局本及《宋史・太祖紀》改。

（四）三月乙未，李繼勳奏敗河東軍於太原城下。

（五）戊戌，上至太原。

（六）辛丑，發諸縣民夫數萬赴城下。

（七）癸卯，河東憲州判官史昭文以州降。

（八）丙午，決晉水灌太原。

（九）四月辛亥，遣海州刺史孫方進圍汾州。

（十）契丹救河東。

（十一）己未，何繼筠奏敗契丹於陽曲北，擒其武州刺史王彦符。

（十二）五月癸未，韓重贇奏敗契丹於定州北。

（十三）甲申，引汾水灌太原。

（十四）戊子，初令獄官於盛暑清滌杻械，貧者給食。

（十五）甲午，河東嵐州刺史趙文度降。

（十六）丙午，楊重勳、折御勳來朝。

（十七）閏月戊申，劉繼元殺其平章事郭無爲。

（十八）己未，遷河東民萬餘户於山東〔一〕。會暑雨疾疫，庚申，分諸軍屯鎮、潞。壬戌，上南還。

（十九）六月辛卯，江南主煜遣其弟從謙入貢。

（二十）癸巳，上至東京。

（二一）十月，契丹藏才千酋長王甲帥衆來降，置封州以處之。

三年（九七〇）

（一）正月癸丑，發畿内民夫數萬治河隄。

（二）四月辛卯朔，日食。

（三）庚子，詔開河北鹽禁，聽通商收税。

（四）置便錢務。

（五）七月丙辰，減州縣官員數。

（六）上命江南主煜招諭廣南主劉鋹，鋹不聽，囚其使龔慎儀。九月己亥朔，命潘美等將兵伐廣南。

〔一〕「遷」，原作「還」，今據江蘇書局本及《宋史·太祖紀》改。

（七）甲辰，詔脩完前世帝王陵爲亂兵所毀者。

（八）乙卯，潘美等破廣南兵，拔富州。十月庚寅，拔賀州。十一月壬寅，拔昭、桂二州。

（九）癸亥，邊將破契丹於遂城。

（十）十二月辛亥，潘美等破廣南兵，拔連州。

（十一）癸巳，發畿内民夫二萬治河隄。

四年（九七一）

（一）正月癸丑，潘美等拔廣南英、雄二州。

（二）二月己丑，奏克番禺，擒廣南主鋹，廣南悉平，得州四十一，爲廣南路。

（三）詔以幕職州縣官闕多人少，初令特放選，仍聽超折注擬。

（四）五月乙未朔，上御明德門，諸將以練繫劉鋹獻之，釋以爲恩赦侯。

（五）壬甲卒，以其子承美知豐州事，自是世襲知豐州。

（六）十月癸亥朔，日食。

（七）十一月己未，上祀圜丘，大赦。

（八）癸亥〔二〕，川班直四十人撾鼓訴賞薄，悉斬之。

（九）河決澶淵，泛數州，澶州通判姚恕坐死。

五年（九七二）

（一）五月辛未，河決濮陽。

（二）廢廣南媚川都。

（三）六月庚寅，河決陽武，汴決穀熟。

（四）戊申，命曹翰發民夫三萬六千、卒一萬五千塞陽武決河。又發卒夫數萬塞濮陽決河。

（五）八月己亥，廣州奏破羣獠於容州。

（六）九月丁巳朔，日食。

（七）十一月己未，廣州奏破羣獠於英州。

（八）大饑。

六年（九七三）

（一）正月癸酉，發民夫治魏縣河堤。

〔二〕「癸亥」，按：「癸亥」爲開寶四年十二月朔日，《宋史·太祖紀》記此事在十一月壬戌，前癸亥一日，當得其實。

（二）三月，房州奏周鄭王殂，謚曰恭帝。
（三）四月癸丑，初選令録簿尉爲堂後官。
（四）五月己巳，交趾丁璉始遣使内附，授以官爵。
（五）六月癸未朔，隰州奏將兵入河東境，拔七寨。

甲戌**七年**（九七四）

（一）二月庚辰朔，日食。
（二）上詔江南主煜入朝，辭不至，而繕完自守。九月，命曹彬等將舟師，自荆南沿江而下，伐江南。閏月己酉，破江南兵。丙辰，拔池州。十一月丙子，破江南兵於采石，作浮梁濟江。
（三）契丹來請和，命知雄州孫全興以書答之。
（四）十二月辛亥，曹彬等破江南鄂州兵於江北。

八年（九七五）

（一）正月甲戌朔，破江南兵於新林港。
（二）丁丑，知晉州武守琦奏破河東兵於洪洞。
（三）二月壬戌，曹彬奏拔昇州關城。

（四）三月己亥，契丹初遣其臣克妙骨慎思入見。

（五）辛未，吴越王俶拔江南常州。

（六）四月乙巳，王明破江南兵於江州。

（七）六月辛亥，澶州奏河决頓丘，發丁夫數萬塞之。

（八）七月辛未朔，日食。

（九）庚辰，初遣郝崇信使于契丹。

（十）八月，封丁璉父部領爲交趾王。

（十一）九月乙酉，江南潤州降。

（十二）十月丁巳，治西京内。

（十三）十一月辛未，江南遣其臣徐鉉入見。

（十四）乙未，曹彬克金陵，擒江南主煜，江南悉平，得州十九，爲江南路。

太宗太平興國元年（九七六）

（一）正月辛未，曹彬遣使獻李煜，太祖釋以爲違命侯。

（二）三月辛卯，羣臣三上表請加尊號，太祖以燕、晉未平，不允。

（三）丁巳，作禮賢宅，以待吴越王俶。己未，俶入朝。辛未，辭歸。

（四）太祖將幸西京，壬申，先饗太廟。

（五）丙子，發東京。

（六）庚辰，謁安陵。

（七）辛巳，至西京。

（八）四月庚子，雩祀于圜丘。

（九）大赦。

（十）丙午，東還。

（十一）辛亥，至東京。

（十二）丙寅，曹翰奏拔江州，擒江南將宋德明。

（十三）八月丙辰，發兵伐河東。九月戊寅，破河東兵。

（十四）辛巳，郭進奏得山後諸州民三萬七千餘口。

（十五）十月癸丑，太祖崩于萬歲殿，皇弟晉王諱即皇帝位。

（十六）乙卯，大赦。李光叡奏破河東吴保寨。

（十七）詔諸場務不聽人添額置撲。

（十八）十一月戊辰，罷天下俸户。

（十九）十二月甲寅，上御乾元殿，大赦，改元。

二年（九七七）

（一）正月，擢進士吕蒙正等百三十三人及第，皆除京官通判，以興文教，抑武事。

（二）二月，廢江南鐵錢，悉用銅錢。

（三）庚子，上改今名。

（四）初置江南榷茶場。

（五）四月甲午，置威勝軍於亂柳。

（六）乙卯，葬太祖於永昌陵。

（七）七月，河決温縣，又決滎澤，又決頓丘，發夫卒塞之。

（八）諸道大水。

（九）發潭州兵擊梅山洞蠻。

（十）八月丙寅，陳洪進入朝。

（十一）初令藩鎮支郡悉屬京師，長吏得專奏事。

（十二）九月丁酉，詔私鑄小錢者死。

（十三）十一月丁亥朔，日食。

三年（九七八）

（一）正月甲午，詔絳州浚汾河。

（二）發唐、鄧民夫數萬人及諸卒萬人開漕渠，自襄漢抵京師，渠成而水不行。

（三）二月丙辰朔，秦州奏西羌寇邊，使者任德明將兵擊走之。

（四）三月己酉，吴越王俶入朝。

（五）四月己卯，陳洪進獻所有州二。

（六）庚辰，懷州奏河決獲嘉，發夫卒塞之。

（七）五月，吴越王俶表獻所有州十三，爲兩浙路。

（八）壬寅，李光叡卒，子繼筠襲位。

（九）戊申，秦州判官李若愚之子飛雄謀反，族誅。

（十）六月，汴渠決寧陵，詔發宋、亳民夫塞之，又發畿内民夫塞汴口。

（十一）十月，置内藏庫，掌藏經費之餘，以待非常之用。

（十二）河決靈武，發夫卒塞之。

（十三）十一月丙申，上祀圜丘，配以太祖，大赦。

（十四）是歲，行《太平興國編敕》。

四年（九七九）

（一）正月庚寅，詔先遣潘美等將兵伐河東。二月甲子，上自將發東京。三月庚辰朔，至真定。乙未，分兵攻嵐州。契丹救河東，郭進邀擊，大破之。四月壬戌，上發真定，折御卿奏破岢嵐軍。乙丑，諸將破隆州。己巳，破嵐州。庚午，上至太原。壬申，上幸城西，督諸將攻城。五月甲申，河東主繼先出降，河東悉平，得州十，爲河東路。

（二）庚子，上發太原。六月甲寅，詔發河北、京東芻粟赴北面行營，欲乘勝取幽州。庚申，上發真定。丁卯，至易州，刺史劉宇降。戊辰，涿州降。

（三）庚午，上至幽州，破契丹衆于城北。七月癸未，督諸將攻城，不克。甲申，班師。乙巳，上至東京。

（四）李繼筠卒，弟繼捧襲位。

（五）八月癸亥，詔潘美將兵屯三交口，以備契丹。

（六）汴渠決宋城，發民夫塞之。

（七）九月，河決汲縣。乙酉，詔何紹勍等將兵屯定州，以備契丹。

（八）初聽銅錢入蜀。

（九）十月庚午，關南奏破契丹於遂城西徐、鮑二水間。

（十）十一月己亥，嵐州奏破契丹於三交口。

（十一）關南奏破契丹。

五年（九八〇）

（一）正月，發民夫治衛、澶、濮三州河隄。

（二）二月，岢嵐軍奏雜虜二百五十户内屬。

（三）三月癸巳，代州奏破契丹，殺其侍中蕭啜李，禽馬步軍都指揮使李重誨。

（四）閏月，三交奏雜虜二百十户内屬。

（五）四月戊子，代州奏雜虜二百餘户内屬。

（六）上以丁璉阻兵專地，七月丁未，遣孫全興等將兵討之。

（七）十月戊寅，命楊重進等將兵屯關南〔二〕，蔡玉等將兵屯定州，盧漢贇等將兵屯鎮州，以備契丹。

（八）丁璉卒，弟璿尚幼，大將黎桓幽丁氏宗族，專制國事。十一月，桓以璿表求襲兄位，稱藩入貢，不報。

〔二〕「關」，原作「國」，今據江蘇書局本改。

（九）己酉，上以契丹數爲寇，自將擊之。壬子，發東京。癸丑，關南奏破契丹。戊午，上至大名，雄州奏契丹遁去。十二月庚辰，上南還。乙酉，至東京。

（十）辛卯，交州行營奏破交趾兵。

六年（九八一）

（一）正月辛亥，易州奏破契丹兵。

（二）三月壬戌，交州行營奏破交趾兵於白藤江口。

（三）五月己未，以歲旱，大赦。

（四）六月丙子，平塞軍奏破契丹兵。

（五）七月丙午，詔諭渤海共擊契丹。

（六）九月乙未朔，日食。

（七）丙辰，易州奏破契丹兵。

（八）詔郭贄等考校在京京朝官功過材器，遇中書須人，送贄等定差。

（九）十一月辛亥，上祀圜丘，大赦。

七年（九八二）

（十）孫全興爲交趾所敗，丁巳，坐誅。

（一）三月癸巳朔，日食。
（二）丁璿遣使謝罪。
（三）四月，貶盧多遜及秦王廷美，連坐者甚衆。
（四）五月辛丑，高陽關奏破契丹於唐興口。
（五）己酉，李繼捧入朝，詔遷其族於京師，其弟繼遷叛入地斤澤。
（六）辛亥，三交奏破契丹。
（七）己未，府州奏破契丹於朔州。
（八）六月，河決臨濟。
（九）初置譯經院。
（十）七月，河決濟口〔一〕。八月己卯，罷劍南榷酤。
（十一）十月，夏州奏擊李繼遷破之。
（十二）河決武德。
（十三）行《乾元曆》。

〔一〕「濟口」，據《宋史・太宗紀》，當作「范濟口」。

（十四）十二月戊午朔，日食。

（十五）閏月庚寅，豐州奏契丹日利等十一族七萬餘帳内附。王承美擊契丹，破之，禽其節度使葦太。

八年（九八三）

（一）二月戊子朔，日食。

（二）三月，豐州奏破契丹兵。

（三）分三司，各置使。

（四）五月，河決房村，灌澶、濮、曹、濟諸州，東南流至徐州入淮，發卒數萬、民夫十餘萬治之。

（五）黎桓廢丁璿，自稱交州三使留後，始遣使入貢。

（六）六月甲午，河南奏穀、洛、伊、瀍水溢，溺死者以萬計。

（七）秋，諸路大水〔二〕。

〔二〕「大」，原作「十」，今據《四庫》本改。

（八）十月[二]，置都進奏院，罷諸州知後官。

（九）十二月癸卯，滑州奏房村決河已塞。

（十）戊申，宥州奏李繼遷入寇，擊走之。

（十一）是歲，初命著作佐郎吕文仲侍讀經史。

甲申**雍熙元年**（九八四）

（一）三月己未，滑州奏河復決，發卒數萬人塞之。

（二）羣臣請封禪，四月甲午，詔許之。

（三）五月丁丑，乾元、文明二殿災。

（四）六月壬寅，詔罷封禪。

（五）十月庚寅，夏州奏擊李繼遷破之，俘一千四百餘帳，獲繼遷母妻，獨繼遷遁去。

（六）十一月丁卯，上祀圜丘，復配以宣祖，大赦，改元。十二月壬辰，立妃李氏爲皇后。

（七）悉罷嶺南采珠場。

二年（九八五）

[二]「十」，原作「六」，今據《四庫》本及《九朝編年備要》卷三改。

（一）四月丁酉，夏州行營奏破李繼遷黨悉利族，獲其代州刺史折羅遇。

（二）六月辛卯，麟州奏雜虜四十七族内屬，岌羅賦等九十四族拒命〔一〕，擊破之。

（三）庚戌，楚王元佐坐縱火，廢爲庶人。

（四）十二庚子朔，日食。

三年（九八六）

（一）正月庚寅，詔曹彬、崔彦進將兵出雄州，田重進將兵出飛狐。二月，詔高麗王治發兵，西會官軍。壬子，詔潘美、楊業將兵出雲、應、朔州，以擊契丹。

（二）三月癸酉，曹彬破契丹于固安，新城降。

（三）丁丑，田重進破契丹于飛狐北。

（四）潘美自西陘入追契丹至寰州，破之。庚辰，寰州刺史趙彦辛降。

（五）辛巳，曹彬拔涿州。

（六）潘美圍朔州，節度副使趙希贊舉城降。

（七）癸未，田重進破契丹，禽其西南面招安使大鵬翼。

〔一〕「岌」，原爲墨丁，今據《四庫》本補。

（八）乙酉，曹彬破契丹于涿州南。

（九）丁亥，潘美至應州，節度副使艾正舉城降。

（十）辛卯，田重進圍飛狐，防禦使呂行德舉城降。

（十一）四月辛丑，潘美拔雲州，田重進破契丹于飛狐。

（十二）壬寅，曹彬、米信之師破契丹于新城東北。

（十三）乙卯，田重進至蔚州，左右都押衙李存璋舉城降。五月，存璋悉殺契丹，帥城中老弱來奔。

（十四）詔田重進還軍定州。

（十五）庚午，曹彬等至岐溝關北，爲契丹所敗，還軍易州。上召彬等還。丁丑，詔徙雲、應、寰、朔州吏民於河東許、汝間。

（十六）六月戊戌朔，日食。

（十七）秋，契丹陷寰州，潘美等敗於陳家谷，楊業死。契丹復據雲、應、朔州。

（十八）十月，授黎桓官爵。

（十九）十二月己亥，田重進奏攻拔岐溝關。

（二十）丙午，劉廷讓與契丹戰于君子館，全軍敗没。

四年（九八七）

（一）七月庚寅，置三班院。

端拱元年（九八八）

（一）正月乙亥，上耕籍田，大赦，改元。

（二）四月癸巳，詔緣邊戍兵無得輒恣侵掠，務令安静。

（三）五月辛未，賜李繼捧姓名趙保忠，使還鎮夏州，招討李繼遷。

（四）十一月己丑，鎮奏破契丹於唐河。

（五）十二月辛未，趙保忠言李繼遷請降，以繼遷爲銀州刺史，繼遷竟不至。

二年（九八九）

（一）二月癸亥，命陳恕等爲諸路營田使。

（二）八月丙辰，上御乾元樓，大赦。

（三）大旱。

（四）十月，置入中倉。

（五）十二月庚申，上命省去尊號，曰：「皇帝兼稱已爲不可，朕欲稱王，但嫌與諸子同耳。」

淳化元年（九九〇）

（一）正月戊寅朔，改元。

（二）四月戊申，夏州奏破李繼遷兵。

（三）五月辛卯，置刑部詳覆官六員，御史臺推勘官二十員。

（四）八月，趙保忠奏破李繼遷於安慶澤，又奏破繼遷於玉庭鎮。

二年（九九一）

（一）正月丙子，命翟守素將兵屯夏州，助趙保忠守禦。

（二）三月己巳，上以蝗旱，欲自焚，未幾而雨。

（三）五月乙巳，置折博倉。

（四）六月乙酉，汴渠決浚儀，上自督衛士負土塞之。

（五）宋州奏汴渠決宋城，詔近縣民夫塞之。

（六）亳州奏汴渠決東流。

（七）七月，李繼遷請降，授以官爵，賜姓名趙保吉。

（八）八月己卯，置審刑院，以覆大理所斷獄。

（九）十一月丙申朔，詔百官次對。

三年（九九二）

（一）二月乙丑朔，日食。

（二）五月癸丑，作祕書閣。

（三）六月丁丑，黑風晝晦。

（四）辛卯，置常平倉。

（五）十月壬午，命王沔等磨勘京朝官、選人班行。

（六）十一月己亥，許王元僖薨。

四年（九九三）

（一）正月辛卯，上祀圜丘，初以宣祖、太祖竝配，大赦。

（二）二月己未朔，日食。

（三）丙戌，改磨勘京朝官院。

（四）青城民王小波等起爲羣盜。

（五）三月壬子，發河北諸州戍兵萬八千人，開河北緣邊塘泊種稻田，命屯田使何承矩領之。

（六）五月戊子，詔所舉官改節者聽陳首。

（七）合三司復爲一使。

（八）八月丙辰朔，日食。

（九）十月，河決澶州，西北流入永濟渠，浸大名府城。

甲午**五年**（九九四）

（一）正月，趙保吉寇靈州，詔李繼隆將兵擊之。趙保忠奏稱已與保吉解仇，請罷兵。上怒，命繼隆移兵擊之，保吉徙綏州民於平夏，左都押衙高文岯擊走之，以綏州内屬。四月，保忠爲保吉所襲，脱身走。繼隆克夏州，禽保忠送闕下，保吉遠遁漠北〔二〕。乙酉，詔廢夏州故城，遷其民於綏、銀等州。

（二）王小波死，其徒李順攻掠州縣，遂陷成都，僭稱尊號。詔王繼恩等將兵討之。壬寅，行營奏官軍自小劍門入拔劍州。五月甲寅，又奏破李順萬餘衆於老溪，復閬、緜、巴三州。

（三）丙寅，趙保忠入見，釋之。

（四）戊辰，西川行營奏官軍克成都，擒李順。六月，峽路行營奏殺順餘黨，蜀地悉平。

（五）七月，高麗王治爲契丹所攻，遣使乞師，上以北邊甫寧，不欲興兵，優詔遣之。自是不

〔二〕「漢」，原作「漢」，今據江蘇書局本改。

復入貢。

（六）中書以王繼恩有功，奏除宣徽使。上曰：「此乃執政之漸。」八月，置宣政使以授之。

（七）趙保吉遣弟延信入貢謝罪，詔撫納之。

（八）八月，初行《淳化編敕》。

（九）九月壬申，大赦。

至道元年（九九五）

（一）正月戊申朔，改元。

（二）甲子，府州奏契丹入寇，折御卿破之於子河汊。

（三）四月乙酉，雄州奏契丹入寇，何承矩擊破之。

（四）趙保吉訴屬羌掠其所部，詔禁之。六月丙戌，上遣使諭保吉，欲徙鎮鄜州，保吉不奉詔。

（五）七月，置江淮兩浙發運使。

（六）八月壬辰，立壽王諱爲皇太子，大赦。

（七）九月，趙保吉寇清遠軍，詔復其姓名。

（八）洛苑使白志榮部送芻糧，爲李繼遷所敗，僅以身免。

（九）十二月庚辰，秋官正韓鎮符獻銅渾儀，置之司天臺。

二年（九九六）

（一）正月辛亥，上祀圜丘，大赦。

（二）五月癸卯，李繼遷帥萬餘衆攻靈州。發陝西民運芻糧詣靈州，渡沙磧，爲虜所殺掠及饑渴死者不可勝紀。

（三）七月壬子，宋州奏汴渠決穀熟。乙丑，發民夫塞之。

（四）命李繼隆等將兵自環、慶、延、夏、麟五路擊李繼遷。九月己卯，王超、范廷召奏敗繼遷於烏白池。繼隆等出塞十餘日，不見虜而還。

三年（九九七）

（一）二月庚子，靈州行營奏破李繼遷，繼遷單騎遁去。

（二）辛丑，上不豫。三月癸巳，上崩于萬歲殿，太子即皇帝位。四月乙未，大赦，尊皇后爲皇太后。

（三）五月丁亥，立夫人郭氏爲皇后。

（四）七月，詔西邊將吏嚴烽堠，李繼遷來則驅逐，去則勿追，以寬陝西之民。

（五）八月，西川戍兵劉旰作亂，招安使上官正討斬之。

（六）十月丙午，楊瓊奏破李繼遷於合河鎮。

（七）己丑，葬太宗於永熙陵。

（八）十二月丙申，追尊上母賢妃李氏爲元德皇太后，别立廟。

（九）李繼遷請降，復賜姓名趙保吉，以夏、綏、銀、宥、静五州與之。

（十）是歲分天下爲十五路，其後又增三路。

稽古録卷十八

真宗咸平元年（九九八）

（一）正月辛酉朔，改元。

（二）三月壬申，初令饑民劫窖者減强盜法。

（三）五月戊午朔，日食。

（四）七月丙戌，初令惡民再犯，徒；三犯，杖，送軍頭司。

（五）十月丙戌朔，日食。

（六）十二月丁酉，初令大辟疑者具獄以聞。

（七）行新編敕。

二年（九九九）

（一）二月，催欠司奏，自即位，放逋欠物千餘萬，釋繫囚三十餘萬。

（二）溪蠻寇奉節，施夔巡檢侍其振討平之。

（三）七月甲申，詔外任官各給職田，蠲其税。

（四）八月丙寅，大閲於城東北步騎二十萬。

（五）九月庚辰朔，日食。

（六）癸卯，傅潛奏破契丹於廉良路。

（七）十一月丙戌，上祀圜丘[二]，初以太祖、太宗竝配，大赦。

（八）契丹寇北邊，上自將擊之。

（九）十二月甲寅，發東京。丙午，幸澶州[三]。

（十）己未，知冀州張旻奏敗契丹于城南。

（十一）甲子，幸大名。

（十二）丁未，府州奏，折御昌等擊契丹，破之。

（十三）傅潛等擁兵八萬屯定州，畏懦不戰，契丹遂寇祁、趙，遊騎至邢、洺。

（十四）是歲，置羣牧司，總内外馬政。

三年（一〇〇〇）

[二]「圜」，原作「圓」，今據楊璋本、江蘇書局本改。下逕改。

[三]「丙午」，按，是月庚戌朔，無丙午日，《宋史・真宗紀》作「戊午」。

（一）正月己卯朔，益州戍卒趙延順反，殺鈐轄符昭壽，逐知州牛冕，奉都虞候王均爲主〔二〕。辛巳，陷漢州，直抵劍門。知劍州李士衡擊卻之。

（二）康保裔與契丹戰於瀛州，敗没。契丹遂自德、棣濟河，掠淄、青而去。庚寅，范廷召等奏追契丹至莫州北，大破之。

（三）甲午，上發大名。

（四）詔雷有終等將步騎八千，討王均。

（五）庚子，上還東京。

（六）二月辛酉，西川都巡檢張思鈞奏破王均，復漢州。乙丑，均僞遁，雷有終入益州，爲均所敗。

（七）三月戊寅朔，日食。

（八）丙申，雷有終奏破王均於彌牟鎮。

（九）四月乙卯，改葬元德皇后。

（十）雷有終等敗王均於益州城下，遂圍之。

〔二〕「候」，原作「侯」，今據《學津討原》本改。

（十一）五月甲辰，河決王陵，命内侍閻承翰等塞之。

（十二）九月，雷有終等克益州，石普追王均至富順監，斬之。

（十三）十一月壬子〔二〕，詔百官轉對。

四年（一〇〇一）

（一）二月丙寅，詔舉賢良方正，得查道、王曙等。

（二）三月辛巳，分川峽爲四路。

（三）庚寅，行《儀天曆》。

（四）四月壬子，初令審官磨勘京朝官引對。

（五）罷郊祀遷官。

（六）六月，省天下冗吏十九萬五千餘人。

（七）八月丙寅，趙保吉寇清遠軍。九月乙亥，陷之。

（八）庚寅，詔陝西家出一丁，充保毅、保捷。

（九）辛卯，曹璨敗趙保吉於柳撥川。

〔二〕「壬子」，按：是月甲戌朔，無壬子日，《宋史・真宗紀》作「壬午」。

（十）契丹入寇。十月甲寅，張斌敗契丹於長城口。

（十一）乙卯，授西涼六谷酋長潘羅支官[一]，令討趙保吉。

（十二）十一月丙子，王顯奏契丹遁去。

五年（一〇〇二）

（一）三月己酉，西邊奏趙保吉陷靈州。

（二）四月庚午，初令軍職有闕即時遷補，不俟三年。

（三）置榷場於雄州，與契丹互市。

（四）契丹入寇。

（五）乙酉，廣北邊方田，以梗虜騎。

（六）五月壬寅，籍河南民丁爲兵。

（七）六月壬申，趙保吉圍麟州。丁丑，知州衛居實擊卻之。

（八）七月甲午朔，日食。

（九）詔以鹽給施黔州蠻，蠻請輸穀於邊。

[一] 「谷」，原作「合」，今據《宋史·真宗紀》、《續資治通鑑長編》卷四九改。「潘」，原作「藩」，今據下文改。

（十）九月，丁蕃寇鎮戎軍〔二〕，知軍李繼和擊卻之。

（十一）戊申，以終南處士种放爲左司諫、直昭文館。

（十二）趙保吉寇金明，都監李繼周擊卻之。

（十三）十月戊寅，初令州官同録問大辟。

（十四）十一月壬寅，上祀圜丘，大赦。

六年（一〇〇三）

（一）四月，夔州路轉運使丁謂奏生蠻入寇，高州蠻田承進等擊破之。

（二）趙保吉寇洪德，蕃將慶香等擊破之。

（三）丙子，契丹入寇。己卯，王繼忠與戰於望都南，敗績。

（四）五月壬寅，罷雄州榷場。

（五）十一月，趙保吉陷西涼府。潘羅支詐降，襲擊保吉，大破之。保吉中流矢還，死於靈州之境，子德明襲位。

甲辰**景德元年**（一〇〇四）

〔二〕「戎」，原作「戍」，今據江蘇書局本及《續資治通鑑長編》卷五二改。下徑改。

（一）正月丙戌朔，大赦，改元。

（二）己丑，麟府路奏契丹言泥酋長拔黄帥三百餘帳内屬。

（三）癸卯，石、隰州奏河西四十五族内屬。二月，趙德明請降。

（四）三月乙酉朔，魏能奏破契丹於長城口。

（五）己亥，太后李氏崩。

（六）四月，閻承翰奏自嘉山引徐河入沙河，種稻於水北。

（七）五月，命向敏中安撫西邊，受趙德明降，與之議立條約。

（八）禮院奏以懿德、明德二后竝祔太宗廟，從之。

（九）六月，知鎮戎軍曹瑋奏敗西戎於石門川。

（十）潘羅支遣兄邦逋支入見。

（十一）九月，減三司吏員。

（十二）上聞契丹將入寇，議親征，寇準等請幸澶州。

（十三）河決横隴。

（十四）閏月，禮院奏殯明德太后於壬地，俟吉歲乃葬，先作主祔廟。

（十五）契丹統軍撻覽寇威虜、順安軍、保州，契丹主及其國母寇定州。遣使以王繼忠表授石普，求和。十月，命麟、府、保州、威虜、北平軍引兵入契丹境，以分其兵勢。契丹寇瀛州。

（十六）國信使奏潘羅支爲迷般囑所殺，西涼諸胡立其弟厮鐸督。

（十七）詔殿直曹利用齎書詣契丹，許其和。

（十八）黎桓遣其子明提入貢。

（十九）十一月，契丹攻瀛州〔二〕，知州李延渥等擊走之。

（二十）詔德清軍吏民棄城保澶、魏。

（二一）庚午，上發東京。

（二二）甲戌，契丹至澶州城下，撻覽中連弩而死，契丹引卻。

（二三）丙子，上至澶州，渡河，登北城。

（二四）戊寅，契丹遣使求瓦橋關南之地，上不許，但約歲以絹二十萬匹、銀一十萬兩遺之。

（二五）十二月庚辰朔，日食。

（二六）契丹陷通利軍。甲辰，契丹復遣使請和〔三〕，願以兄禮事上，上許之。自是，不復爲

〔二〕「攻」，原作「以」，今據楊璋本、《四庫》本、江蘇書局本改。

〔三〕「甲辰」，《宋史・真宗紀》、《續資治通鑑長編》卷五八作「甲申」，當是。

寇，北鄙寧息。

（二七）甲午，上發澶州。戊戌，至東京。

二年（一〇〇五）

（一）正月庚戌朔，大赦。

（二）復置榷場於雄、霸州、安肅軍。

（三）五月，別試河北舉人遭胡寇不及試期者，賜范昭等及第。

（四）初以近邊閑田給弓箭手，永蠲其税。

（五）黎桓卒，子龍鉞立，弟龍廷殺之自立。

（六）七月甲子，增置博通墳典等科，并賢良方正，凡六科。

（七）九月癸丑，趙德明始遣使入貢。

（八）十月，行農田敕，民間便之。

（九）十一月丁巳，上祀圜丘，大赦。

三年（一〇〇六）

（一）二月丙子，詔轉運使、知州皆領勸農使。

（二）併入内内侍諸司爲入内内侍省。

（三）京兆民李琰謀反，并其黨族誅。

（四）四月乙未，詔朝臣轉對。

（五）己巳，渭州奏妙娥等族萬七千餘口内屬。

（六）六月，黎桓諸子爭立，國大亂，羣臣多請伐之。上曰：「未加弔恤而伐其喪，豈王者所爲？」命邊臣撫安之。

（七）上自明德太后之喪，雖從易月之制，自非凱旋、郊廟，不舉樂。羣臣屢以爲請，戊戌，始許之。

（八）七月壬戌，緣海安撫使邵曄上邕州至交州水陸路圖。上曰：「祖宗開疆如此其大，慎守而已，安用勞民以貪無用之土乎？若封略之内有叛亂者，則不得不除耳。」未幾，黎龍廷請入貢。

（九）上以年豐事簡，九月庚戌，詔羣臣不妨公務，勿禁遊從。

（十）丁卯，趙德明遣使獻誓表。十月庚午朔，授德明官爵。

（十一）丁酉，葬明德皇后。

四年（一〇〇七）

（一）正月己未，上發東京。丙寅，至永安鎮。丁卯，謁諸陵。二月己巳，至西京。己卯，幸龍門。辛卯，發西京。三月己亥，至東京。

（二）四月辛巳，皇后郭氏崩。

（三）五月丙申朔，日食。

（四）六月乙卯，葬莊穆皇后。

（五）宜州登海軍校陳進殺知州劉永規，舉兵反。

（六）七月丙寅，陳進陷柳城，遂陷柳州。

（七）戊辰，初令見任京朝官及三年[二]，方得磨勘遷官。

（八）甲戌，詔曹利用將兵討陳進。

（九）乙亥，黎龍廷遣其弟明昶入貢。辛巳，授龍廷官爵，賜名至忠。

（十）癸丑，初置諸路提點刑獄[三]。

（十一）八月，陳進寇象州。

（十二）九月壬申，詔文武官俸應折支者給實錢，在朝六分，在外四分。

[二]「令」，原作「今」，今據楊璋本、《四庫》本、江蘇書局本改。

[三]「癸丑」，按：是月乙未朔，無丑日，《宋史・真宗紀》作「癸巳」。

（十三）甲申，曹利用敗陳進於武仙，追至象州斬之。十月，進餘黨黎有育等陷貴州。十二月，曹利用追討，悉平之。

大中祥符元年（一〇〇八）

（一）正月乙丑，皇城使奏天書降於左承天門鴟尾。戊辰，大赦，改元。

（二）發卒修東京外郭。

（三）四月，作玉清昭應宫。

（四）五月，禁銷金等侈物，自禁中始。

（五）六月丁酉，王欽若奏天書降泰山靈液亭。

（六）十月辛卯，上發東京。丁未，至乾封。庚戌，登泰山。辛亥，祀上帝，封玉牒。壬子，禪社首，祭地祇。癸丑，大赦。十一月丁丑，還至東京。

（七）甲申，謁太廟，加上太祖、太宗謚。

（八）諸路大稔。

二年（一〇〇九）

（一）四月癸卯，詔自今所舉官犯贓，與同罪。

（二）七月丁巳，置糾察在京刑獄司。

（三）黎雅州蠻拒命，遣文思副使孫正辭等招安之。

（四）十月，詔州府軍監各置天慶觀。

（五）十一月乙卯，上作文武七條賜外官。

（六）十二月，契丹國母蕭氏卒，遣使弔祭。

三年（一〇一〇）

（一）二月，廣南西路奏黎至忠卒，弟明提、明昶爭立，大校李公蘊發兵，皆擊殺之，自稱留後，遣使入貢。三月，授公蘊官爵。

（二）九月，河決白浮圖村，塞之。

四年（一〇一一）

（一）正月丁酉，上發東京。二月癸丑，次河中。丁巳，至寶鼎。辛酉，祀后土於脽上，封玉册。壬戌，大赦。戊辰，自河中東還。己卯，次西京。乙未，至永安。丙申，謁諸陵。四月甲辰朔，至東京。己酉，謁太廟。

（二）五月乙未，加五岳帝號。

五年（一〇一二）

（三）七月壬申朔，免南方民丁身錢。

（一）正月，河決棣州聶家口，塞之。

（二）八月丙申朔，日食。

（三）九月丁亥，作會靈觀。

（四）十月戊午，聖祖降延恩殿。己未，大赦。閏月乙丑朔，上聖祖尊號曰「上靈高道九天司命保生天尊大帝」。

（五）十一月甲辰，詔增文武百官俸。

（六）十二月戊辰。作景靈宫。丁亥，立德妃劉氏爲皇后〔二〕。

六年（一〇一三）

（一）四月丙戌，詔大辟情可憫者奏覆。

（二）五月乙巳，迎聖像入昭應宫。

（三）八月，尊老君曰「混元上德皇帝」。

（四）戎蠻寇淯井監，討平之。

（五）十月辛酉，升元德皇后祔太宗廟。

〔二〕「氏」，原作「后」，今據《學津討原》本、江蘇書局本及《宋史·真宗紀》改。

（六）十二月戊午朔，日食。

甲寅**七年**（一〇一四）

（一）正月壬寅，上發東京。丙午，至真源。己酉，謁太清宫。

（二）以應天府爲南京。

（三）二月辛酉，上還東京。壬申，恭謝天地，大赦。

（四）八月，河決澶州，發夫卒塞之。

（五）九月，作會靈觀。

（六）十月，昭應宫成。

（七）十二月，廣南奏交趾寇欽州。

八年（一〇一五）

（一）正月壬午朔，上玉皇聖號曰「太上開元執符御曆含真體道玉皇太天帝」，大赦。

（二）四月壬申夜，榮王宫火，延及朝元殿内藏、崇文院。

（三）六月己酉朔，日食。

（四）閏月己卯朔，大赦。

九年（一〇一六）

（一）五月，趙德明攻慶州屬羌，屬羌擊卻之。

（二）七月，廣南奏撫水蠻寇融州，又寇宜州，州兵擊卻之。

（三）八月己卯，行新編敕。

（四）宗哥唃厮囉等寇伏羌寨，曹瑋擊敗之於三都谷，斬首數千級。

（五）九月戊辰，初令京朝官在外任者亦以年勞遷官。

（六）十一月乙卯，改來年元。

天禧元年（一〇一七）

（一）正月庚戌，上朝，饗六廟。辛亥，祀天地，大赦。

（二）二月丁丑，初選諫官、御史各六員，不兼他職，專掌諫爭。

（三）曹瑋奏討宗哥族，破之。

（四）京東西、河北、河東、陝西蝗。

（五）十一月，曹瑋奏破鬼章族，平之。

二年（一〇一八）

（一）正月，下溪蠻彭儒猛寇辰州，州兵擊卻之。閏月，知辰州錢絳奏將兵討儒猛，破之，獲其子仕漢。

（二）有泉出拱聖營，作祥源觀。

（三）五月，彭儒猛請降。

（四）兩京訛言有物如席帽〔二〕，夜飛入人家爲妖。人相聚，操兵自衛，喧噪達旦。

（五）八月甲辰，立昇王諱爲皇太子，大赦。

三年（一〇一九）

（一）三月戊午朔，日食。

（二）壬申，慶州奏趙德明寇柔遠寨，官軍不利。命曹瑋往安撫。

（三）寇準奏天書降乾祐山中。

（四）六月乙未，河決滑州城南，灌澶、濮、鄆、濟，至徐州入淮。

（五）羣蠻寇辰、澧、鼎州。

（六）八月丁亥，大赦。

（七）十一月辛未，上祀圜丘，大赦。

四年（一〇二〇）

〔二〕「兩京」，《宋史·真宗紀》、《續資治通鑑長編》卷九二作「西京」。

（一）正月，宥州羌臘兒寇延州，金明監押李士彬擊斬之。

（二）命馮守信發兵六萬、夫二萬餘人，塞滑州南決河。二月丁酉，奏已塞。

（三）上不豫。

（四）四月丁亥，黑風晝晦。

（五）六月丙申，河復決滑州西北。

（六）七月癸酉，周懷政坐與御藥使朱能僞造符瑞、謀殺大臣、復用寇準事覺，斬之。遣中使詣長安捕能，能殺使者，擁兵走。衆潰，自殺。

（七）上體小康。

（八）九月丁卯，大赦。

（九）十一月庚午，詔諸司事應取旨者如故外，自餘常事委太子與兩府於資善堂會議施行訖奏。

五年（一〇二一）

（十）是歲，天下户九百七十餘萬，口二千二百七十餘萬。

乾興元年（一〇二二）

（一）七月甲戌朔，日食。

（一）正月辛未朔，改元。

（二）二月庚子朔，大赦。

（三）戊午，上崩于延慶殿。太子即皇帝位。遺詔尊皇后爲皇太后，軍國事權取太后處分。

（四）己未，大赦，文武京朝官各遷一資。

（五）丁謂、雷允恭計專權，不令太后御殿，但進文書入宫。

（六）丁卯，貶道州司馬寇準爲雷州司户，連坐者甚衆。

（七）庚申，雷允恭以擅移皇堂及盗山陵物伏誅。丁謂尋亦貶官，連坐者甚衆。

（八）七月，上始與太后同御便殿，垂簾聽政。

（九）八月，環州屬羌慶香帥衆叛歸趙德明。

（十）十月己酉，葬真宗于永定陵。唃厮囉數與趙德明相攻，十一月甲戌，涇原奏唃厮囉求内附。

（十一）十二月，順州蠻田彦晏寇施州。

稽古録卷十九

仁宗天聖元年（一〇二三）

（一）正月丙寅朔，改元。

（二）癸未，命劉筠等以景德校天禧用度，裁減冗費。

（三）二月壬戌，省天下齋醮，十存一二。

（四）三月甲申，減諸宫觀清衛卒，分隸諸軍。

（五）辛卯，行《崇天曆》。

（六）初聽商旅入芻糧於邊者，給錢及茶鹽礬藥於内地，謂貼射。

（七）閏月甲午，詔婦人有罪免配針工。

（八）庚子，雷州司户寇準卒。

（九）田彦晏請降。

甲子二年（一〇二四）

（一）十月，新脩三司成。

（二）十一月丁酉，上祀圜丘，大赦。

（三）乙酉，立皇后郭氏。

三年（一〇二五）

（一）八月，涇原屬羌舉兵攻堡寨。

（二）十一月庚辰，初令商旅入河北芻糧者，給香茶錢三物於榷貨務，謂之三税[二]，罷貼射法。

四年（一〇二六）

（一）正月，知鎮戍軍王仲寶等討原州康奴族[三]，破之。

（二）二月戊申朔，初置上御藥供奉四人。

（三）五月壬午，詔大辟有可憫及疑而奏者，雖不應奏法，官毋得舉駁。

（四）閏月戊申，初定江、淮發運司歲漕米課六百萬斛。

（五）六月，京東西及河北、江淮以南大水。

[二]「税」，原作「説」，今據《四庫》本改。

[三]「戍」，據《宋史》卷三二五《王仲寶傳》，當爲「戎」字之誤。

（六）九月庚申，初聽舉人能講三經者特奏名。

（七）十有甲戌朔，日食。

五年（一〇二七）

（一）五月，趙德明寇金明，都監李士彬擊敗之。

（二）七月丁巳，詔發民夫三萬、卒二萬餘人塞滑州決河。十月丙申，奏已塞。

（三）十一月，上祀圜丘，大赦。

六年（一〇二八）

（一）正月，罷提點刑獄。

（二）三月丙申朔，日食。

（三）五月，廣南西路奏李公蘊殺掠鄉民。六月己卯，又奏公蘊卒。

（四）八月甲戌，澶州奏河決王楚，發夫卒塞之。

七年（一〇二九）

（一）正月，曹利用貶官，連坐者甚衆。

（二）六科及武舉久廢，閏月壬子，復置之，得富弼等。

（三）癸未，詔百官轉對。

（四）四月庚寅，大赦。

（五）乙未，置萊州采金場。辛亥，授李公藴之子德政官爵。

（六）五月己巳，行新令。

（七）六月丁未，玉清昭應宫災。

（八）八月丁亥朔，日食。

（九）十月丙午，初舉縣令。

八年（一〇三〇）

（一）正月，作會聖宫於永安。

（二）八月庚子，初令知縣、通判兩任無私罪者，得關升[一]。

（三）十一月戊辰，上祀圜丘，大赦。

九年（一〇三一）

（一）正月，減畿内田税什之一。

（二）六月己卯，契丹主隆緒卒，子宗真立。

[一] 「關」，原作「門」，今據江蘇書局本改。

（三）十月，施州言蠻覃彦絹寇永寧寨。

明道元年（一〇三二）

（一）二月丁卯，以上母順容李氏爲宸妃，是日薨。

（二）三月戊子，行《天聖編敕》。

（三）八月壬戌夜，禁中火，焚崇德等八殿。癸亥，上與太后寓居延福宮，更脩大内。丁卯，大赦。

（四）十一月，大内成。甲戌，上恭謝天地于天安殿，謁太廟，大赦，改元，文武京朝官各遷一資〔二〕。

（五）壬辰，延州言趙德明卒。癸巳，授其子元昊官爵。

二年（一〇三三）

（一）二月乙巳，太后服袞衣、儀天冠〔三〕，朝饗太廟。

（二）丁未，上籍田于東郊，大赦。

〔二〕「各」，原作「名」，今據楊璋本、《四庫》本、江蘇書局本改。
〔三〕「冠」，原作「寇」，今據《四庫》本改。

（三）三月，太后有疾。庚寅，大赦。

（四）甲午，太后崩，遺誥尊皇太妃楊氏爲太后，軍國大事與太后内中裁制。諫官上言，上春秋已長，不應復使政出宫壼[一]。四月丙申朔，詔删遺誥之語。

（五）壬寅，追尊故宸妃李氏爲皇太后。

（六）壬子，詔宗戚毋得於禁中通表奏祈恩澤。凡傳宣内批，有司未得即行，皆審取處分。

（七）癸丑，罷上御藥官，出副都知江德明等於外州。

（八）六月甲午朔，日食。

（九）七月，京東西、河北、河東、陝西蝗，草木殆盡。

（十）作奉慈廟，别祀莊獻、莊懿太后。

（十一）十月丁酉，葬莊獻、莊懿皇后。

（十二）十二月，復置提點刑獄。

（十三）乙卯，皇后郭氏請入道，許之，賜號淨妃。

〔一〕「壼」，原作「壺」，今據《四庫》本改。

（十四）丁巳，詔改明年元。

（十五）大饑。

甲戌**景祐元年**（一〇三四）

（一）七月，河決橫隴。

（二）趙元昊寇環州，知州齊宗矩出戰，兵敗，爲元昊所執，既而遣還。

（三）八月戊辰，上不豫。辛未，大赦。

（四）壬申，出美人尚氏、楊氏。九月，上良愈。甲辰，立皇后曹氏。

（五）十月庚申，罷江、淮制置發運使，命淮南轉運使兼領之。

二年（一〇三五）

（一）二月，集賢校理李照言，國朝所用王朴樂，比古樂高五律，比胡樂高一律，其黄鍾才應仲吕，請更定新樂。許之。

（二）五月甲午，廣南東西路奏犾獠寇高、竇、雷、化等州。

（三）庚子，禮院言太祖、太宗、真宗廟皆萬世不毁，其祀天地，太祖定配，太宗、真宗迭配，從之。

（四）六月乙亥，廣南西路奏犾獠莫陵降。

（五）七月，李照作新樂成，用今尺爲律，其言迂誕，罷之，更命鎮東節度推官阮逸、進士胡瑗議定新樂。

（六）八月壬子朔，詔寬强盜刑名。

（七）戊辰，罷塞橫、隴決河。自是，河東北行，不復歸故道。

（八）詔句當御藥院自今選内臣入仕三十年以上，累有勞績者爲之。

（九）己酉，作睦親宅，以聚皇族。

（十）詔中丞杜衍等沙汰三司吏。

（十一）十月辛亥朔，作朝集院，以處朝士在京師者。

（十二）十一月戊子，故后郭氏薨。

（十三）乙未，上祀圜丘，大赦。

（十四）初聽宗室换南班官。

（十五）十二月壬子，授唃厮囉官。

（十六）癸丑，詔内侍都知押班落職者毋得復任，其見任者毋得句當皇城司，親戚毋得句當御藥院。

三年（一〇三六）

（一）二月，三司吏數百擁杜衍宅，投瓦礫，肆醜言。乙卯，流後行二人於沙門島，二十餘人於遠州。

（二）五月丙戌，以范仲淹離間君臣，牓朝堂。集賢校理余靖等坐貶者數人。

（三）辛卯，復令商旅入錢京師給南方茶，入芻糧於邊者給京師及諸州錢。

（四）丙午，詔罷塞横隴河口，更治金隄。

（五）七月乙未，初置大宗正司，以宗室領之。

（六）庚子，太平興國寺災，延及開先殿。

（七）阮逸等所議尺律，考之古今，終不合，九月，悉罷之。

（八）十一月戊寅，保慶太后楊氏崩。

四年（一〇三七）

（一）二月己酉，葬莊惠皇后。

（二）七月戊申夜，衆星西南流，數刻乃止。

（三）冬，忻、代、并三州地震，壞廬舍，忻州尤甚，覆壓死者萬九千餘人，民皆露處。或地裂湧泉出火，連年不止。

（四）是歲，天下户一千六十餘萬，口二千三百二十餘萬。

寶元元年(一〇三八)

(一) 二月，廣南西路奏安化軍蠻寇融、宜州。

(二) 八月丁卯，復置江、淮制置發運使。

(三) 九月己酉，鄜延路奏趙元昊叔父山遇等請以河南地内屬，具言元昊反狀，郭勸執還之。

(四) 十月甲戌，元昊自稱大夏皇帝，改元天授禮法延祚〔一〕。

(五) 十一月庚戌，上祀圜丘，大赦，改元。

(六) 十二月丙寅，鄜延路奏趙元昊遣使奉表，納旌節敕告。詔削元昊官爵，除屬籍，發兵備西邊。癸酉，進唃厮囉官，使擊元昊。

二年(一〇三九)

(一) 正月癸亥，廣南西路奏安化州蠻降。

(二) 五月癸卯，詔張若谷等減省冗費。

(三) 十二月，元昊寇保安軍，延州鈐轄盧守懃等擊卻之。環慶鈐轄高繼隆等攻元昊後橋

〔一〕「禮」，原爲墨丁，今據《四庫》本補。

寨，破之。

康定元年（一〇四〇）

（一）正月丙辰朔，日食。

（二）元昊寇延州，破金明寨，執都監李士彬，遂圍延州。甲戌，大敗官軍於三川口，執劉平、石元孫。會大雪，解圍去。

（三）詔陝西諸州悉完城爲守備。

（四）二月丙午，改元。

（五）三月丙子，黑風晝晦。

（六）五月，有輦官千餘人應戍邊遮兩府馬，諠呼不遜。張士遜馬驚墜地，詔斬二人，流二十餘人。

（七）元昊陷塞門、安遠寨。

（八）六月甲辰，詔陝西、河北、河東、京東、京西皆籍民爲鄉弓手强壯。

（九）九月丙寅，元昊寇鎮戎軍三川寨。丁卯，敗都監劉繼宗等，陷乾溝、乾河、趙福三堡。

（十）庚午，任福襲元昊白豹城，克之，破四十一族。

（十一）浙東軍士鄂郝等殺巡檢使張懷信，剽掠州縣，逃入海。

（十二）十月戊子，詔自今有内降遷官并差遣者，令中書、樞密院執奏。

（十三）十二月乙巳，詔鄜延、涇原兩路以正月上旬出兵擊元昊。

（十四）巴蜀、江浙饑。

稽古録卷二十

慶曆元年（一〇四一）

（一）正月壬戌，遣使十五路安撫。

（二）范仲淹言，乞留鄜延一路，毋出兵，以招元昊。夏竦言，如此則涇原兵難以獨出。議未决。二月，元昊寇渭州，任福大敗於好水川，福及將佐死者甚衆。

（三）己亥，豫王昕薨。

（四）初令諸州募置宣毅軍，合十餘萬人。

（五）七月壬戌，置萬勝軍二十指揮。

（六）戊辰，元昊圍麟、府州。八月，退，陷寧遠寨，又圍豐州。乙未，陷之，殺知州王餘慶。

（七）初令陝西行鐵錢，未幾，并河東亦行之。

（八）聞契丹謀入寇，十月，初治河北諸州城。

（九）甲午，罷陝西都總管經略安撫招討使，分緣邊爲秦鳳、涇原、環慶、鄜延四路，命知秦、渭、慶、延州者領之。

（十）十一月丙寅，上祀圜丘，大赦，改元。

二年（一〇四二）

（一）二月，初令河北大脩邊備。

（二）乙未，詔選河北强壯爲義勇。　三月乙卯，選河東鄉弓手爲義勇，敕陝西鄉弓手爲保捷，凡一百八十五指揮。

（三）乙巳，契丹遣其臣蕭特、劉六符來，求關南地。

（四）四月戊寅，命賈昌等減省浮費。

（五）庚辰，遣富弼使于契丹。

（六）五月戊午，以大名府爲北京。

（七）契丹大集兵於幽州。　庚申，置京東兩路安撫使，命知青、鄆州者領之。

（八）七月癸亥，遣富弼再使契丹，不與關南地，歲增所遺銀絹各十萬兩匹。　九月乙丑，契丹遣其臣耶律仁先、劉六符來致誓書，脩好如初。

（九）閏月，元昊寇鎮戎軍。　己卯，葛懷敏將兵出禦之。　壬辰，懷敏大敗於定川寨，懷敏及諸將死者甚衆。　虜深入至潘原，大掠而去。

（十）十月，詔將校戰死妻女無依者，養之禁中。

三年（一〇四三）

（一）正月辛未，鄂王曦薨。

（二）癸巳，鄜延奏元昊遣其臣賀從勗上書，自稱男邦泥定國兀卒曩霄上父南朝皇帝，請通和。朝廷以其名分未正，遣著作佐郎邵良佐與從勗俱至其國，更議之。

（三）五月丁卯朔，日食。

（四）戊寅，詔轉運使皆領按察使，歲具官吏能否以聞。

（五）丁亥，初置武學於武成王廟。

（六）京東奏虎翼卒王倫等殺忻州巡檢使朱進爲羣盜，轉掠京東、淮南州縣。

（七）七月甲戌，初聽羣臣遭父母喪，不以文武品秩高下，竝解官持服。

（八）閤門祗候傅永吉等追討王倫，至和州，斬之。

（九）九月丁卯，上召知雜御史以上於天章閣，問以禦戎之策。

（十）十月戊戌，光化軍宣毅軍校邵興等逐知軍韓綱，帥衆亡趣興元。

（十一）築順德軍水洛城。

（十二）十一月丙寅，上清宮火。

（十三）供奉官陳曙等擊邵興於㟭水〔二〕，擒之。

甲申**四年**（一〇四四）

（一）正月丙子，南環州進士歐希範立蠻酋蒙趕爲王，攻陷本州及鎮寧州，殺官吏。

（二）三月乙亥，詔諸州皆立學，以錫慶院爲太學，尋罷之。

（三）五月丙戌，元昊始遣使稱臣，自號夏國王。

（四）常寧蠻鄧文志等寇桂陽監，殺都監、巡檢。六月，文志等詣潭州降。

（五）丁未，開寶寺塔災。

（六）七月癸未，契丹遣使來，告以舉兵討元昊。

（七）八月甲午，保州雲翼軍士殺知州、通判，奉都監韋貴爲主，乘城拒守。命田況招諭，且發旁近兵討之。甲寅，城中兵皆出降，況阬其難存者四百餘人。

（八）朝廷許元昊稱夏國主，歲賜銀絹茶綵合二十五萬五千，元昊乃獻誓表。十月庚寅，賜詔答之。

（九）契丹駙馬劉三嘏來奔。甲午，詔械送還之。

〔二〕「㟭」，原爲空闕，今據《四庫》本及《續資治通鑑長編》卷一四五補。

（十）十一月甲子，監進奏院蘇舜欽等坐宴會除名，館閣連坐者甚衆。

（十一）壬午，上祀圜丘，大赦。

（十二）十二月乙未，册命元昊爲夏國主，更名曩霄。

（十三）築原州細腰城。

五年（一〇四五）

（一）正月，罷河東、陝西招討使。

（二）詔選汰諸路羸弱兵，京東西、淮南、兩浙、荆湖、福建諸州宣毅過三百人者，毋得更募。

（三）三月，廣南西路轉運使杜杞誘歐希範、蒙趕及其黨六百餘人，悉屠之。

（四）十月辛酉，升章獻、章懿皇后附真宗廟，大赦。

（五）以諸路按察使競爲苛察，罷之。

（六）自真宗東封以來，不復出獵。直集賢院李東之言，講武不可廢。庚午，上始校獵于楊村。

（七）十一月，歐希範餘黨唐和等寇桂陽監，殺禮賓副使胡元。

六年（一〇四六）

（八）徐州人孔直温等謀反，誅。

（一）三月辛巳朔，日食。

（二）登州岠嵎山震，十日不止。

（三）十一月，廣南東路奏唐和寇英、韶州。

七年（一〇四七）

（一）正月，行《慶曆編敕》。

（二）五月，唐和等請降。

（三）九月，作廣親宅，以處秦王子孫。

（四）十一月戊戌，上祀圜丘，大赦。

（五）是日，貝州宣毅王則執知州張得一，殺官吏，據城反，自稱東平王，國號安陽，改元得聖。十二月壬寅，詔發旁近兵討之。庚戌，以明鎬安撫河北。

八年（一〇四八）

（一）正月辛未，夏主曩霄爲其太子甯令所弑，國人殺甯令，立其弟諒祚。

（二）丁丑，以文彦博爲河北宣撫使。閏月辛丑，彦博奏克貝州，擒王則，送京師誅之。

（三）親從顔秀等作亂，夜殺軍校，入禁中，斫傷宫人，捕得，誅之。

（四）三月甲寅，上幸龍圖、天章閣，問御史中丞以上以天下利病得失。又御迎陽門，召知制誥以下至臺諫官問之。

（五）四月辛卯，初置河北四路安撫使，命知大名、真定府、瀛、定州者領之。

（六）六月癸酉，河決商胡。

（七）乙未，初令陝西以大銅錢一當常錢三，小鐵錢三當常錢一。七月，并河東小鐵錢如陝西用之。

（八）十月壬午，以美人張氏爲貴妃。

（九）十二月乙丑朔，詔改明年元。

（十）丁丑〔一〕，詔河北緣邊入芻糧者加給南鹽，謂之四法。

（十一）是歲，河北大水，饑，人相食，流殍甚衆。

皇祐元年（一〇四九）

（一）正月甲午朔，日食。

（二）三月己未，契丹遣使來，告以再討夏國。

（三）九月乙巳，廣南西路奏廣源州蠻寇邕州。

〔一〕「丑」，原作「日」，今據江蘇書局本及《續資治通鑑長編》卷一六五改。

（四）十二月壬戌，詔陝西保捷年五十以上及短弱者，皆聽還農。

（五）是歲，簡汰天下羸兵無慮八萬人〔一〕。

二年（一〇五〇）

（一）春，男子冷青詐稱皇子，伏誅。

（二）五月丙申，罷國信三番使臣。

（三）丁未，廣南西路奏交趾攻廣源州蠻酋儂智高。

（四）九月辛亥，上大饗明堂，合祀天地，祖宗並配，從祀悉如圜丘。大赦，文武京朝官各遷一資。

（五）閏月丁巳，詔兩府兩制太常禮樂官共定大樂。

（六）戊辰，王舉正留班，諫張堯佐恩命太重。

三年（一〇五一）

（一）二月己亥，詔河北緣邊入芻糧者，並給見錢於京師，如景祐法。

（二）三月，儂智高請内屬，弗受。

〔一〕「八」，原作「人」，今據楊璋本改。

（三）七月辛酉，河決館陶郭固口。

（四）十月己卯朔，詔解鹽聽通商。

四年（一〇五二）

（一）正月乙亥，塞郭固河口。二月，又議開六塔河，以分水勢。

（二）四月，儂智高襲陷横山寨。五月乙巳朔，陷邕州，殺知州陳珙等，自稱仁惠皇帝，改元啓曆，引兵沿江東下。癸丑，陷横州。丙辰，陷貴州。庚申，陷龔州。辛酉，陷藤、梧、封州。壬戌，陷康州。癸亥，陷端州。丙寅，攻廣州，不克。七月壬戌，解圍西還，攻賓州，不克。與廣南東路鈐轄張忠戰于白田，忠敗死。九月戊申，襲殺廣南東路鈐轄蔣偕於太平場，又敗廣南西路鈐轄王正倫于館門驛，遂陷昭州。庚午，命狄青將兵討智高。丁丑，智高陷賓州。甲申，復入邕州。

（三）十一月壬寅朔，日食。

（四）交趾李德政請發兵二萬助官軍討儂智高。

（五）十二月壬申朔〔一〕，智高敗廣南西路鈐轄陳曙於金城驛。

〔一〕「二」，原作「一」，今據江蘇書局本及《宋史・仁宗紀》改。

（六）壬辰，王洙等報新樂。

五年（一〇五三）

（一）正月丁未，詔止交趾，毋出兵。

（二）己酉，狄青至賓州，斬陳曙。丁巳，會靈觀火。

（三）戊午，狄青與儂智高戰於歸仁鋪，大破之，智高棄邕州，奔大理。

（四）陝西轉運使范祥城古渭州，青唐羌惡之，攻破廣吴嶺堡，圍啞兒峽寨。命劉涣將兵擊破之。

（五）甲子，奉太祖、太宗、真宗御容於滁、并、澶三州神御殿。閏月戊辰朔，詔自今内侍黄門以上毋得過一百五十人。

（六）十月丙申朔，日食。

（七）十一月己巳，上祀圜丘，大赦。

（八）以曹、滑、陳、許、鄭州爲輔郡。

（九）開封府田税永減三分。

（十）十二月丁酉，廣南西路奏獲儂智高母及子弟。

（十一）癸丑，詔内侍都知押班須年五十以上，歷任無贓私罪，乃得爲之。

甲午**至和元年**（一〇五四）

（一）正月癸酉，貴妃張氏薨。丁丑，追册爲温成皇后。

（二）三月庚辰，改元。

（三）四月甲午朔，日食。

（四）辛丑，祥源觀火。

二年（一〇五五）

（一）四月，契丹主遣使以其畫像來獻，求易御容，以代相見，篤兄弟之情。

（二）辛亥，初罷諸鄉里正，豫以貲産排鄉户衙前。

（三）儂智高死於大理。六月乙巳，誅其母及子弟。

（四）八月己丑，契丹主宗真卒，子洪基立。

（五）辰州蠻酋下溪州刺史彭仕羲之子師寶來奔，荆湖北路轉運使李肅之等以爲鄉導，擊仕羲，不克。自是，仕羲數入爲寇。十月癸丑，詔本路發兵討之。

（六）李德政卒，十一月乙亥，授其子日尊官爵。

（七）十二月戊子，命殿中丞李仲昌開六塔渠，導河入横隴故道。

嘉祐元年（一〇五六）

（一）正月甲寅朔，上不豫。甲子，大赦。

（二）二月甲辰，小瘳，御延和殿。

（三）四月壬子朔，李仲昌等塞商胡，河北流，使悉東入六塔。是夕，復決如故。自是朝廷但治西堤，以衛北京及契丹國信路，不復治東堤。

（四）詔罷乾元節奏蔭恩例，自餘亦省之。

（五）五月，京城大水，折安上門關，壞官私府舍，命兩府分行諸門禦水。江河皆溢，河北水災尤甚。

（六）八月庚戌朔，日食。

（七）罷陝西小鐵錢。

（八）九月辛卯，上恭謝天地于大慶殿，大赦，改元。

（九）癸卯，詔作木岸以狹汴水。

二年（一〇五七）

（一）二月，龐籍上言，西夏累歲侵耕屈野河西地，請禁河東、陝西與之和市，從之。五月庚辰，夏國寇府州，敗官軍於斷道橋〔一〕，殺管勾麟府軍馬郭恩〔二〕，執走馬承受黄道元〔三〕。既而遣還。

（二）壬寅，初令文武京朝官毋得自乞磨勘，歲滿委審官、三班舉行。

（三）八月丁巳，詔自今登制科者毋得引舊例超擢。

（四）丁卯，初以户絶田所收置廣惠倉〔四〕，以備窮乏。

（五）九月，契丹復遣使，以新主畫像來求易御容，許之。

（六）十月甲辰朔，初頒曆令〔五〕。

（七）十二月戊申，詔自今間歲一開舉場。初置明經科，裁損進士高第人恩例。

三年（一〇五八）

（一）正月戊戌，穿永通河於京城西。

〔一〕「橋」，江蘇書局本及《續資治通鑑長編》卷一八五作「塢」。
〔二〕「殺」，原作「求」，今據江蘇書局本改。
〔三〕「受」，原爲墨丁，《四庫》本作「差」，江蘇書局本作「授」，均不確，今據《續資治通鑑長編》補。
〔四〕「廣」，原爲墨丁，今據《四庫》本補。
〔五〕「曆」，據《宋史·仁宗紀》及《續資治通鑑長編》卷一八六，當作「禄」。

（二）八月己亥朔，日食。

（三）官軍討彭仕羲久不克，遣使招諭之。庚申，荊湖北路奏仕羲歸所掠請降。

（四）十一月己丑，罷三司河渠司，置都水監。

（五）庚寅，初令汴船毋得出外江。

四年（一〇五九）

（一）正月丙申朔，日食。

（二）丁酉，詔以雪寒，遣官賜京城貧民錢。

（三）二月己巳，詔開江淮茶禁，聽民自賣，通商收税，罷十三山場六榷務。

（四）庚午，廣南西路奏交趾寇欽州。

（五）命官編校館閣書籍〔一〕。

（六）癸未，詔陝西大銅鐵錢竝當常錢之二。

（七）癸酉，詔以柴氏子爲崇義公，奉周祀。

（八）十月癸酉，上祫饗太廟，大赦。

〔一〕「閣」，原作「門」，今據江蘇書局本改。

（九）是歲，初以諸坊監及諸軍牧馬所用餘田賦貧民耕種。

五年（一〇六〇）

（一）春，韓贄穿二股渠，分河流入金赤河。

（二）四月丙戌，詔均天下田税。

（三）五月丁酉，置寬恤民力司。

（四）六月，邕州蠻引交趾兵入寇。

（五）知唐州趙尚寬始勸民墾闢荒田，諸路民多歸之。

（六）八月甲申，初置陝西鹽馬司。

（七）乙酉，罷提點刑獄武臣。

六年（一〇六一）

（一）五月丙戌，賜諸路所敦遣行義之士顔復等出身。

（二）庚戌，詔禁契丹於界河内捕魚。

（三）六月壬子朔，日食。

（四）九月丁丑，城故豐州。

（五）十月壬辰，以太宗曾孫右衛大將軍岳州團練使諱知宗正寺，固辭不受。

七年（一〇六二）

（一）正月乙亥，詔以太祖定配圜丘。

（二）四月壬午，行《嘉祐編敕》。

（三）八月丙子，詔以右衛大將軍諱爲皇子，復固辭，不許。辛丑，始入宫。

（四）九月辛亥，上大饗明堂，祀昊天上帝，以真宗配，悉去圜丘從祀，大赦。

（五）十月乙酉，廣南西路奏火峒蠻儂宗旦等請内屬。

（六）乙未，詔以錢一百萬緡賜諸路常平倉爲糴本。

八年（一〇六三）

（一）二月癸未，上不豫。三月辛未，崩于福寧殿。

（二）四月壬申，皇子即皇帝位，遺詔尊皇后爲皇太后〔一〕。癸酉，大赦，文武京朝官各遷一資。

（三）乙亥，上不豫。己卯，詔請太后權同聽政，御内東門小殿，兩府奏事。

（四）己亥，立皇后高氏。

〔一〕「皇太后」，原倒作「太皇后」，今據江蘇書局本及《宋史・英宗紀》乙正。

（五）五月戊辰，上御延和殿。

（六）六月癸酉，復以疾不出。

（七）甲戌，廣太廟爲八室。

（八）七月壬子，上始御紫宸殿。

（九）十月甲午，葬仁宗于永昭陵。

英宗甲辰**治平元年**（一〇六四）

（一）正月丁酉朔，改元。

（二）辛酉，以仁宗代真宗配明堂。

（三）四月甲午，上始出幸寺觀祈雨。　五月戊申，上始日御前後殿，視事如故事。

（四）睦親、廣親宅教授舊六員，六月己亥，增置講書教授，凡二十一員。

（五）夏國寇抄屬羌。

（六）十一月乙亥，詔刺陝西農民爲義勇，無慮十四萬人。

二年（一〇六五）

（一）三月乙巳，行《明天曆》。

（二）八月，京城大水，入宫殿，壞公私屋，溺死者千五百餘人。

（三）十月己亥，唃厮囉卒，子董氈襲位。十二月壬申，上祀圜丘，大赦。

（四）甲申，初聽娶宗室女者除文官。委主婚者訪問家世，不復使内侍省覆驗。

三年（一〇六六）

（一）正月癸酉，契丹改稱大遼國。

（二）壬午，臺諫官吕誨等坐論執政欲追尊濮王事，貶出者甚衆。

（三）三月壬午，彗見西方，其本大如月。

（四）九月壬子朔，日食。

（五）癸亥，初令待制以上六歲一遷官，至諫議止〔一〕。京朝四歲一遷，至前行郎中止。少卿監以七十爲定員〔二〕，有缺則補。其擢任及有功若特恩，皆不用此法。

（六）夏國寇大順城、柔遠寨。十月癸未，遣西京左藏庫副使何次公齎詔責之。夏主諒祚謝罪，稱邊吏所爲〔三〕。

（七）丁亥，詔自今三年一開舉場。

〔一〕「諫議」，原倒作「議諫」，今據江蘇書局本乙正。
〔二〕「少」，原爲墨丁，今據《四庫》本補。
〔三〕「所」，原爲墨丁，今據《四庫》本補。

（八）命郭逵宣撫西邊。

（九）十一月戊午，上不豫。

（十）十二月壬寅，立潁王諱爲皇太子。　癸卯，赦天下。

（十一）是歲，天下户一千二百九十餘萬，口二千九百餘萬。

四年（一〇六七）

（一）正月辛亥，詔民間先私造寺觀及三十間者悉存之，賜名壽聖。丁巳，上崩于福寧殿，太子即皇帝位。　遺詔尊皇太后爲太皇太后，皇后爲皇太后。

右臣於神宗皇帝時所進《國朝百官公卿表大事記》。

圖書在版編目(CIP)數據

稽古録/(宋) 司馬光撰;王瑞來點校. —上海:
上海人民出版社,2022
(司馬光全集/王水照主編)
ISBN 978 - 7 - 208 - 17638 - 6

Ⅰ.①稽… Ⅱ.①司… ②王… Ⅲ.①中國歷史—古
代史—史籍 Ⅳ.①K204

中國版本圖書館 CIP 數據核字(2022)第 033268 號

特約編審 李偉國
責任編輯 張鈺翰
封面設計 陳緑競

司馬光全集
稽古録
(宋) 司馬光 撰
王瑞來 點校

出 版 上海人民出版社
(201101 上海市閔行區號景路 159 弄 C 座)
發 行 上海人民出版社發行中心
印 刷 蘇州工業園區美柯樂製版印務有限責任公司
開 本 890×1240 1/32
印 張 21.625
插 頁 5
字 數 407,000
版 次 2022 年 10 月第 1 版
印 次 2022 年 10 月第 1 次印刷
ISBN 978-7-208-17638-6/K·3192
定 價 138.00 圓